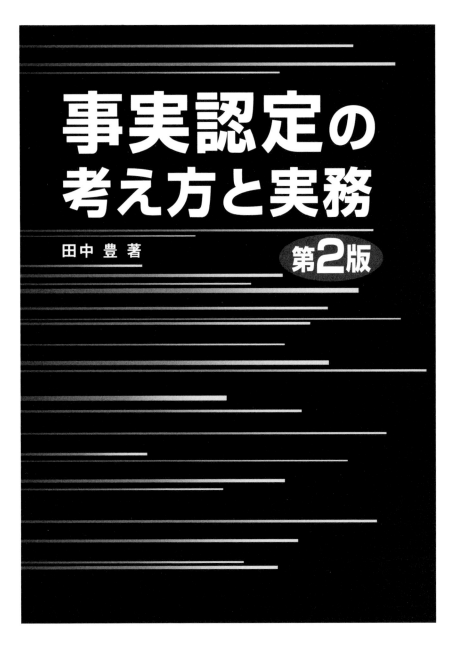

事実認定の 考え方と実務

田中 豊 著

第2版

発行 ⓣ 民事法研究会

第 2 版　はしがき

　初版を上梓した2008年から13年という長年月が経過しています。そして、2017年 3 月には本書の姉妹書という位置付けの『紛争類型別　事実認定の考え方と実務』を上梓し、2020年 3 月にはその第 2 版を上梓しました。また、この間、民法（債権関係）改正および民法等（相続法）改正が実現し、いずれもすでに施行されています。

　幸いにも、本書は、裁判官、弁護士、司法書士等としてすでに民事紛争を解決するための実務に携わっている方々のみならず、司法修習生、法科大学院生、法学部生といったこれからその列に加わろうとしている方々の支持を得て刷を重ねてきました。

　事実認定に関する基礎的諸問題の検討が本書の主要な守備範囲ですが、今回の改訂にあたり、現代における重要性と読者にとっての読みやすさを勘案して、初版では取り上げなかった幾つかの論点を取り上げ、初版における論点の位置づけを変更するなどの工夫を施しました。

　そのような論点の項目は、以下のとおりです。第 1 章Ⅴとして「当事者の事案解明義務」を新設、初版の第 2 章第 1 節Ⅹから第 1 章Ⅻに「法律行為の解釈と事実認定」を移動、第 2 章第 1 節Ⅷ 4 として「第一段の推定が覆らない場合」を新設、第 2 章第 1 節Ⅹとして「検証物としての文書による事実認定」を新設、第 2 章第 2 節Ⅰ 3 として「反対尋問の重要性」を新設、第 4 章として「損害または損害額の認定」を新設。

　現在、わが国では「裁判手続の IT 化」を 3 段階のステップを経て実現することを予定しており、その第 1 段階が開始されました。これが民事訴訟——中でも、主張・立証の実際と事実認定——に一定程度のインパクトを及ぼすことは容易に想定することができます。しかし、本書の検討している問題が意味のないものになることはなく、むしろ、「裁判手続の IT 化」のコンテクストにおいて繰り返し問われることになり、その重要性が高まるもの

1

と考えられます。

　冒頭掲記の姉妹書の第2版はしがきに記しましたように、本書とその姉妹書は、当事者または訴訟代理人による主張・立証と事実審裁判官による事実認定とを、法律実務家の勘に頼ったエピソードとしての「どんぶり勘定」の世界から、論理と経験則とを複合的に組み合わせた「可視化された」世界へと解放しようとする筆者なりの試みです。

　読者の皆様が、本書によって、民事訴訟における主張・立証と事実認定の動態を追体験することによって、主張・立証と事実認定とにさらなる工夫をされ、そのレベルがもう1段向上する一助になることを願っています。

　最後に、本書第2版の刊行にご尽力いただいた民事法研究会の竹島雅人氏に深甚なる感謝の意を表します。

　2021年2月

　新型コロナウイルスによるパンデミックのさなかで

田 中　　豊

は し が き

　民事裁判において解決を迫られる問題は、「法律問題」と「事実問題」とに大別することができます。法律問題とは法令の解釈適用をめぐる争点をいい、事実問題とは過去の事実の存否をめぐる争点をいいます。法律問題と事実問題とを区別する実益は、主に、法律問題については上告理由とすることができる（ただし、法律問題でありさえすればどのようなものでも上告理由となるというわけではありません）のに対し、事実問題については上告理由とすることができないというところにあります（民訴312条、318条参照）。そこで、上告審は法律審とよばれます。

　事実問題を上告理由とすることができないということは、民事裁判において事実問題が重要でないことを意味するものではありません。民事裁判の結論は、「確定された事実」に法令を適用することによって導かれますから、その基本である「事実の確定」がいい加減なために、民事裁判の利用者である市民の信頼を得られないようでは、司法に対する信頼自体が揺らぐことになります。誤った判断がされた場合、事実問題は、上告理由とすることができないため、法律問題よりもその誤りが修正される機会が少なくて表面に出にくく、当事者は泣き寝入りを余儀なくされるという深刻な事態に至ります。

　そして、民事裁判における事実の認定は、本書に説明するように、裁判官が当該事件の審理に現れた資料を基に自由な判断で心証を形成することを認める「自由心証主義」によってされるうえ、判決書上に心証形成の過程の詳細が明らかにされることが少ないこともあって、第三者による客観的な批判や論評がなかなか難しい実情にあります。

　また、事実認定に関する論稿は、これまで、事実認定権を有する裁判官を読者として想定し、裁判官が正確な事実認定をするために注意すべきことといった観点から語られるものが多いのですが、著者は、自らの21年間の裁判官経験および12年間の弁護士経験に照らしてみて、正しい事実認定も誤った

3

事実認定も基本的には当事者による主張・立証活動の質と量とを反映させたものであるとの思いを深くしています。すなわち、判決中での誤った事実認定は、当事者の主張・立証活動の失敗作という側面もあるのです。本書では、裁判官を正しい事実認定に導くために当事者またはその訴訟代理人として心すべきことという観点をも常に念頭において話を進めたいと考えています。なお、本書の脱稿後、司法研修所編『民事訴訟における事実認定』（法曹会、2007）が刊行されました。本書においては引用をしていませんが、参照されるべき文献として挙げておきます。

　本書は、月報司法書士2006年４月号から2007年４月号まで１年余にわたって連載した「《講座》民事裁判における事実認定」と題する原稿に大幅に加筆してできあがったものです。ですから、第一次的に想定された読者は簡易裁判所で訴訟代理人の活動をする司法書士の方々であったのですが、著者が2004年の法科大学院の開設以降、法律実務家を目指す学生の教育にも携わってきたこともあり、自らが事実認定という仕事に再入門するという場面設定をし、事実認定という仕事のエッセンスないし枠組みをデッサンするという目標を立てて執筆することにしました。

　執筆の方針を整理しますと、以下のとおりです。

①　実体法上・手続法上の用語ないし道具概念を抽象的に説明するのではなく、それらが現代のわが国で日常的に生起する実際の紛争の解決プロセスにおいてどのように機能しているのかに焦点をあてる。そこで、素材とする事例は、めずらしいがゆえに興味深いものでなく、ありふれてはいるが興味深いもの（すなわち、民事裁判に種々の立場から携わる方々にとって裨益するところの大きいもの）を選択する。

②　事実に関する争点の解明作業（これを、当事者またはその訴訟代理人の観点からすれば立証という作業、裁判官の観点からすれば認定という作業）を動態として理解するために、事実に関する争点を主張・立証責任の分配を前提とした要件事実論によって分析し、当該争点を訴訟の全体構造

の中に明確に位置づけて論ずる。その際、実体法または手続法上、基礎的な議論が存する場合には、必要な範囲でそれらに言及する。

③　取り上げた事例における分析・検討をその事例限りのものとして記憶するというのでは大した意味がないので、取り上げた事例における分析・検討が射程の長いレッスンになるように、事実に関する争点の解明が、経験則に導かれて、主要事実レベル→間接事実レベル→再間接事実レベルというように構造的にされるべきものであることを明確にする。

　本書は、まず、民事裁判における事実認定の前提を成す約束事の大枠（いわゆる総論）を整理したうえで、次に、事実認定ないし立証の実践において問題になる個別の論点（いわゆる各論）を検討しています。ただし、本書の目的は、総論であれ各論であれ、民事裁判における事実認定の実際を動態として理解するところにありますから、総論と各論とは必要に応じて往き来することになります。本書が民事裁判にかかわる多くの方々——実務家や研究者はもとよりそれを目指して研鑽に励んでいる司法修習生や法科大学院生——に、1つでも新しい視点を提供することができ、なにがしかの参考になることを期待しています。

　なお、本書は、かなりの数の最高裁判例と下級審裁判例を取り上げており、その評価にわたる論述をしていますが、当然のことながら、それらはみな筆者個人の意見であることをお断りしておきます。

　最後に、本書執筆のきっかけをいただいた日本司法書士会連合会の各位、一本にまとめることをすすめられ、本書の刊行にご尽力いただいた民事法研究会の各位に深甚な感謝の意を表します。

　平成20年2月吉日

田　中　　　豊

凡　例

〈判例集・定期刊行物略称表記〉

民録	大審院民事判決録
民集	最高裁判所（大審院）民事判例集
高民集	高等裁判所民事判例集
下民集	下級裁判所民事裁判例集
裁判集民	最高裁判所裁判集民事
曹時	法曹時報
判時	判例時報
判タ	判例タイムズ
金法	旬刊金融法務事情
民訴雑誌	民事訴訟雑誌
最判解説民	最高裁判所判例解説〔民事編〕
L & T	Law & Technology

〈文献略称表記〉

伊藤	伊藤滋夫『事実認定の基礎〔改訂版〕』（有斐閣、2020）
新堂	新堂幸司『新民事訴訟法〔第5版〕』（弘文堂、2011）
民事訴訟における要件事実	司法研修所民事裁判教官室編『増補　民事訴訟における要件事実〔第一巻〕』（法曹会、1986）
紛争類型別の要件事実	司法研修所民事裁判教官室編『改訂　紛争類型別の要件事実——民事訴訟における攻撃防御の構造——』（法曹会、2006）
起案の手引	司法研修所民事裁判教官室編『10訂　民事判決起案の手引〔補訂版〕』（法曹会、2020）
新実務民訴講座	鈴木忠一＝三ヶ月章監修『新・実務民事訴訟講座』（日本評論社）
実務民訴講座	鈴木忠一＝三ヶ月章監修『実務民事訴訟講座』（日本評論社）
証拠法大系	門口正人編集代表『民事証拠法大系』（青林書院）
伊藤＝加藤	伊藤眞＝加藤新太郎編『[判例から学ぶ]民事事実認定』（有斐閣、2006）
岩松＝兼子	岩松三郎＝兼子一編『法律実務講座〔民事訴訟編〕第一審手続第4巻』（有斐閣、1958）

6

四宮＝能見	四宮和夫＝能見善久『民法総則〔第 9 版〕』（弘文堂、2018）
加藤	加藤雅信『民法総則〔第 2 版〕』（新民法体系 2）（有斐閣、2005）
高橋（上）	高橋宏志『重点講義民事訴訟法（上）〔第 2 版補訂版〕』（有斐閣、2013）
高橋（下）	高橋宏志『重点講義民事訴訟法（下）〔第 2 版補訂版〕』（有斐閣、2014）
後藤	後藤勇『民事裁判における経験則』（判例タイムズ社、1994）

　本書における括弧内の「民訴法」という表記は、民事訴訟法を指します。「刑訴法」という表記は、刑事訴訟法を指します。

『事実認定の考え方と実務〔第2版〕』

目　　　次

第1章　事実認定の前提を成す原理

第2章　直接証拠による事実認定

第3章　間接証拠による事実認定

第1節　間接証拠による事実認定の構造 ………176

第4章　損害または損害額の認定

第5章　事実認定と要件事実論

第6章　事実認定と判決書における表現方法

第 ① 章

事実認定の
前提を成す
原理

I 「事実の認定」とは

　訴訟における事実認定は、民事訴訟におけるものであれ刑事訴訟における
ものであれ、原則として過去に生起した出来事について、仮説を立てて、そ
の仮説が真実であることを一定の資料によって推論することをいいます。

　すなわち、訴訟上問題とされ裁判官による認定の対象となる事実は、原則
として、現在進行形の事実ではなく、過去完了形の事実すなわち歴史的事実
であるということになります。そこで、訴訟における事実認定という作業は、
眼前の事実を認識する場合に比較して、推論という精神的作業の占める割合
が大きくなります。しかし、この点に着目して、事実認定における創造作業
性を過度に強調するのは、過去に生起した出来事の真実の探求という事実認
定の基本から逸脱することにつながり危険であるばかりか、裁判の実際から
も遊離するものであり、相当とは思われません。また、これまでは、事実認
定について議論する場合、「過失」や「正当理由」といったいわゆる規範的
要件の存否の判断をもいっしょにしていることがしばしばあり、それが事実
認定の性質をめぐる議論を混乱させる一因になっているように思われます。
事実認定の創造性が語られるときには、論者がどのような争点の認定または
判断について、どのような場面を想定して議論しているのかを吟味すること
がまずもって必要です。

---

　1 「原則として」というのは、法が事実審の口頭弁論終結時（「現在」とは、この時点を意味しま
　す）に存在する事実をもって権利の発生原因事実とする場合があるからです。例えば、土地の所
　有者 X がその占有者 Y に対して所有権に基づく返還請求権を行使して土地の明渡しを求める場
　合には、「Y が現在土地を占有している」という事実を主張・立証することが必要になります。
　2 事実認定の性質をめぐる議論については、伊藤滋夫『事実認定の基礎（補訂）』（有斐閣・2000
　年）246頁以下を参照。

Ⅱ　「事実の確定」と「事実の認定」

1　弁論主義とは

　次に、民事訴訟における事実認定の約束事ないし特徴をみておくことにします。現在のわが国の民事訴訟は、「弁論主義」という原理・原則に基づいて運営されています。これが事実認定に関する諸問題を検討する際の基本中の基本ということになります。

　弁論主義は、判決の基礎となる「事実の確定」のために必要な資料の提出を当事者の権能であり責任であるとする考え方をいいます。すなわち、弁論主義は、民事訴訟における裁判所と当事者との間の役割分担についての基本的な考え方です。これは、紛争の対象である私権自体が当事者によって自由に処分されるものであるから、私権に関する紛争の解決手続も当事者の意思を尊重したものとすることが望ましいという思想に裏付けられたものということができます。このような思想は当然のことながら歴史的な所産ということができますし、現在のわが国の民事訴訟が弁論主義に基づく制度設計と運用とがされているのは、真実の探求という目的のために合理的なものであるという経験に基づく合意が成立しているからです。[3]

2　弁論主義の具体的内容

　弁論主義は、具体的には、次の3つの内容を包含するものと理解されています。第1は、当事者が口頭弁論において陳述した主要事実のみを判決の基礎とすることができるという規律（これを裏からいうと、当事者によって弁論に提出されなかった主要事実を判決の基礎とすることができないという規律）で

3　弁論主義の根拠についての説明の仕方の相違については、差し当たり、長谷部由起子『民事訴訟法〔第3版〕』（岩波書店・2020年）21〜23頁を参照。

す。

　第2は、当事者間に争いのない主要事実はそのまま判決の基礎としなければならないという規律です。

　第3は、事実認定に供される証拠は原則として当事者が申請したものでなければならないという規律（これを裏からいうと、原則として裁判所が職権で証拠調べをすることができないという規律）です。[4]

3　裁判所の認定が許される事実

　弁論主義の内容を成す第2の規律は、民事訴訟法（本書においては、以下「民訴法」と略す）179条が「裁判所において当事者が自白した事実及び顕著な事実は、証明することを要しない」という文言をもって規定しています。この文言自体は、自白の成立した事実について証明責任を負う当事者が証明の必要から解放されることを規定するものです。

　しかし、自白の効果は、それにとどまるものではなく、自白の成立した事実については裁判所がそれをそのまま判決の基礎としなければならないという裁判所に対する拘束力を有するものと考えられています。すなわち、当事者の自白は、裁判所から事実認定権を剥奪するという効果を有するのです。また、自白をした当事者も自白に拘束され、その後自由に自白を撤回することはできないとされています。[5]

　そこで、裁判所および当事者に対する拘束力を有する自白とはどのような範囲の事実について成立するのかが問題になります。現在の判例は、主要事実の自白のみに拘束力を認め、それ以外の事実——すなわち、間接事実と補助事実——の自白には拘束力を認めないという立場をとっています。[6]

　4　この原則に対する例外として、職権による調査嘱託（民訴法186条）、当事者尋問（同法207条1項）等限られたものが許されています。

　5　自白の撤回が許される場合について、最一小判昭和36・10・5民集15巻9号2271頁、最二小判昭和33・3・7民集12巻3号469頁、最三小判昭和25・7・11民集4巻7号316頁、大判大正11・2・2民集1巻52頁を参照。

4　裁判所から事実認定権を剥奪することのない自白
——間接事実の自白——

⑴　はじめに

　間接事実の自白には裁判所および当事者に対する拘束力を認めないというのが現在の判例の立場であると述べましたが、自白された事実についての裁判所の事実認定権の有無を決する主要事実と間接事実との区別は必ずしも容易なものではありません。

　そこで、最一小判昭和41・9・22民集20巻7号1392頁（間接事実の自白は、裁判所を拘束しないことはもちろん、自白した当事者をも拘束するものではないという立場を明らかにした判例）の事案に即して、主要事実と間接事実との区別を検討してみましょう。[7]抽象的な論理をそのまま記憶するよりも、具体的事案の処理を通してそれぞれの論理がどのように働くのかを理解するほうが、より立体的で実践的な知識として身に付くものと思われます。

⑵　事案の概要

　最一小判昭和41・9・22の事案の概要は、次のようなものです。

①　Xは、Yに対し、「Xの父AがYに対して合計30万円を貸し渡し、その弁済期は到来していたところ、XがAの権利義務を相続により承継した」と主張して、貸金30万円の返還を求めた。

②　Yは、AとYとの間の本件貸金契約の成立は認めたが、「AはBから本件建物を代金70万円で買い受け、代金の内金20万円を契約時に現金で支払い、内金20万円を1週間後払とした。代金の残金30万円について、代金決済の方法としてAのYに対する本件貸金債権30万円

6　間接事実について最一小判昭和41・9・22民集20巻7号1392頁を、補助事実について最二小判昭和52・4・15民集31巻3号371頁を参照。

7　要件事実および主要事実の概念については、民事訴訟における要件事実・2頁以下を参照。

をBに譲渡した。Yは、この債権譲渡を承認したうえ、Bに対して有していた債権と相殺した」と主張して争った。

③　第一審において、Xは、AがBから本件建物を代金70万円で買い受けた事実を認めたが、AがBに対して本件貸金債権を譲渡した事実を否認した。そして、「仮に本件貸金債権を譲渡したとしても、その後本件建物の売買契約が合意解除されたから、本件貸金債権もAに復帰した」と主張した。

④　第一審判決は、AがBから本件建物を代金70万円で買い受けた事実は当事者間に争いがないとして判決の基礎としたうえで、証拠によって、AがBに対して本件貸金の借用証書を交付したことなどを根拠に本件貸金債権のBへの譲渡を認定して、Xの請求を棄却した。

⑤　控訴審に至って、Xは、AがBから本件建物を代金70万円で買い受けた事実を認めたのは、真実に反しかつ錯誤に基づくものであるから撤回すると主張した。Yは、この自白の撤回に異議をとどめた。なお、Xは、「真実は、AがBから40万円の借金を依頼され、その内金20万円を交付した際、BがAに対して本件建物を売渡担保に供したためにその所有権移転登記を経由したのである。AがBに対して本件貸金の借用証書を交付したのは、Bに本件貸金債権の取立てを委任したからであるが、この取立委任はその後合意解除された」などと主張した。

⑥　控訴審判決は、上記の自白が真実に反しかつ錯誤に基づくものであることを認めるに足りないとして、Xによる自白の撤回の主張を排斥したうえで、証拠によって本件貸金債権のAからBへの譲渡を認定し、控訴を棄却した。

本件の概要を図示すると、以下のとおりです。

[関係図]

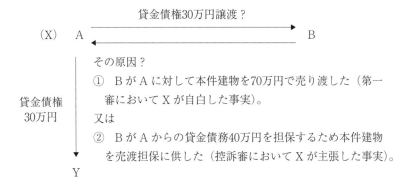

(3) 最高裁の判断

このような事案において、最高裁は、以下のとおりの論理で控訴審判決を破棄し、事件を原審に差し戻しました。

ⅰ Yの抗弁における主要事実は、「AがBに対して本件貸金債権を譲渡したこと」である。

ⅱ Xが自白した「AがBから本件建物を代金70万円で買い受けたこと」は、ⅰの主要事実を認定するための資料となりうべき間接事実にすぎない。

ⅲ 間接事実についての自白は、裁判所はもちろん自白した当事者をも拘束するものではない。

ⅳ Xのした自白に拘束されて、AがBから本件建物を買い受けたという「事実を確定」し、これを資料としてⅰの主要事実を認定した控訴審判決には、資料とすることが許されないものを事実認定に供したという違法がある。

---

(4)　問題の所在

ここで検討しようとするのは、(3)⒤と⒤の命題の正否であって、民集に登載された本判決の判示事項である⒤の命題の正否ではありません。

この問題は、債権譲渡とその原因行為との関係をどのように考えるか、すなわち債権の帰属の変更行為である準物権行為としての処分行為の独自性を肯定し、債権譲渡をその原因行為である売買契約や贈与契約から抜き出して債権譲渡の合意部分のみを主張することができるかどうか、の問題に帰着します。

本事案において、Yは、「Aは、Bに対し、Bから買い受けた本件建物の代金70万円のうちの30万円についての決済の方法として、本件貸金債権30万円を譲渡した」と主張しました。

第一審および控訴審判決は、準物権行為の独自性を否定する立場に立って、Yの抗弁事実（主要事実）を次のように整理したものと理解することができます。

> ㋐　Aは、Bとの間で、Bから本件建物を代金70万円で買い受ける旨の契約を締結した。
> ㋑　Aは、Bとの間で、㋐の代金債務のうち30万円の支払のためまたは支払に代えて本件貸金債権を譲渡する旨の契約を締結した。

これに対し、昭和41年最高裁判決は、準物権行為の独自性を肯定する立場に立って、Yの抗弁事実（主要事実）を次のように整理したものと理解することができます。

> ㋒　Aは、Bに対し、本件貸金債権を譲渡した。

(5)　主要事実と間接事実との区別

このように検討してきますと、本事案のようなケースにおいては、1つの具体的事実が主要事実であるのか間接事実にすぎないのかは、実体法の理解

と密接に関連していて、実体法の議論を解明しないでは容易に決することができないことがわかります。

　準物権行為の独自性については、これを否定するのが通説・判例の立場であるといってよいでしょうし、現在の裁判実務も否定説によって運営されているといってよいでしょう。[8]　そして、準物権行為の独自性を否定する通説・判例の立場によると、上記(4)の㋐および㋑の事実のいずれもが主要事実（要件事実）ですから、㋐の事実についての自白は裁判所および当事者を拘束するということになります。そうしますと、昭和41年最高裁判決は、判示事項についての判断（上記(3)の⑩の判断）の前提となる主要事実と間接事実との区別についての判断に疑問の余地の大きいものであって、間接事実の自白の拘束力についての判例形成には不適当な事案であったということができます。

　いずれにしても、昭和41年最高裁判決は、主張・立証について基本的責任を負っている当事者またはその訴訟代理人としては、相手方当事者の主張する事実について認否をするにあたって細心の注意を払う必要があることを示唆しています。

　上記(2)⑤のＸの主張の変更について、変更されたのは法的評価の主張であって、事実の主張に変更はないという弁解も考えられないではありません。[9]しかし、「Ｂは、Ａとの間で、本件建物を代金70万円で売り渡す旨の契約を締結した」という主張と、「Ｂは、Ａとの間で、Ａからの貸金債務40万円を担保するため、本件建物を売渡担保に供する旨の契約を締結した」という主張とが、事実主張のレベルにおいて前後不変であると言い張るのは困難でしょう。

8　紛争類型別の要件事実・123頁以下、我妻栄『新訂債権総論』526頁、最二小判昭和43・8・2民集22巻8号1558頁を参照。

9　福永有利「間接事実の自白」民事訴訟法判例百選Ⅰ〔新法対応補正版〕211頁およびそこに引用されている判批を参照。

Ⅲ　民事訴訟における事実認定の特徴

以上を整理しておきますと、次のとおりになります。

①　民事訴訟の結論は、「確定された事実」に法令を適用することによって導かれる。

　　なお、①にいう「事実」は、実体法の規定する法律効果（権利の発生、障害、消滅等）の発生要件に該当する具体的事実（一般に、要件事実または主要事実とよばれる事実）を指す。

②　現在のわが国の民事訴訟は弁論主義に基づいて運営されているところ、弁論主義の内容を成す第 1 の規律は、当事者によって弁論に提出されなかった主要事実を判決の基礎とすることができないこととしている。

　　その結果、①の「確定された事実」は、当事者によって主張されたものでなければならず、当事者によって主張されていない場合には、証拠調べの結果、裁判所が認定することができるとの心証を得ても、これを判決の基礎とすることはできない。

③　弁論主義の内容を成す第 2 の規律は、自白の成立した主要事実について裁判所から事実認定権を剥奪することにしている。

　　その結果、①の「確定された事実」は、当事者間に自白の成立した事実（および裁判所に顕著な事実）と裁判所の認定した事実とから成る。すなわち、歴史的には一連のものとして生起した事実の中に、裁判所が認定権を有する事実とそうでない事実とが混在することになる。

④　弁論主義の内容を成す第 3 の規律は、職権証拠調べを原則として許さないため、裁判所は、自らが認定権を有する事実についても、そのための証拠を自ら収集することはできない。

このように、民事訴訟における事実認定は、他の分野における判断の前提となる事実の認定——例えば、行政機関が行政上の決定をするまたは企業の

経営者が経営上の決定をする場面における判断の前提となる事実の認定——
と著しく異なっています。考えようによっては、かなり人工的な方法論によ
っているということができます。この点を明確に認識しておくと、これから
の解説の理解が容易になるものと思われます。

Ⅳ　事実認定に必要な証明の程度

1　証明度の意義

　民事訴訟の結論は「確定された事実」に法令を適用することによって導か
れるものですが、「確定された事実」の中に、当事者間に自白が成立したこ
と（および裁判所に顕著なこと）によって確定された事実と裁判所が認定し
たことによって確定された事実との2種類の事実が混在していることは上記Ⅲ
において説明したところです。

　そこで、次に、裁判官がある事実（差し当たり、一般に要件事実または主要
事実とよばれる事実を指すものと理解してください）を証明されたものとして
「認定」するためには、当該事実の存在についてどの程度に証明される必要
があるかという点が問題になります。事実を認定するために最低限必要とさ
れる証明の程度を、一般に「証明度」とよびます。[10]

　裁判官がある要件事実の存在について実際に得た心証の程度が、この「証
明度」に達しない場合には、裁判官は、当該事実が存在したという認定をす
ることができません。裁判における証明の主題は、要件事実の存在であって、
その不存在や要件事実と両立しない事実の存在ではありませんから、要件事
実の不存在や要件事実と両立しない事実の存在を認定することができる場合
であっても、判決書のうえでは、要件事実の存否が不明な場合と区別せずに、

10　伊藤・153頁以下を参照。

単に「○○の事実を認めるに足りる証拠はない」という表現が使われること
が一般です。ただし、ある要件事実の存否について十分な主張・立証がされ
た結果、裁判官が得た自己の心証に自信があり、しかもその点についての認
定を明示しておいたほうがよいと考える事案においては、判決書上に、要件
事実の不存在や要件事実と両立しない事実の存在の認定がされることもあり
ます。[11]

2　刑事訴訟における証明度と民事訴訟における証明度

　最高裁は、刑事訴訟における有罪判断のために必要な証明の程度について、
「元来訴訟上の証明は、自然科学の用いるような実験に基づくいわゆる論理
的証明ではなくして、いわゆる歴史的証明である。論理的証明は真実そのも
のを目標とするに反し、歴史的証明は真実の高度な蓋然性をもって満足する。
言いかえれば、通常人なら誰でも疑いを差し挟まない程度に真実らしいとの
確信を得ることで証明できたとするものである。だから論理的証明に対して
は当時の科学の水準においては反証というものを容れる余地は存在し得ない
が、歴史的証明である訴訟上の証明に対しては通常反証の余地が残されてい
る」と判示しました。[12]

　この判決は、訴訟上の事実認定における証明の性質が「歴史的証明」であ
ることを明言した有名な判決であり、この点については刑事、民事を問わず、
訴訟上の事実認定に当てはまるものです。また、下線を付した判示部分は、
一般に、英米法でいう "beyond a reasonable doubt" の証明度と同一の程度
をいうものと理解されています。

　まず、刑事訴訟は、被告人の行動の自由や生命の安全といった基本的人権
に重大な影響を及ぼすものであるという本質をもっていますから、「疑わし

11　起案の手引・68頁を参照。実務上、このような認定を「かえって認定」と呼ぶこと、およびそ
　　の問題点につき、本書291頁を参照。
12　最一小判昭和23・8・5刑集2巻9号1123頁。

きは被告人の利益に」が第1原則となっています。そして、刑事訴訟の場合
には、訴追当事者側に強制捜査権限を有する捜査機関が控えており、その権
限と能力とを駆使して資料を収集するというシステムを前提として運営され
ていますから、証人の証言や当事者本人の供述の真偽を裏付ける資料を豊富
に収集することができるという特徴があります。

　なお、証拠資料の収集のために当事者の有する法的手段についてみますと、
わが国の民事訴訟には、証拠調べ手続に入る前の段階での証拠開示や法廷外
での宣誓供述録取といった手続が用意されていませんから、アメリカの民事
訴訟における証拠資料と比較してみても、わが国の民事訴訟における証拠資
料は質・量ともに貧弱なものということができます。

　このように、刑事訴訟と民事訴訟との間の制度趣旨の本質的な相違および
証拠収集手段の充実の程度の相違を反映して、刑事訴訟における事実認定に
要する証明度は、民事訴訟における事実認定に要する証明度と比較して高い
のが実際であるということができます。[13]

3　民事訴訟における証明度についての最高裁判例の立場

⑴　ルンバール事件最高裁判決

　民事訴訟における証明度について最高裁の立場を明らかにしたのが、最二
小判昭和50・10・24民集29巻9号1417頁（ルンバール事件判決）です。

　最高裁は、ルンバール事件判決において、「訴訟上の因果関係の立証は、
1点の疑義も許されない自然科学的証明ではなく、経験則に照らして全証拠
を総合検討し、特定の事実が特定の結果発生を招来した関係を是認しうる高
度の蓋然性を証明することであり、その判定は、通常人が疑を差し挟まない
程度に真実性の確信を持ちうるものであることを必要とし、かつ、それで足
りるものである」と判示しました。

13　倉田卓次「民事事実認定と裁判官の心証」判タ1076号15頁以下、伊藤・160頁以下を参照。

　この判決文と刑事訴訟における上記2の最一小判昭和23・8・5の判決文とを比較してみますと、最高裁としては、民事訴訟における証明度と刑事訴訟における証明度とを区別することなく、いずれも"beyond a reasonable doubt"の程度と考えていることがわかります。

　そして、これらの判決によると、民事であれ刑事であれ訴訟上ある事実について証明がされた状態というのは、当該事実が存在することの高度の蓋然性が証明された状態をいうのですが、これを裁判官の心証という観点から説明すると、裁判官が当該裁判の時点における社会の一般人を想定した場合に、「社会の一般人であったなら、経験則に照らしてみて、合理的な疑いを差し挟まない程度に真実であろうと考える」という心証をもち得た状態をいう（すなわち、裁判官を基準にして真実性の確信をもち得るかどうかを問題にしているのではありません）、ということになります。

　そうしますと、刑事訴訟における事実認定に要する証明度は、民事訴訟における事実認定に要する証明度と比較して高いのが実際であるとした先程の説明とルンバール事件最高裁判決の述べるところとの関係をどのように理解すべきであるのかが問題になります。

(2)　ルンバール事件にみる証明度の実際

　そこで、証明度に着目して、ルンバール事件を検討してみることにしましょう。医師が3歳の患者に対し化膿性髄膜炎の治療としてしたルンバール（腰椎穿刺による髄液採取とペニシリンの髄腔内注入）の施術とその後の患者の発作およびそれに続く右半身麻痺等の病変との間の因果関係の存否という争点について、第一審と控訴審の認定が異なり、最高裁に上告されたという事案であり、裁判官の心証のとり方の実際を知るうえで大変参考になります。

　簡単に整理しておきますと、本件では、「ルンバール→脳出血→発作およびその後の病変」という事実的因果関係の存否が争われました。

(ア)　第一審の判断[14]

　第一審は、まず、①患者の発作およびそれに続く病変と脳出血との間の因

果関係につき、ⓐ発作が患者の病状が快方に向かっていた段階で突然起こった、ⓑ発作後の髄液検査の結果が発作前よりもよかった、ⓒ入院当初から患者に出血性傾向があり、発作当時も血管が脆弱で出血性傾向があった、ⓓ発作が突然のけいれんを伴う意識混濁で始まった、ⓔ発作の際のけいれんが右半身に強く現れ、その後右半身不全麻痺が起こったものであるところ、脳波所見によっても脳の異常部位が脳実質の左部にあると判断される、ⓕ主治医が発作後退院までその原因を脳出血によるものと判断して治療をしていたなどの事実を総合して、患者の発作とそれに続く病変の原因は脳出血によるものと認定しました。

　次に、②発作およびその原因である脳出血とルンバールの施術との間の因果関係につき、患者の病状が快方に向かっていた段階で、ルンバールの施術後わずか15分から20分の後に発作が起こった経緯に照らすと、他に発作の原因となるべき特段の事情が認められない限り、ルンバールにより発作および脳出血が生じたものと推定するのが相当であるとしました。

　結局、第一審は、上記①と②の認定を併せて、ルンバールの施術と患者の発作およびそれに続く右半身麻痺等の病変との間の因果関係の存在を肯定しました。

(イ)　控訴審の判断[15]

　これに対し、控訴審は、上記①の因果関係の存在につき、本件証拠によっては、患者の発作およびその後の病変の原因が脳出血によるか化膿性髄膜炎またはこれに随伴する脳実質の病変の再燃によるかは判定しがたいとしました。

　次に、上記②の因果関係の存在につき、発作およびその原因である脳出血または化膿性髄膜炎もしくはこれに随伴する脳実質の病変の再燃はルンバールの施術により生じたものではないかと強く疑わせるのであるが、そのよう

14　東京地判昭和45・2・28民集29巻9号1449頁。
15　東京高判昭和48・2・22民集29巻9号1480頁。

に判定してしまうについてはなお躊躇せざるを得ないとしました。

　結局、控訴審は、ルンバールの施術と患者の発作およびそれに続く病変との間の因果関係の存在を「断定しがたい」と判示しました。

　(ウ)　最高裁の判断

　最高裁は、上記(1)のとおり訴訟上の因果関係の証明についての法理を明らかにしたうえで、これを本件事案に当てはめて、①鑑定人Ａの意見は、発作の臨床症状によると、発作の原因として脳出血が一番可能性があるというものである、②脳波研究の専門家である鑑定人Ｂの意見は、病巣部ないし異常部位は脳実質の左部にあると判断されるというものである、③患者の病状が一貫して軽快しつつある段階で、ルンバールの施術後15分ないし20分を経過して突然に発作が起こったものであり、他方、化膿性髄膜炎の再燃する蓋然性は通常低いものとされており、当時これが再燃するような特別の事情も認められなかった、などの事実関係を列挙したうえで、「他に特段の事情が認められないかぎり、経験則上本件発作とその後の病変の原因は脳出血であり、これが本件ルンバールに因って発生したものというべく、結局、上告人の本件発作及びその後の病変と本件ルンバールとの間に因果関係を肯定するのが相当である」[16]と判示して、控訴審判決を破棄し、過失についての審理をさせるために事件を控訴審に差し戻しました。

(3)　控訴審が証明度に達していないと判断した理由

　このように比較して検討しますと、第一審と最高裁は、「ルンバール→脳出血→発作およびその後の病変」という因果関係の存在につき、脳出血の原因となり得る医療行為の有無、医療行為と発作等の結果との時間的接着の程度、他原因が発作等の結果を発生させる可能性の程度といった様々な角度から経験則を用いて検討した結果、「社会の一般人であったなら、合理的な疑いを差し挟まない程度に真実であろうと考える」という心証をもち得たとい

16　この判示部分につき、民集29巻9号1421頁以下を参照。

うことになります。

　ところが、同じ証拠資料を前にして、控訴審は、因果関係の存在を「断定しがたい」というのですが、その原因はどこにあるのでしょうか。

　控訴審は、本件訴訟における立証命題を、「患者が入院する原因となった化膿性髄膜炎（またはこれに随伴する脳実質の病変）の再燃が、この患者の発作およびその後の病変の原因となる可能性を否定することができるか」というものとして設定したのだと思われます。これは、患者の症状を前にして医学の専門家である医師が治療行為に入るに先立って診断をし、または過去の症例を前にして鑑定をしようとして設定する命題と同じものです。[17]控訴審は、この問いに対して「可能性を否定することはできない」という答えを出した（純粋に医学の観点からすれば、この答えはおそらく正しいのでしょう）うえ、民事訴訟における帰責判断の一部を成す因果関係の認定にその答えをそのままもち込んだものと思われます。

　すなわち、控訴審が結論を誤まった原因は、問いの設定にあったものと思われます。控訴審も、判決をした時点においては、自らの立場が一点の疑義も許されない自然科学的証明を要求するというものであると考えていたわけではないのでしょうが、「高度の蓋然性」を追求しているうちに、民事訴訟における事実認定が法的責任を判断するためにされるものであって、様々な角度から経験則を用いて検討した場合における「高度の蓋然性」であることがいつの間にか忘れられていたものと思われます。今日でも、同じような場面に遭遇することがないとはいえません。注意が必要です。

17　医師は、「この患者の症状の原因として、a（b, c,……h）である可能性を否定することができるか」という問いを設定し、それぞれについて検討したうえで診断を下します。そうすることによって、医学的に誤りのない診断を下すことができ、その後の治療行為に資することができるからです。

4　「高度の蓋然性」と「相当程度の蓋然性」

(1)　「高度の蓋然性」法理の再確認

　以上のとおり、民事訴訟における事実認定に必要な証明度は「高度の蓋然性」であるというのが最高裁判例の立場ですが、最三小判平成12・7・18判時1724号29頁（長崎原爆訴訟最高裁判決）はこれを再確認したものです。

　長崎原爆訴訟において問題になったのは、原子爆弾被爆者の医療等に関する法律 8 条 1 項に基づく認定の要件であるいわゆる「放射線起因性」の証明の程度についてです。

　控訴審判決は、放射線起因性の証明の程度につき、物理的、医学的観点から「高度の蓋然性」の程度にまで証明されなくても、被爆者の被爆時の状況、その後の病歴、現症状等を参酌し、被爆者の負傷・疾病が原子爆弾の傷害作用に起因することについての「相当程度の蓋然性」の証明があれば足りると解すべきであると判示し、[18] 放射線起因性の証明がされたものと判断しました。この控訴審判決は、その趣旨が訴訟法上の因果関係の証明の程度についてのものか、法 8 条 1 項の実体要件の解釈をいうものか必ずしも判然としません。[19]

　最高裁は、この控訴審判決につき、その趣旨がいずれであるとしても誤った解釈であるとして、再度、上記 3(1)のルンバール事件判決の宣明した一般法理部分をほぼそのまま判示しました。ここまでは、理解するのに大した困難はありません。

　わかりづらいのは、その先です。最高裁は、そう判示したうえで、控訴審

18　福岡高判平成 9・11・7 判タ984号103頁。

19　また、控訴審判決が「高度の蓋然性」という用語によって意味していた内容自体が、ルンバール事件最高裁判決のいう「高度の蓋然性」と同一のものであるのかについても疑問なしとしません。控訴審判決は、物理的、医学的観点からする「高度の蓋然性」をいっているのであって、「経験則に照らして全証拠を総合検討し、特定の事実が特定の結果発生を招来した関係を是認しうる高度の蓋然性」というルンバール事件最高裁判決の定義とは別のものを念頭においていると読む余地もあるからです。

判決が確定した具体的事実を判決文中に摘示したうえで、「被上告人の脳損傷は、直接的には原子爆弾の爆風によって飛来したかわらの打撃により生じたものではあるが、原子爆弾の放射線を相当程度浴びたために重篤化し、又は放射線により治ゆ能力が低下したために重篤化した結果、現に医療を要する状態にある、すなわち放射線起因性があるとの認定を導くことも可能であって、それが経験則上許されないものとまで断ずることはできない」と判示しました。そして、「本件において放射線起因性が認められるとする原審の認定判断は、是認し得ないものではない」と結論しました。

(2)　長崎原爆訴訟最高裁判決の発するメッセージ

　長崎原爆訴訟最高裁判決中の上記(1)の判示部分にこめられているメッセージは、次のように理解すべきものと考えます。

①　ある事実の存在そのものを実体法がその認める効果発生の要件としていない場合を除き、民事訴訟における事実認定に要する証明度は、「高度の蓋然性」であって、「相当程度の蓋然性」で足りるとすることはできない。

②　しかし、元来、民事訴訟における事実の証明は、自然科学的論理的証明ではなく（控訴審のいう物理的医学的観点からの証明というのは、自然科学的論理的証明そのものか、またはそれに近いものをイメージしているようである）、いわゆる歴史的証明であるから、経験則に照らして全証拠を検討した結果、要証事実（要件事実）の存在を是認することができるという「高度の蓋然性」の証明で足りる。

③　そして、「高度の蓋然性」の基準に達するかどうかは「通常人（当時の社会の一般人）の心証」を前提にして決するのである。

④　特に民事訴訟においては、経験則を活用して証明ありというべきかど

20　長崎原爆訴訟最高裁判決は、原子爆弾被爆者に対する特別措置に関する法律５条１項が、健康管理手当の支給要件として、被爆者の造血機能障害等が「原子爆弾の放射能の影響によるものでないことが明らかでないこと」と規定しているのを、そのような実体法の例として挙げています。

うかを判断する作業が事実認定の中心であるところ、事実の存否について経験則を活用してする心証形成という範疇は原則として事実審の専権に属しているから、最高裁が法律問題として事実審の事実認定に介入するのは、ⓐ経験則上どうみても通常人であれば証明ありというべきであるのに証明に達していないとした場合（ルンバール事件の控訴審判決がその例）、およびⓑ経験則上どうみても通常人であれば証明ありといい得る最低限に達しているとはいえないのに証明ありとした場合[21]の２つの場合に限られる。すなわち、最高裁は、訴訟記録によって自ら事実認定をしたうえで、それと事実審の事実認定とを比較し、自らの事実認定をもって事実審のした事実認定に代置するわけではない。

⑤　このような観点から放射線起因性を肯定した長崎原爆訴訟控訴審判決をみると、この事実認定をもって上記④ⓑに当たるということはできない。したがって、法律審である最高裁としては、同控訴審判決のした事実認定に介入することはしない。

⑥　事実審としては、事実認定の過程で用いる経験則の取捨選択は自由心証の範囲内の事柄として事実審裁判官に委ねられているのであるから、一口に経験則といっても、確度の高いもの（例外の少ない経験則）から確度のそれ程高いとはいえないもの（例外の比較的多い経験則）まで種々あることをわきまえたうえで経験則を十分に活用し、かつ、当該要証事実の性質等をも斟酌して（立証責任を負う当事者と証拠との距離等も考慮要素に含まれる）、事実認定にあたり、上記④のⓐとⓑの幅の中に収まる事実認定を心がけてほしい。

21　最三小判昭和36・8・8民集15巻7号2005頁は、時価合計151万9000円余の建物と敷地の借地権につき代金10万円の売買契約の成立を認めた控訴審判決を、「このように時価と代金が著しく懸絶している売買は、一般取引通念上首肯できる特段の事情のない限りは経験則上是認できない事柄である。そして、原判決判示の事情および原判決の引用する一審判決判示の事情だけでは、被上告人は上告人から本件家屋を金10万円で買受けた旨の判示を、一般取引通念上たやすく首肯することはできない」と判示して、破棄したものです。本文のⓑに当たる例といってよいでしょう。

⑶　**最高裁の立場**

　以上①から⑥までをさらに整理しますと、最高裁は、一般的な命題として事実認定に要する証明度を設定しようとするならば、「高度の蓋然性」ということになるとの立場を堅持することを明らかにしたうえで、事実審裁判官に対し、具体的な事件においてある要証事実についての証明がこれに達しているかどうかを判断するにあたっては、民事訴訟の制度目的を念頭において、自由心証の範囲内で、当該要証事実の性質等を十分に斟酌することによって、不可知論に陥ることのないように事実認定に取り組むことを要請している、と理解することができます。

5　訴訟代理人として留意しておくべき事項

　最高裁の立場がこれまでに説明したところにあることを理解しますと、訴訟代理人としては、医療過誤等の事件において、立証責任を負う当事者と証拠との距離等を理由にして、因果関係や過失を根拠づける事実の証明度が通常の民事訴訟事件における証明度よりも低いもの——例えば「相当程度の蓋然性」——で足りるといった立場に依拠して済ませることはできません。

　ただし、ルンバール事件の控訴審判決の設定した証明度が最高裁の要求するものよりも高かったことは明らかであり、長崎原爆訴訟の控訴審判決のいう「高度の蓋然性」が最高裁の要求するものよりも高かった（そのために、最高裁は、上記4⑵の④、⑤、⑥のメッセージを発した）と理解することができることに鑑み、訴訟代理人としては、事実審裁判官が民事訴訟実務において要求する証明度が高すぎるという事態がかなりの頻度で起こり得ることを覚悟しておく必要があると思われます。

　こういった事態に対処しなければならない訴訟代理人としては、当該要証事実の証明に用いる経験則の内容とその確度の高さ（例外の少なさ）を自ら常に意識するとともに、これを事実審裁判官に認識させるよう努力をしなければならないということになります。

V　当事者の事案解明義務

1　立証責任（証明責任）と当事者のする立証（証明）の過程

　前記Ⅱに説明したように、わが国の民事訴訟は「弁論主義」という原理・原則に基づいて運営されていますが、当事者間に争いのある事実について証拠調べを尽くしても、裁判所の心証が「証明度」に至らないという事態が起こることがあります。この事態を「真偽不明（non liquet）」といいます。わが国の民事訴訟は、そのような場合であっても判決をすることを可能にするために、ある事実が真偽不明の場合、その事実を不存在と仮定して判決をするという原理・原則を採用しています。ある事実の不存在が仮定されて判決されることによって当事者の一方が被る不利益を「立証責任（証明責任）」といいます。このように、立証責任はある事実が真偽不明に終わった時点で問題になるものであって、当事者の負う行為責任ではありません。この点を表現するために「客観的立証責任（証明責任）」という用語で説明することもあります。

　実際の訴訟では、当然のこととして、ある事実について立証責任を負う当事者がその事実の存在を立証（証明）しようとします。立証責任を負う当事者のする立証活動を「本証」といいます。これに対し、相手方当事者は裁判所の心証が形成されるのを妨げようとしますが、このような立証責任を負わない当事者のする立証活動を「反証」といいます。

　立証の過程では、当事者の一方から他方に「立証の必要」が移転するという現象が生じます。立証の必要は、当事者のする立証によって裁判所が抱く心証に働きかけることを目的とする事実上のものです。

2　情報（証拠）偏在型訴訟におけるわが国の実務の工夫

　売買契約・消費貸借契約・賃貸借契約といった契約に基づいて発生する債務の履行を求めるといった伝統的な民事紛争は、当事者双方が当該契約に関する情報（証拠）にほぼ対等にアクセスすることができます。そのような紛争が訴訟に至った場合には、上記1のように、ある事実について立証責任を負う当事者がその事実の存在を立証（証明）するための本証をし、相手方当事者が反証をするというわかりやすい過程の中で、裁判所は事実認定に向けての心証形成をし、判決に至ります。

　しかし、民事紛争の中には、対立する当事者の一方に情報（証拠）が偏在するものがあります。その場合に、情報（証拠）を保有する側の当事者が主張・立証責任を負うのであれば問題は少ないのですが、情報（証拠）を保有しない側の当事者が主張・立証責任を負うときは、伝統的な民事紛争におけるように主張・立証を進めることは困難です。

　そこで、わが国の民事訴訟の実務は、情報（証拠）偏在型訴訟において、権利の実効的保障という実体法上の観点および適正かつ効率的な訴訟運営という手続法上の観点から、柔軟な審理の方法を編み出してきました。

　その典型例は、医療過誤訴訟です。医療過誤訴訟においては、準委任契約の債務不履行に基づく損害賠償請求という法律構成によろうと、不法行為に基づく損害賠償請求という法律構成によろうと、実際の審理は、①原告が訴状作成時点で把握している事実に基づき、被告の不完全履行または過失の評価根拠事実を主張する、②被告が診療記録等の客観的資料に基づき、一連の診療行為の過程を主張・立証するとともに、被告の診療行為が適切な（合理的な）ものであって落度がないことを具体的に主張・立証する、③原告は、②を受けて、被告の不完全履行または過失の評価根拠事実、原告の損害と被告の診療行為との間に因果関係があること等を整理して（再構成して）主張・立証する、④被告は、③の原告の主張・立証に対する反論・反証を提出

する、といった段階を踏んで進行します。そして、原告は、③の点につき、客観的主張・立証責任を負うと理解されています。[22]

3　主張・立証責任を負わない当事者の事案解明義務という考え方

　上記2のわが国の民事訴訟実務の工夫とは別に、学説によって、ドイツから、情報（証拠）偏在型訴訟において、主張・立証責任を負わない当事者に「事案解明義務」を課するという考え方が輸入されました。

　この考え方は、以下の4つの要件——すなわち、①客観的主張・立証責任を負う当事者が事件の事実関係から隔絶されていたこと、②同当事者が事実関係を知り得なかったことまたは事実関係から隔絶されたことにつき、非難されるべき事情がないこと、③同当事者が自らの主張について具体的手がかりを提示していること、④客観的主張・立証責任を負わない相手方当事者に、具体的事実主張をし証拠を提出するよう（事案を解明するよう）期待することが可能であること——を満たす場合には、以下の2つの効果——すなわち、(i)訴訟法上の一般的義務として、ある主要事実についての客観的主張・立証責任を負わない相手方当事者が、当該主要事実につき、具体的事実主張を主張・証拠を提出する義務を負い、(ii)相手方当事者がこの義務に違反し、かつ、当該主要事実が真偽不明のときは、客観的主張・立証責任を負う当事者の主張が真実であると擬制される——が発生するというものです。

　このように、事案解明義務という考え方は、客観的主張・立証責任を負う当事者に非難可能性のないことおよび相手方当事者に期待可能性のあることを要件とすることによって、主張・立証にかかる両当事者の利益のバランスないし公平を考慮したうえでの理屈であり、訴訟上の信義則（民訴法2条）を背景にするものと理解することもできます。[23]

22　鈴木俊光「医療過誤訴訟の問題点」三ヶ月章＝青山善充編『民事訴訟法の争点』（有斐閣・1979年）37頁を参照。

4 主張・立証責任を負わない当事者の事案解明義務と最高裁判例の立場

(1) 伊方原発事件最高裁判決の判断

　最一小判平成4・10・29民集46巻7号1174頁（伊方原発事件最高裁判決）は、情報（証拠）偏在型訴訟の典型ともいうべき原子炉設置許可処分の取消訴訟において、「原子炉設置許可処分についての右取消訴訟においては、……(i)被告行政庁がした右判断に不合理な点があることの主張、立証責任は、本来、原告が負うべきものと解されるが、当該原子炉施設の安全審査に関する資料をすべて被告行政庁の側が保持していることなどの点を考慮すると、<u>被告行政庁の側において、まず、その依拠した前記の具体的審査基準並びに調査審議及び判断の過程等、被告行政庁の判断に不合理な点のないことを相当の根拠、資料に基づき主張、立証する必要があり</u>、(ii)<u>被告行政庁が右主張、立証を尽くさない場合には、被告行政庁がした右判断に不合理な点があることが事実上推認されるもの</u>というべきである。((i)(ii)の付番とアンダーラインは、筆者による)」と判示しました。

　最高裁は、情報（証拠）の偏在に着目して、上記(i)において、客観的主張・立証責任を負わない相手方当事者（被告行政庁）にその判断に不合理な点のないことを相当の根拠・資料に基づいて主張・立証する義務を課し、上記(ii)において、被告行政庁がその義務を果たさない場合の効果を説示しました。本判決の議論の構造は、事案解明義務という考え方のそれと類似しています[24]。

23　以上につき、春日偉知郎『民事証拠法研究』（有斐閣・1991年）233頁以下、畑瑞穂「模索的証明・事案解明義務論」福永有利ほか『鈴木正裕先生古稀祝賀・民事訴訟法の史的展開』（有斐閣・2002年）607頁以下を参照。

24　竹下守夫「伊方原発訴訟最高裁判決と事案解明義務」木川統一郎博士古稀祝賀論集刊行委員会『民事裁判の充実と促進』（判例タイムズ社・1994年）10〜13頁を参照。

(2)　伊方原発事件最高裁判決による審理の手順[25]

　控訴審判決は、審理の手順として、①安全性を争う側において行政庁の判断に不合理があるとする点を指摘し、②行政庁においてその指摘をも踏まえ自己の判断が不合理でないことを主張・立証すべきであると判断しました。

　これは、まさに、前記2に説明したわが国の民事訴訟実務が医療過誤訴訟等において発展させてきた審理方式です。

　最高裁は、上記①の段階に明示にはふれずに、②の段階から説き起こしていますが、その直前に客観的主張・立証責任を原告が負うことを明示していることを考慮に入れれば、控訴審判決と同一の立場に立っているのであって、情報（証拠）偏在型訴訟に直面して民事訴訟実務が編み出してきた審理方式を合理的なものとして積極的な評価をしたものと理解することができます。

(3)　相手方当事者がその義務を果たさないときの効果

　最高裁は、被告行政庁がその主張・立証義務を果たさないときの効果につき、「被告行政庁がした右判断に不合理な点があることが事実上推認される」と判示しました。

　筆者は、この説示部分を次のように読むのが最も合理的であると考えています。[26]

　すなわち、第1に、「不合理な点」というのは、客観的主張・立証責任を負う当事者（本件では原告）の主張した被告行政庁のした処分を不合理と評価すべき根拠となる具体的事実を指しているのであり、第2に、「事実上推認される」というのは、事実審裁判所が原告の主張した不合理の評価根拠事実の存在を「認定」することが相当であるとの趣旨をいうものである、と解しています。

　結局、情報（証拠）偏在型訴訟において、圧倒的に多くの情報（証拠）を

25　高松高判昭和59・12・14判時1136号3頁。

26　この点の詳細は、田中豊『民事訴訟判例読み方の基本』（日本評論社・2017年）257～258頁を参照。

保有する側の当事者が、自らの保有する情報（証拠）に基づいて主張・立証義務（事案解明義務）を果たさないときは、事実審裁判所としては、客観的主張・立証責任を負う側の当事者の主張した具体的事実を認定するのが相当であるということになります。

　ところで、「推認」とは、間接事実（通常は複数の間接事実）に経験則を適用して主要事実を認定するという事実認定のプロセスをいうのですが[27]、「主張・立証義務（事案解明義務）を負う当事者がその義務を果たさない場合には、そこで問題になっている事項につき、相手方当事者の主張する事実が存するのが通常である」との経験則があるということができるかどうかには疑問があるとの指摘もあります[28]。この指摘が正しいとすると、最高裁は「推認される」と判示していますが、その実質は「擬制される」に帰着するということになります[29]。

5　伊方原発事件最高裁判決の発するメッセージ

　伊方原発事件最高裁判決は、上記4(1)ないし(3)のとおり、情報（証拠）偏在型訴訟の審理の実践の仕方につき、その要件と効果に踏み込んで説示しました。ところが、この説示は、上告審の結論を導くのに必要のない全くの傍論なのです[30]。

　情報（証拠）偏在型訴訟は、近時、珍しいものではありません。最高裁は、当事者の訴訟代理人として主張・立証にあたる弁護士であれ、訴訟指揮をし心証を形成して最終的には判決を下す事実審裁判官であれ、身に付けておか

27　司法研修所編『10訂　民事判決起案の手引』（法曹会・2006年）82頁を参照。
28　松本博之「民事訴訟における証明責任を負わない当事者の具体的事実陳述＝証拠提出義務について」法曹時報49巻7号1635頁を参照。
29　竹下・前掲（注24）22頁は、本判決の認める効果につき、当事者が文書提出命令に従わないときに「相手方の主張を真実と認める」という効果（いわゆる真実擬制）を規定する民訴法224条と同じものであると説明しています。
30　この点につき、田中・前掲（注26）259頁を参照。上原敏夫・百選〔第3版〕155頁も、傍論であることにつき、「この点の判示はあくまで理論的なものにとどまる」と説明する。

なければならない基本的技法であると位置づけたため、あえて傍論において説示し、民集の判示事項・判決要旨として抽出し摘示したものと思われます。

　ここに、最高裁の発するメッセージを感得することができます。

VI　当事者主義と職権主義

1　はじめに

　わが国の民事訴訟について、すでに、①「弁論主義」という原理・原則に基づいて運営されていること、②弁論主義は、判決の基礎となる「事実の確定」のために必要な資料の提出を当事者の権能であり責任であるとする考え方であって、民事訴訟における当事者と裁判所との間の役割分担についての基本原理であること、について触れました。[31]

　民事訴訟は、当事者（原告と被告の2当事者が対峙するというのが基本型です。当事者の数が増えてもう少し複雑な形をとることもありますが、差し当たりは2当事者が対峙する基本型を念頭におくことにしましょう）と裁判所との協働によって運営されるのですが、広く民事裁判といいますと、民事「訴訟」の外に家事審判手続等の「非訟」を含み、また、民事訴訟についてみても、いわゆる「通常訴訟」のほかに「人事訴訟」や「行政訴訟」といったいわゆる「特別訴訟」を含むことになります。

　弁論主義はこれらのうちの通常訴訟に適用される原理であり、特別訴訟はこれとは異なった原則によって運営されています。ここでは、婚姻事件・養子縁組事件・親子関係事件といった基本的身分関係に関する紛争についての特別訴訟である人事訴訟を例にして、通常訴訟との異同をみておくことにしましょう。

31　本章II（3頁）を参照。

2　人事訴訟における職権探知主義の採用

　弁論主義は、紛争の対象である私権自体が当事者によって自由に処分されるものであるから、私権に関する解決手続も当事者の意思を尊重したものとすることが望ましいという思想に裏付けられています。[32]しかし、上記1に挙げた基本的身分関係がわが国の社会秩序の根幹を成すものであることを反映して、その解決手続については、①当事者に完全に自由な処分権を認めるわけにいかない、②その解決内容が実体的真実に合致していることが強く要請される、③当事者間における個別的解決では足りず、対世的に画一的に解決される必要がある、などの特質が指摘されています。[33]

　①の点は処分権主義に対する特則として現れ、②の点は弁論主義に対する特則として現れます。③の点は、判決の効力の問題です。

　ここでは、事実認定との関係から、②の点につき、人事訴訟において弁論主義の内容を成す3つの規律がどのように変容させられているかを1つずつみてみることにしましょう。

　当事者が口頭弁論において陳述した主要事実のみを判決の基礎とすることができるという弁論主義の第1の規律および事実認定に供される証拠は原則として当事者が申請したものでなければならないという弁論主義の第3の規律についてみますと、人事訴訟法20条は、「人事訴訟においては、裁判所は、当事者が主張しない事実をしん酌し、かつ、職権で証拠調べをすることができる」と規定して、弁論主義の第1および第3の規律が人事訴訟に適用されないことを明らかにしています。また、同法19条1項の規定は、当事者間に争いのない主要事実はそのまま判決の基礎としなければならないという弁論主義の第2の規律が人事訴訟に適用されないことを明らかにしています。

32　本章Ⅱ（3頁）を参照。

33　大橋眞弓「通常訴訟と人事訴訟の審理原則」（青山善充＝伊藤眞編・民事訴訟法の争点〔第3版〕）34頁を参照。

　上記のとおり、人事訴訟法の規定の文言は、「裁判所は、当事者が主張しない事実をしん酌し、かつ、職権で証拠調べをすることができる」というものであって、裁判所の権限のみを規定しているようにみえます。しかし、この規定は、必要のある場合には裁判所が職権で事実を探知する義務を負うことをも含意するものと解されています。[34]このように裁判の基礎となる事実や証拠の収集について裁判所が権限を有し責任を負うという原則を指して「職権探知主義」とよびます。

　原理・原則に着目してみますと、民事訴訟とよばれるものの中に、その審理・判断について、弁論主義と職権探知主義という2つの異質な原理によって運営されているものが並存しているかのような印象を受けますが、実際の訴訟手続は、そのように異質なものとして存在しているわけではありません。現実の事案に即してこのあたりを検討してみることにしましょう。

Ⅶ　人事訴訟における主張と立証

1　認知の訴えにおける父子関係の主張と立証

　人事訴訟の中でも実際に提起されることの多い認知の訴えの事案（最一小判昭和31・9・13民集10巻9号1135頁）から、職権探知主義が採用されている人事訴訟での主張と立証の実際を検討してみることにしましょう。

　Xは、Yに対し、「Xは、Yを父とし、Aを母とする子である」と主張して、認知の訴え（本件訴え）を提起しました。民法787条に規定する認知の訴えは、法律上の父子関係の形成を求める形成の訴えです。[35]

34　証拠法大系第1巻〔総論Ⅰ〕〔笠井正俊〕20頁を参照。

35　最二小判昭和29・4・30民集8巻4号861頁。なお、民法779条は、認知について父と母とを同一に扱っていますが、最二小判昭和37・4・27民集16巻7号1247頁は、母とその非嫡出子との親子関係は原則として母の認知を待たず、分娩の事実によって当然に発生するとしました。

原審の確定した事実の概要は、以下のとおりです。

① 　Yは、昭和11年ころAと情交関係を生じ、その後約3年間1カ月に3、4回の頻度で関係を継続していたものの、その後この関係は遠のいていたが、昭和18年1月9日ころAと情交関係をもった。

② 　Aは、昭和18年1月ころ妊娠し、分娩予定日の同年9月30日にXを分娩した。

③ 　受胎可能期間は、昭和18年1月3日ころから同月10日ころまでの間である。

④ 　ABO式、MN式、Q式、S式、E式、Rh式、V式の各種血液型の検査および血清中の凝血素価と凝集素の分析結果からすると、YとXとの間に父子関係があっても矛盾しない。

⑤ 　Yは、Aから、昭和18年2月ころ、妊娠したことを告げられ、その後分娩までの間、数回にわたってAを訪ねた。

⑥ 　Yは、Xの出生後、Xを見て自分の子ではないと言ったことはなく、Xを抱擁しむつきを取り替えるなど父親としての愛情を示したことがあるばかりか、分娩費および生活費の一部を負担した。

⑦ 　Yは、年少時代からの知り合いであったAの姉に対し、Aの妊娠につき男として責任をもつと言明したことがある。

⑧ 　指紋検査によると、XとAとの間には極めて類似点が多いが、XとYとの間には類似点が少なく、Yは十指とも渦状紋であるのに、Xは左手の環指と小指に渦状紋があるのみでかなりの相違がある。

⑨ 　掌紋検査によると、Yは7型、Xは9型であって、主線の走り方もほとんど異なっている。

⑩ 　人類学的考察によると、XとAとの間には31点の分類比較のうち26点において同一の所見を呈するのに対し、XとYとの間の相似点は10点に達しない。

⑪　Aは、数え年18歳のとき以来バーの女給として勤めてきた者で結婚の経験はなく、昭和7年ころYから紹介された者と肉体関係をもったことがあり、昭和12年にも同人と関係をもったことから妊娠し、呼吸器疾患の理由で堕胎手術を受けたことがある。

2　原審の判断

　原審（大阪高判昭和29・7・3下民集5巻7号1036頁）は、鑑定の結果によって認められる上記1⑧ないし⑩の事実によると、XとYとの間に父子関係が存在するとは考えがたく、これにAの経歴に関する⑪の事実を併せ考慮すると、同①ないし⑦の事実関係を総合しても、XがYの子であることを認定するに不十分であると判断し、Xの請求を認容した第一審判決（神戸地判民集10巻9号1143頁）を破棄して、Xの請求を棄却しました。

　なお、平成16年4月1日に施行された人事訴訟法の改正により、人事訴訟は家庭裁判所の専属管轄とされました。

3　最高裁の判断

　最高裁は、大要以下のとおり判示し、原判決を破棄し、事件を原審に差し戻しました。

ⅰ　認知請求の訴えにおいて、原告は自己が被告の子であるとの事実につき、立証責任を負う。

ⅱ　上記1①ないし⑦の事実関係によれば、XがYの子であることを推認するに難くないのであって、他にこの推認を妨げるべき別段の事情の存しない限り、XがYの子であるとの事実は証明されたものといわざるを得ない。

ⅲ　Aの経歴に関する上記1⑪の事実は、AがXを受胎した当時Y以

外の男子と情交関係のあったことを推認させるものではない。

ⅳ　指紋、掌紋および人類学的考察に関する上記1⑧ないし⑩の事実も、参考の一資料となり得るかどうかは格別、それのみをもって XY 間に父子関係の存在することを否定する資料とすることはできない。

ⅴ　そして、上記1⑧ないし⑪の事実を総合考慮してもなお、同①ないし⑦の事実関係から XY 間の父子関係を推認することを妨げる別段の事情ありとするには足りない。

ⅵ　したがって、原審が XY 間の父子関係の存在につき証明不十分であると判示したのは、経験則の適用を誤った違法があるか、または理由齟齬の違法がある。

4　最高裁判決の意義

　本最高裁判決は、原判決のした父子関係存否の事実認定に経験則違背の違法ありとして原判決を破棄したものであり、その説示も詳細であって、科学的な鑑定の方法が飛躍的に向上した現在においてもなお参考になるところの大きいものです。

(1)　認知訴訟の請求原因事実

　第1に、本最高裁判決は、上記3①において、認知訴訟の請求原因事実（主要事実）が

「原告と被告との間に生物学的父子関係があること」

であることを明らかにしています。

　これを分説しますと、請求原因事実（主要事実）は、次の㋐、㋑ということになります。

㋐　X が A の子として出生したこと

㋑　㋐の出生が Y と A との性的交渉に基づくこと

(2)　主要事実か間接事実かの区別と間接事実の類型

第2に、本最高裁判決は、上記3⑪において、上記1①ないし⑦の事実が
この主要事実の認定にプラスに働く事実群であること（ないしマイナスに働
く事実群でないこと）を明らかにしています。

しかし、仔細にみますと、これらの事実の中には、主要事実の一部を成す
事実と間接事実ないし事情とが混在していますし、間接事実ないし事情も主
要事実との関係でどのような性質を有するものであるのかを異にしています。
そこで、これらの点を検討しておくことにしましょう。

(ア)　受胎可能期間内の情交関係の存在

「Xの母AがXの受胎可能期間内にYと情交関係をもったこと」は、X・
Y間の生物学的父子関係の存在という主要事実の一部を成す事実ですから、
上記1①のうち「YがAと昭和18年1月9日ころ情交関係をもった」とい
う事実および同②、③の各事実は、それぞれ本件における主要事実を構成す
る事実ということになります。そこで、Xにおいてこれらの事実の立証に
成功しないときは、Xの請求を認容するに由ないことになります。

①のうちのそれ以外の事実は、「YがAと昭和18年1月9日ころ情交関係
をもった」という事実の間接事実（補助事実としての側面もあります）ないし
事情というべき事実です。

(イ)　血液検査の結果が父子関係の存在を否定するものでないこと

上記1④の事実は、「各種血液検査の結果がX・Y間の父子関係の存在を
否定するものでないこと」を示す間接事実です。各種血液検査の結果は、そ
れが父子関係の存在を否定するものである場合には、それだけで決定的なも
のになります。しかし、そうでない場合には、それだけでは中立的なもので
す。

(ウ)　父親らしい振舞いの存在

上記1⑤ないし⑦の事実は、「YがA、Xまたはその他の者に対してXの
父親らしい振舞いをしたこと」を示す間接事実です。これらの間接事実は、

当時のＹの認識を示すものであり、主要事実の認定にプラスに働くものです。しかし、これらの間接事実は、当時認識することのできた状況の下でＹが自分なりにそのような判断をしていたことを示すにすぎませんから、後に検討する「Ａが受胎可能期間内にＹ以外の男性と情交関係をもった事実」が証明された場合には、主要事実の認定に大きな力を発揮するものではありません。

(3) 指紋、掌紋および人類学的考察の結果の証拠価値

第3に、本最高裁判決は、上記3⑷において、指紋、掌紋および人類学的考察の結果の証拠価値（証明力の強さの程度）についての自らの見解を明らかにしています。

そして、「参考の一資料たり得るか否かは格別、それのみを以て本訴当事者間に父子関係の存在することを否定する資料となすことはできない」という説示からすると、これらが独自に高い証拠価値を有するものではなく、他の証拠（例えば、各種血液検査の結果）と相まって補助的に利用することができるにとどまるものと位置づけていると、理解することができます。[36]

本最高裁判決が原判決を破棄することとした最大の理由は、原判決が指紋、掌紋および人類学的考察の結果の証拠価値の判断を誤り、これらに過大な証拠価値を付与したところにあります。

(4) いわゆる「多数関係者（不貞）の抗弁」の位置づけ

第4に、本最高裁判決は、上記3⑶において、「多数関係者の抗弁」または「不貞の抗弁」についての問題を取り上げています。まず、母の異性関係についての事実も、当該子の受胎可能期間における他の男性との情交関係の存在を推認させるものでない場合には、主要事実の認定に大きくマイナスに

36　最一小判昭和33・12・25民集12巻16号3367頁は、「認知の訴えにおいて父子関係存在の認定の資料とされた鑑定の結果中、ABO式血液型に関する鑑定部分が不十分なものであっても、MN式血液型、Ｓ式血液型、指紋掌紋等による鑑定部分によりその認定を首肯できるときは、その採証につき判決に影響を及ぼすべき違法があるものとはいえない」と判示して、指紋掌紋等による鑑定結果を補助的に認定資料とすることを肯認しています。

働くものとはいえないことを明らかにしています。

　この点につき、大判明治45・4・5民録18輯343頁は、認知請求を認容するためには、当該子の受胎可能期間における他の男性との情交関係の不存在の心証を裁判所が得ることが必須であるとの趣旨を判示していました[37]。しかし、このような立場は、裁判所の事実認定における「自由心証」に不必要な制限を加えるものであり、適切なものではありません。当該子の受胎可能期間における他の男性との情交関係の存在についての心証が得られた場合であっても、他の証拠で主要事実（X・Y間の生物学的父子関係の存在）の心証を得ることができるときがあることを考えれば、大審院の立場が誤ったものであることは明らかです。そこで、本最高裁判決は、上記3⑩において、大審院の判例を事実上変更したと考えることができます[38]。

　そして、最二小判昭和32・6・21民集11巻6号1125頁、最三小判昭和32・12・3民集11巻13号2009頁が、本最高裁判決に続きました。

　最二小判昭和32・6・21は、「認知の訴えにおいて、(イ)甲（原告）の母は、受胎可能の期間中乙（被告）と継続的に情交を結んだ事実があり、(ロ)乙以外の男と情交関係のあった事情が認められず、(ハ)血液型検査の結果によっても、甲乙間には血液型の上の背馳がないときは、他に別段の事情のない限り、甲が乙の子であるとの事実は証明されたものと認めても、経験則に違反しない」と判示しました。

　次に、最三小判昭和32・12・3は、「認知の訴えにおいて、(イ)甲（原告）の母は、受胎可能の期間中乙（被告）と継続的に情交を結んだ事実があり、(ロ)右期間中甲の母が乙以外の男と情交関係のあった事情は認められず、(ハ)乙は甲出生の頃甲の母を妻に迎えたい旨申し入れた事実があり、(ニ)血液型からす

37　大判明治45・4・5は、「甲男と乙女の交通が乙女懐胎の唯一の原因たりし事実に付きて裁判所の心証を得ることを要し、事実証拠に依りて乙女が他の男子に接せざりしことの心証を裁判所に起さしむることを得ざり原告は私生児認知の訴に於て敗訴すべきものとす」と判示しました。

38　最判解説民〔昭和31年度〕〔土井正明〕159頁を参照。

ると乙が甲の父であり得るときは、他に特段の事由のない限り、乙が甲の父であると推認することを妨げない」と判示しました。

　これら3つの最高裁判例は、いずれも、「子の受胎可能期間における母と他の男性との<u>情交関係の存在を認めるに足りないこと</u>」を、他の間接事実と併せて主要事実（父子関係の存在）の認定にプラスに働く事情として位置づけていますから、原告において「子の受胎可能期間における母と他の男性との<u>情交関係の不存在</u>」を主張・立証しなければならないとの立場に立つものでないことを理解することができます。

5　認知訴訟における主張・立証の構造

⑴　証拠による主要事実の直接認定

　前記Ⅵ2で説明したとおり、当事者間に争いのない主要事実はそのまま判決の基礎としなければならないという弁論主義の第2の規律は人事訴訟に適用されませんから、認知訴訟における主要事実（XY間の生物学的父子関係の存在）は常に証拠によって認定されなければなりません。

　かつては、証拠によってこの主要事実を直接証明すること（裁判官の立場から表現すると、証拠によってこの主要事実を直接認定すること）は、ほとんど不可能に近いといわれていました。[39]しかし、近時、父子関係の識別能力の高いDNA鑑定が一般化したことに伴い、[40]この主要事実を直接証明（認定）することもそう困難ではなくなってきているということができます。ただし、XY間の生物学的父子関係の存在を、上記4⑴のように、「Xの母とYとの性的交渉の結果としてのYの授精に基づいてXが出生したこと」と定義し

39　例えば、倉田卓次「父子関係の証明」（新実務民訴講座(8)）353頁、東原清彦「認知訴訟における父子関係の立証」（実務民訴講座(6)）184頁を参照。

40　梶村太一「家裁実務におけるDNA鑑定」ジュリ1099号84頁は、家事審判法23条に規定する審判手続における親子鑑定についての東京家裁本庁における調査結果を紹介して、「平成3～4年頃からDNA鑑定が増え始め、血液型鑑定が減り始めた。平成7年度はDNA鑑定のみとなった」といわれる。

ますと、DNA 鑑定の結果は「X の出生が X の母と Y との性的交渉の結果
としての Y の授精に基づく」との事実を直接証明することはできませんか
ら、DNA 鑑定の結果の不足部分を補充するものとして、例えば、X の母の
証言や Y の供述等が必要になります。しかし、いずれにしてもこれらによ
って主要事実を直接証明（認定）することも不可能とはいえません。

　このように主要事実の証明（認定）を直接することができる場合には、上
記 3 つの最高裁判例の説示する間接事実は、直接証拠の信用性を吟味するた
めの補助事実として機能することになります。

(2)　間接事実による主要事実の推認

　間接事実による主要事実の推認については、後に述べることにして、こ
こでは、父子関係の証明という問題に即して、その証明（認定）の過程を整
理しておくことにしましょう。この過程を図示すると、次のとおりです。

　ここで理解しておきたい基本は、上記の＋（プラス）間接事実であれ、－
（マイナス）間接事実であれ、所詮間接事実ですから、立証責任がいずれか

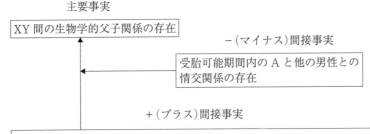

41　倉田・前掲（注39）353頁、東原・前掲（注39）184頁参照。
42　間接事実が直接証拠の信用性を吟味するための補助事実として機能することについては、177
　頁を参照。

の当事者に固定的に存在するというものではないことです。例えば、－（マイナス）間接事実として挙げてある「受胎可能期間内のＡと他の男性との情交関係」という事実についてみますと、この反対事実（すなわち、「受胎可能期間内のＡと他の男性との情交関係の不存在」）を原告において立証した場合には、非常に強力な＋（プラス）間接事実になります。[43]

　そして、前述のとおり、3つの最高裁判例は、「受胎可能期間内のＡと他の男性との情交関係の存在を認めるに足りないこと」を、他の間接事実と併せて主要事実（父子関係の存在）の認定にプラスに働く事情として位置づけていますが、「受胎可能期間内のＡと他の男性との情交関係の不存在」の心証を得ることができたわけではありませんから、これは民訴法247条にいう「口頭弁論の全趣旨」として機能するものと考えるべきでしょう。したがって、「受胎可能期間内のＡと他の男性との情交関係の存在」について確信を得るに至らなかった（証明度に達しなかった）が、相当程度確からしいという程度の心証を得たといった場合には、これを主要事実（父子関係の存在）の認定にプラスに働く「口頭弁論の全趣旨」と位置づけることはできないということになります。3つの最高裁判例が「受胎可能期間内のＡと他の男性との情交関係の存在を認めるに足りないこと」をもって常にプラスに働く事情と解しているわけではないと考えておくべきです。すなわち、「受胎可能期間内のＡと他の男性との情交関係の存在」について確信を得るに至らなかった場合であっても、その心証の程度によっては、受胎可能期間内にＡＹ間に情交関係が認められ、ＸＹ間の血液検査の結果に矛盾がないというだけでは、主要事実を推認することはできないという事態もあり得るのです。

　次に、＋（プラス）間接事実として挙げた①の「受胎可能期間内のＡＹ間の関係」という事実ですが、前掲最二小判昭和32・6・21および前掲最三小

43　前掲大判明治45・4・5は、原告において「受胎可能期間内のＡと他の男性との情交関係の不存在」の事実を必ず立証しなければならないものと考えていたようですが、これが誤りであることは本文中に説明したとおりです。

判昭和32・12・3は、受胎可能期間に近接した時期における「継続的な情交関係」が認定し得る事案における判断であるのに対し、前掲最一小判昭和31・9・13は、受胎可能期間に近接した時期においては「1回限りの情交関係」しか認定し得ない事案における判断であることに留意する必要があります。

　すなわち、＋（プラス）間接事実①といっても、「継続的な情交関係」が認定し得る場合には、その主要事実を推認させる力が比較的に強いため、「受胎可能期間内のAと他の男性との情交関係の存在を認めるに足りないこと」や「XY間に血液検査の結果に矛盾がないこと」といった比較的に弱い補強材料によっても主要事実を推認することができることになります。これに対し、「1回限りの情交関係」しか認定し得ない場合には、Yの父親らしい振舞いやAとの婚姻意思の表明といった他の間接事実の証明（認定）が必要になります。

　＋（プラス）間接事実として挙げた②③④についても、①と同様であり、事案によって、主要事実を推認させる力が比較的に強い事実が認められることも、そうでないこともあります。

　また、－（マイナス）間接事実として挙げた「受胎可能期間内のAと他の男性との情交関係の存在」という事実ですが、被告においてこの事実を証明することによって、主要事実の心証が証明度に達するのを妨げることができる場合、被告によるこのような証明を一般に間接反証とよんでいます。[44]

　すなわち、一般に「多数関係者の抗弁」または「不貞の抗弁」とよばれるこの主張が真正の抗弁ではないことを理解しておく必要があります。なぜなら、上記4(4)のとおり、当該事案における＋（プラス）間接事実の主要事実を推認させる力が強力である場合には、被告がこの事実の証明に成功しても、主要事実の心証が証明度に達するのを妨げることができないこともあるから

---

[44]　間接反証については、193頁を参照。

です。

6　認知訴訟における証明度

　認知訴訟を含む人事訴訟に弁論主義ではなく職権探知主義が採用されていることは前述したとおりですが、人事訴訟に職権探知主義が採用されていることから、そこにおける証明度を通常民事訴訟よりも高く設定すべきであるかどうか、高く設定されているものとして現在の人事訴訟が運営されているかどうかは、1つの問題です。[45]

⑴　最高裁の立場

　これまでに検討した最高裁判決によると、生物学的父子関係の存在の認定につき、最高裁が通常民事訴訟よりも高い証明度を要求するとの立場に立つものでないことは明らかです。

　特に、前掲最二小判昭和32・6・21は、通常民事訴訟と同程度の証明度で足りるという立場に立つことを前提としない限り、整合的に理解することはできないものと思われます。これに対し、同判決の藤田八郎裁判官の少数意見は、認知事件の特色を論じたうえ、「裁判所としては挙証責任の法理に従って裁判をする前に、できるかぎり職権による事実の探知をしなければならない。……原判決のごとく右大審院判決をもって『認知請求の訴における原

45　通常民事訴訟よりも高度の証明度を要求するものとして、村上博巳「民事裁判における証明度」（同・民事裁判における証明責任）16頁以下、春日偉知郎「父子関係訴訟における証明問題と鑑定強制（検証協力義務）──最近の一事例（東京高裁平成7年1月30日判決）からの示唆──」曹時49巻2号317頁を参照。これに対し、通常民事訴訟と同程度の証明度とするものとして、倉田・前掲（注39）377頁を参照。また、東原・前掲（注39）200頁は、基本的には、同程度の証明度を前提としているものと思われますが、「その要証事実の訴訟的な立証の困難性故に、その推認の過程において、どうしても通常の間接事実から主要事実を推認する場合よりも、かなり低い蓋然性を、いいかえれば、そこに多少の飛躍なり間隙を承認せざるをえないものと解される」として、通常民事訴訟よりも低い証明度を容認するかのような説明をしています。なお、証拠法大系第1巻〔総論Ⅰ〕〔笠井正俊〕33頁は、「通常の民事訴訟よりも高度な心証の確実性（解明度）が得られない限り、終局判決に熟したとはいえないと思われる」と説明していますが、認容判決をするために通常民事訴訟よりも高度の証明度を要するとの趣旨に出るものであるかどうかは判然としません。

告側の立証責任を不当に加重するもの』と非難するはあたらない」として、審理不尽を理由に原判決を破棄すべきであるとするものです。この少数意見[46]は、通常民事訴訟よりも高い証明度を要求するとの立場に親和性を有するものであるかもしれません。

　しかし、最高裁は、父子関係の認定にとどまらず人事訴訟一般につき、通常民事訴訟と同程度の証明度で足りるという立場に立っていると考えておいて、間違いがないと思われます。

(2)　東京高判平成7・1・30判時1551号73頁の立場

　ところで、東京高判平成7・1・30は、やや紛らわしい判断を示していますので、これを検討しておくことにしましょう。

　東京高判平成7・1・30は、親子関係不存在確認請求事件において、民法772条の嫡出推定の排除要件について次のように判示しました。

　「客観的かつ明白に父子関係を否定することができるというのは、何人も疑いを差し挟まないような信頼するに足りる科学的証拠によって立証されることが必要であって、供述証拠等を含む諸般の証拠による推認を要する場合には、たとえその証明が証拠の優越の程度ではなく確信に至る程度のものであっても、嫡出推定を排除することができない」。

　そして、その理由として、「嫡出性の推定の有無という身分関係にかかわる事項は、単にその訴訟の当事者の利害に関係するにとどまらず、それ以外

46　原判決（大阪高判昭和29・8・21高民集7巻8号601頁）は、「問題の子を懐胎したと認められる期間中に相手方たる男子との間に性的交渉のあった事実が立証された以上は、反証が無い限り此の性交の結果妊娠したものと一応の推定（所謂事実上の推定）を為すべきであり、従って立証責任は終始認知請求者の側にあるが、所謂立証の必要は相手方たる男子に移り、此の者に於て右期間中に他の男子との間にも同様の関係が結ばれ従って問題の子の父であるかも知れぬ者が自己以外に存在する旨の所謂多数関係者の抗弁を提出し、且、此の事実を立証（所謂反証を提出）し得ない限り、右の事実上の推定を阻止することは出来ないものと解するのが相当である」と判示しました。原判決は、子の母が受胎可能期間内に被告と情交関係をもったことが証明された場合、それだけで直ちに原告と被告との間の父子関係の存在を事実上推認することができるとの割り切った立場に立つものであり、本文で検討した最高裁の立場とは異なるものです。

の者の利害にも影響することがあり得る事柄であり、また、父子関係の安定という子の福祉にかかわる事柄でもあるから、何人にも納得がいく証拠によって証明することが要求され、虚偽の可能性が絶無ではない供述証拠等を基礎に判断することはできないというべきである」との見解を示しました。

　この東京高裁判決を読むうえで最も注意しておくべき点は、この東京高裁判決が「人事訴訟における証明度」を問題として取り上げて判断したものではなく、あくまでも、民法772条の嫡出推定を排除してよい要件について判断したものであることです。すなわち、当該事件につき、嫡出推定が排除されず嫡出否認の訴えによらなければならないのか、それとも嫡出推定が排除されて親子関係不存在確認の訴えによることができるか、という本案前（訴訟要件）の問題を扱ったものにすぎないということです。

　そして、この本案前の問題（民法772条の嫡出推定を排除してよい要件をどう解するか）については、外観説、実質説（血縁説）、折衷説等の対立がありましたが、近時、最高裁が複数の事例判例を積み重ねたため、かなりの程度に予測が可能になっています。[47]

(3)　人事訴訟運用の実際

　上記(2)に説明したとおり、東京高裁判決は、人事訴訟においては通常民事訴訟よりも証明度を高く設定すべきであるという命題を掲げたものではありません。

　また、人事訴訟において職権探知主義が採用されていることと、職権探知を尽くしたことを前提として、要件事実（請求原因事実のみならず、抗弁事実を含む）を認定するのに通常民事訴訟よりも高い証明度を要求するかどうかとは別の問題です。

　さらに、職権探知主義といっても、刑事事件における強制捜査権を有する検察官の存在といった制度的裏付けのない人事訴訟において、通常民事訴訟

47　最一小判昭和44・5・29民集23巻6号1064頁、最二小判平成10・8・31判時1655号112頁、最二小判平成10・8・31判時1655号128頁、最三小判平成12・3・14判時1708号106頁を参照。

よりも証明度を高く設定することは、むしろ実体的真実を反映させた認定に導かれる事件の割合が少なくなり、人事紛争の司法の場における問題解決能力を低下させることにつながるものと思われます。

　いずれにせよ、人事訴訟の実務が通常民事訴訟よりも高い証明度を要するという考え方によって運営されているわけではないことに留意しておいてください[48]。

Ⅷ　認定すべき主要事実の具体性の程度
——概括的認定——

1　はじめに

　弁論主義が適用される通常民事訴訟では、当事者が口頭弁論において陳述した主要事実（要件事実）のみを判決の基礎とすることができるのですが、主要事実とはどの程度に具体化されたものでなければならないのか、裏からいうと、どの程度まで抽象化されたものであっても許容されるのか、という問題が生じます。これは、裁判所のする事実認定の問題であると同時に、当事者のする事実主張とその立証の問題でもあります。

　ここで主に取り上げるのは、主要事実をどの程度まで詳細かつ精密に具体化しなければならないかの問題です。主要事実に争いがある場合[49]（すなわち、主要事実に自白が成立しない場合）、その主要事実は、当事者にとって審理手

---

[48]　広島高判平成7・6・29判タ893号251頁は、死後認知を求める訴えにおいて、父子関係の存在の証明不十分として請求を棄却した第一審判決を取り消し、高裁で追加提出されたDNAフィンガープリント法による鑑定結果等を総合して、父子関係の存在の証明ありとして、請求を認容したものです。

[49]　本文で扱う主要事実の具体化の問題（主要事実をどの程度まで詳細かつ精密に具体化しなければならないかの問題）とは別に、主要事実の特定の問題（主要事実をどの程度まで正確に特定しなければならないかの問題）があります。性質を異にする2つの問題があることにつき、民事訴訟における要件事実・52頁以下を参照。

続における主張・立証の焦点になり、裁判所にとって心証を形成し事実認定をする焦点になりますから、できる限り具体化され実質化されることが望ましいということができます。

　しかし、民事訴訟は、原則として、過去に生起した事実関係を前提として生身の当事者間に生じた紛争の解決を目指してされる行為であって、各当事者と事実に関する証拠との距離（証拠を入手することの困難さの程度）やその時々の状況を理解する客観的能力の格差等様々な制約の中で遂行されるものです。そこで、往々にして、当事者が主要事実を精密に具体化することができず、また、主張・立証が尽くされた後であっても、裁判所が精密に具体化された主要事実を認定することができないということが起こります。

　このような場合に、民事訴訟のあり方としてどの程度まで抽象化された事実の認定を許容することとするかが、一般に「概括的認定」の問題として議論されています。

2　事実的要件と規範的要件

　実体法の多くは、権利の発生、障害、消滅等の法律効果の発生要件を規定するものですが、発生要件を類型的な事実をもって規定する場合、それを「事実的要件」とよびます。そして、個別の事件においてその類型的事実に該当する具体的事実を主要事実とよびます。実務では、要件事実と主要事実とを同義で使用することが多く、間接事実と区別して議論する場面において、主要事実という用語を使用します。

　ところで、実体法の中には、規範的評価の成立をもって法律効果の発生要件とするものがありますが、これらを一般に「規範的要件」とよびます。例えば、民法709条は、「故意又は過失によって他人の権利又は法律上保護される利益を侵害した者は、これによって生じた損害を賠償する責任を負う」と規定しています。不法行為による損害賠償債務の発生要件の１つとして「過失」を要件としているのですが、これが規範的要件の代表例です。

　規範的要件における規範的評価が成立したとの判断をするためには、そのような評価を根拠づける具体的事実の存在が必要になりますが、このような事実を一般に「評価根拠事実」とよびます。そして、規範的要件における規範的評価そのものは、証拠によって直接証明することはできませんし、相手方当事者と裁判所にとっても、規範的評価そのものが主張されただけでは（例えば、「被告に過失がある」と主張されただけでは）、的確な防御や訴訟指揮をすることができません。したがって、規範的要件の主要事実は個々の具体的な評価根拠事実であるとするのが、理論的な観点からも民事訴訟の実際という観点からも相当であると考えられます。そこで、現在の民事訴訟の実務は、この考え方（主要事実説）に従って運営されています。[50]

　さて、「主要事実をどの程度まで詳細かつ精密に具体化しなければならないか」の問題は、事実的要件と規範的要件の双方において問題になり得るのですが、実際には、主に規範的要件の主要事実である評価根拠事実の認定をめぐって深刻に争われてきました。

　そこで、次に、この問題をより具体的・立体的に理解するために、現実に訴訟でどのような形でこれが問題になったのかを検討してみることにしましょう。

IX　規範的要件と概括的認定

1　過失の概括的認定

(1)　事案の概要

　最三小判昭和39・7・28民集18巻6号1241頁は、Xが、医師Yを被告として、医療過誤の不法行為に基づき、損害賠償請求訴訟を提起した事案です。

50　規範的要件につき、民事訴訟における要件事実・30頁以下を参照。

Xの主張した請求原因事実は、大要、次のとおりです。

---

⑦ Xは、昭和34年10月、分娩のため医師Yの経営する産婦人科医院に入院し、無痛分娩の方法として脊髄硬膜外麻酔注射を受けた。

⑦ Xは、⑦の注射の後4、5日経つと、腰部の疼痛と下肢の麻痺を覚え、A整形外科病院で診察を受けたところ、脊髄硬膜外膿瘍等に罹患していたため入院加療を受けたが、病状全治の見込みが立たない。

⑦ ⑦の病状は、⑦の注射の際、Yが注射器具の完全消毒を怠ったか、または不良注射液を使用したりするなどしたため、注射部位にブドウ状球菌が侵入したことに起因する。

⑨ Xの被った損害額は、合計150万円（財産的損害として50万円、慰謝料として100万円）を下らない。

---

(2) 第一審の判断

第一審（松山地今治支判昭和36・10・4民集18巻6号1254頁）は、Yに診療行為上の過失が認められないとして、Xの請求を棄却しました。

(3) 控訴審の判断

これに対し、控訴審（高松高判昭和38・4・15民集18巻6号1256頁）は、大要、以下のとおり判断しました。

ⅰ 鑑定の結果によれば、ブドウ状球菌に感染した経路としては、ⓐ注射器具、施術者の手指、患者の注射部位等の消毒の不完全ないし消毒後の汚染、ⓑ注射薬の不良ないし汚染、ⓒ空気中に存在するブドウ状球菌が注射の際たまたま付着し侵入する、ⓓ患者自身が保菌していて、抵抗力が弱まった際に血行によって注射部位に運ばれる、の4つが考えられる。

ⅱ 本件では、ⅰのⓑ、ⓒ、ⓓを疑わせる証拠はない。

ⅲ 本件においてブドウ状球菌に感染したのは、ⅰのⓐの場合——注射

> に際し、注射器具、施術者の手指あるいは患者の注射部位の消毒が不完全（消毒後の汚染を含めて）であったため、それらに付着していた菌がXの体内に侵入したため——であったと推認するのが相当である。

　そして、控訴審は、消毒不完全なままで麻酔注射をした点にYの過失を認め、損害賠償金合計59万6495円（財産的損害として9万6495円、慰謝料として50万円）を認容することとし、第一審判決を変更しました。

　Yは、この控訴審判決につき、具体的にどの点で消毒が不完全であり、医師としての注意義務にどのように反するかを明示していない違法があると主張して上告しました。

(4)　最高裁の判断

　最高裁は、次のように判示し、Yの上告を退けました。

---

① 　原判決は、ブドウ状球菌の繁殖によるXの硬膜外膿瘍等は、Yのした麻酔注射に起因する旨認定したうえ、ブドウ状球菌の伝染経路として、上記(3)①の⑧、⑥、ⓒ、ⓓの4つが考えられるけれども、結局、⑥、ⓒ、ⓓによる伝染を否定して、⑧の場合である——すなわち、注射器具、施術者の手指、患者の注射部位等の消毒の不完全（消毒後の汚染を含む）により、注射器具、施術者の手指、患者の注射部位等に付着していたブドウ状球菌がXの体内に侵入したため生じた病気である——と認定している。

ⅱ 　医師Yの麻酔注射に起因して患者Xが硬膜外膿瘍等に罹患した場合において、病気の伝染につきYの過失の有無を判断するにあたり、可能性のある伝染経路として⑧ないしⓓを想定し、個々の具体的事実を検討して⑥ないしⓓにつき伝染経路であることを否定し、伝染の最も可能性のある⑧の経路に基づきこれを原因としてXに上記病気が伝染したものと認定することは、診療行為の特殊性に鑑みるも、十分

是認し得るところである。

ⅲ　ⓐの経路の伝染については、Ｙにおいて完全な消毒をしていたならば、Ｘが上記病気に罹患することのなかったことは、原判決の判文上から十分うかがい知ることができる。医師Ｙとしては、ブドウ状球菌を患者に伝染せしめないために万全の注意を払い、ⓐの医師患者その診療用具等について消毒を完全にすべき注意義務のあることはいうまでもなく、このような消毒を不完全な状態のままで麻酔注射をすることは、医師として当然なすべき注意義務を怠っていることは明らかというべきである。

ⅳ　原判決は、上記注射に際し、注射器具、施術者の手指あるいは患者の注射部位の消毒が不完全（消毒後の汚染を含めて）であり、このような不完全な状態で麻酔注射をしたのはＹの過失であると判示するのみで、具体的にそのいずれについて消毒が不完全であったかを明示していないことは、所論のとおりである。しかし、これらの消毒の不完全は、いずれも診療行為である麻酔注射に際しての過失とするに足るものであり、かつ、医師の診療行為としての特殊性に鑑みれば、具体的にそのいずれの消毒が不完全であったかを確定しなくても、過失の認定事実として不完全とはいえない。

ⅴ　論旨は、独自の見解に立って原判決を非難するに帰着するものであって、採用することができない。

2　概括的認定の許容性を考えるうえでのポイント

この最三小判昭和39・7・28を手がかりにして、民事訴訟の事実認定の手法として、そもそも概括的認定を許容してよいかどうか、許容してよいとしてその限界をどのように画すべきであるか、について検討してみることにしましょう。

(1)　過失の「一応の推定」の考え方と本最高裁判決の立場

　過失の「一応の推定」という用語の理論的性格が必ずしも明快ではないので、ここでは、「蓋然性の高い経験則を基礎にして、いきなり『過失』という規範的評価の成立を認めるという判断手法をいうもの」と理解することとしますと[51]、本最高裁判決は、そのような過失の「一応の推定」の考え方に依拠して原判決を維持したものではないことに留意しておくべきでしょう。

　なぜなら、本最高裁判決は、上記1⑷ⅳに整理したとおり、「具体的にそのいずれの消毒が不完全であったかを確定しなくても、過失の認定事実として不完全とはいえない」と明確に判断しており、原判決が「麻酔注射に際しての消毒不完全」という評価根拠事実を認定していることを前提として、原判決のした過失判断を正当と判断したからです。すなわち、本最高裁判決は、「麻酔注射を受けた後に患者がブドウ状球菌の繁殖による硬膜外膿瘍等に罹患した場合には、特段の事情がない限り、注射をした医師に当然払うべき注意を怠った過失がある」という蓋然性の高い（例外の少ない）経験則があるという立場に立って判断してはいませんし、そもそもそのような経験則があるかどうかを検討したことを示す形跡もありません。

(2)　証明度の軽減の考え方と本最高裁判決の立場

　民事訴訟における証明度に関する最高裁の立場については、すでに詳細に説明したとおりですが[52]、本最高裁判決もまた、医療過誤事件における立証責任を負う当事者と証拠との距離等を理由にして、過失の評価根拠事実の証明度が通常の場合よりも低いもので足りるという立場に立つものではありません。なぜなら、概括的なものとはいえ、「麻酔注射に際しての消毒不完全」という評価根拠事実の認定に要する証明度は何ら軽減させていないからです。

51　新堂幸司「概括的認定——過失の一応の推定」民事訴訟法判例百選Ⅱ〔新法対応補正版〕260頁を参照。

52　証明度については、11頁を参照。

(3)　概括的認定を許容するための条件

　本最高裁判決が扱ったのは、「過失」という規範的要件の評価根拠事実の認定に関する問題ですが、事実的要件についてもどの程度まで詳細かつ精密に具体化しなければならないかの問題は生じます。例えば、土地の時効取得の成否が問題になっている事案において、20年以上遡った時点での「原告による甲土地の占有」が争われた場合、原告が当時甲土地を畑として耕作をするという態様で占有していたのか、資材置き場として使用するという態様で占有していたのか、畑として耕作していたとして、麦畑であったのか、桑畑であったのか、耕作労働に自ら従事していたのか、人を雇って耕作労働にあたらせていたのかなど、どのような観点から具体化するか、また１つの観点からしてもその詳細さ（精密さ）の程度にはかなりの相違があり得ます。

　そうすると、概括的認定として議論される問題は、どのような事実についての主張・立証または認定にも内在するものであり、事実についての主張・立証または認定をする際には、多かれ少なかれ概括的認定をしているということになります。したがって、民事訴訟という制度における事実認定の問題としては、①目指す法律効果の発生要件の認定として、②通常人が合理的な疑いを差し挟まない程度に真実である（証明度に達している）と考えるという心証に達することができる程度の詳細さ（精密さ）を保った事実であればよく、③相手方当事者の防御活動を実質的に損なうことがない、という条件を満たすときは許容されるというあたりに帰着するものと思われます。

　第１に、目指す法律効果が同一であることが必要です。本最高裁判決が扱った医師の「過失」を例にして考えてみますと、医師の過失の評価根拠事実として、①注射器具、施術者の手指、患者の注射部位等の消毒の不完全と、②注射薬の不良ないし汚染に気づかなかったこととが挙げられると仮定して、①によって患者に発生する慰謝料額のほうが②によって患者に発生する慰謝料額よりも高い場合には、①または②が認定できるとして高い慰謝料額を認容することはできません。

　これは、このような概括的（選択的）な事実について通常人が合理的な心証形成をすることができるかという第 2 の問題とは別の問題です。

　第 2 に、詳細さ（精密さ）を犠牲にしても、当該概括的事実についての心証形成をすることができることが必要です。本最高裁判決[53]は、ブドウ状球菌のあり得る伝染経路として@ないし@の 4 つの経路を挙げたうえで、本件の事実関係の下では、@ないし@の 3 つの経路は除外することができ、@の経路のみが残るとの認定を前提としています。そして、@の経路によると、医師の過失の評価根拠事実として「注射器具の消毒の不完全」、「施術者の手指の消毒の不完全」、「患者の注射部位の消毒の不完全」等を挙げることができるのですが、これらに共通するやや抽象化した評価根拠事実として「麻酔注射に際しての消毒不完全」を観念することができ、しかも、医師の診療行為（本件では麻酔注射の投与）の特性に照らしてみると、いずれの消毒が不完全であったかを特定しないまま、「麻酔注射に際しての消毒不完全」という概括的な評価根拠事実の心証形成をすることができるとの立場に立っているものと理解することができます。

　ですから、医師の診療行為の特性に照らして、いずれの消毒が不完全であったかを特定しないで、「麻酔注射に際しての消毒不完全」という概括的な評価根拠事実の心証形成をすることができないのであれば、そのような認定は経験則に反することになりますから、許されないということになります。

　第 3 に、概括的認定の問題として議論しているのは、主要事実をどの程度まで詳細かつ精密に具体化して認定しなければならないかの問題であり、間接事実の認定の問題ではありませんから、弁論主義の存在理由からして、相手方当事者の防御活動を実質的に損なうことがないという観点を常に念頭においておくことが必要です。例えば、医師の過失の評価根拠事実につき、原告が「施術者の手指の消毒の不完全」や「患者の注射部位の消毒の不完全」

---

[53]　垣内秀介「概括的・択一的認定」（伊藤＝加藤・69頁）を参照。

といった事実は主張しない趣旨で、「注射器具の消毒の不完全」という詳細化した事実のみを主張する場合には、被告もそれを前提とした防御活動をするでしょうから、裁判官としては、「注射器具の消毒の不完全」の事実についての心証形成ができないときに、「麻酔注射に際しての消毒不完全」という概括的事実を認定することは許されないものと考えるべきです。そうでないと、被告に不意打ちを食らわせることになります。[54]本最高裁判決の判断は、いずれの消毒の不完全についても原審において当事者間の主張・立証が尽くされていることを前提としたものと理解すべきです。

X　事実的要件と概括的認定

1　事実的因果関係の概括的認定

(1)　事案の概要

最三小判平成 9・2・25民集51巻 2 号502頁も医療過誤事件です。この事件における概括的認定の問題は、患者の死亡という結果との間に因果関係（「あれなければこれなし」の事実的因果関係）のある医師の行為の認定に関するものです。

---

① 　A は、風邪の症状である発熱と喉の痛みにつき、昭和51年 3 月17日から 4 月14日まで、医師 Y₁ の医院に通院して継続的治療を受け、その間、顆粒球減少症（本症）を発症させる副作用を有する多数の薬剤の投与を受けた。

② 　医師 Y₁ は、A が 4 月14日の診察時に発疹を訴えたことから薬剤投与を中止し、入院先として医師 Y₂ の経営する病院を紹介した。

③ 　医師 Y₂ は、同日、A を診断して、風疹の可能性が最も高いと考え

54　高橋(上)・440頁を参照。

　　　た が、感染症をも疑い、そのための薬剤 L を筋肉注射をした。
④　医師 Y₂ は、血液検査のための採血をしたが、その検査結果が出た
　　のは A が強行退院した後であった。
⑤　A は、4 月16日、強行退院して国立病院を受診したが、顆粒球減
　　少症を発症していてその時点ではすでに手遅れであり、4 月23日に死
　　亡した。
⑥　A の相続人である X らは、Y₁・Y₂ を被告として、検査義務違反・
　　発症診断の過誤・転送義務違反・説明義務違反等の注意義務違反あり
　　として損害賠償を求めた。

(2)　第一審の判断

　第一審（山口地下関支判平成元・2・20民集51巻 2 号607頁、判タ902号173頁）
は、Y らの投与した薬剤のみによって顆粒球減少症（本症）が発症・増悪し
たことの証明がない、Y らにおいて A が本症に罹患したことを予見するの
は困難であって過失はないとして、X らの請求を棄却しました。

(3)　控訴審の判断

　控訴審（広島高判平成 7・2・22民集51巻 2 号643頁、判タ902号154頁）は、ま
ず、Y らの投与した多種類の薬剤のうち、Y₁ の投与した薬剤 N が本症の唯
一の起因剤であると認定しました。
　そのうえで、Y₁ には、昭和51年 4 月 5 日の時点で血液検査義務違反があ
るが、本症の発症時期は 4 月13日ないし14日であるから、検査義務違反と本
症発症との間に因果関係はなく、また、本症発症の副作用を有する多数の薬
剤を継続投与していたのに、4 月14日に A が発疹を訴えるまで問診等をし
なかった点に経過観察義務違反があるが、A の本症が急性の激症型に近い
ものであったことを考慮すると、経過観察義務違反と本症発症との間に因果
関係はないなどと判断しました。
　また、Y₂ の投与した薬剤 L が A の本症を増悪させた可能性は低く、薬剤

Ｌの投与とＡの本症増悪との間には因果関係がないと判断しました。

　Ｘらは、この控訴審判決につき、薬剤Ｎが本症の唯一の起因剤であると認定した点、Ａの本症を急性の激症型と認定した点等に経験則違反があり、起因剤の特定にこだわって一連の投薬による本症の発症という観点から注意義務違反の有無を検討しなかった点に法令の解釈適用の誤りがあると主張して上告しました。

(4)　最高裁の判断

　最高裁は、原審の事実認定に経験則違反の違法、注意義務違反の判断に法令の解釈適用を誤った違法があるとして、原判決を破棄し、本件を原審に差し戻しました。事実認定に係る判示部分は、大要、以下のとおりです。

---

①　ⓐY₁が本症の副作用を有する多種の薬剤を約4週間にわたりＡに投与してきたこと、ⓑ遅くとも4月12日にはＡに発疹が生じたこと、ⓒ遅くとも4月14日にはＡに本症が発症していたことを裏付ける血液検査の結果があること、ⓓ本症の発症に伴い発疹を生ずることがあること、ⓔＡに投与された薬剤の相互作用によっても本症が発症し得ることなどの原判決認定事実によれば、「Ａの本症の原因はY₁がＡに投与した薬剤の1つであることまたはその複数の相互作用であることおよびＡは遅くとも発疹が生じた4月12日には本症を発症していたこと」が真実の高度の蓋然性をもって証明されたものというべきである。

⑪　原判決は、本件鑑定のみに依拠して、薬剤ＮがＡの本症の唯一の起因剤であり、Ａの本症発症日は4月13日から14日朝であると認定したものであるが、本件鑑定は、医学の分野における1つの仮説を述べたにとどまり、医学研究の見地からはともかく、訴訟上の証明の見地からすれば、起因剤および発症日を認定する際の決定的な証拠資料ということはできない。原判決の認定は、経験則に違反したものとい

うべきである。

2　結果との間で事実的因果関係のある行為についての概括的認定

(1)　原判決が経験則違反の違法を犯すことになった原因

原判決が経験則違反の違法を犯すことになった最大の原因は、約4週間という長期間にわたって本症を発症させるという副作用を有する多種の薬剤を投与したという事件において、Aの本症を発症させた直接の薬剤がそのうちのどれであるのかを特定するという点に事実認定上の注意のすべてを集中させたところにあります。[55]

最高裁は、本件訴訟上の争点の帰趨を決するという観点からすると原審のこのようなアプローチが誤りであることにつき、次のとおり説示しています。[56]

「Y1が本症の副作用を有する多種の薬剤をAに長期間投与してきたという本件においては、<u>右薬剤のうちの1つ又はその複数の相互作用が本症発症の原因であったという程度の事実</u>を前提としてYらの注意義務違反の有無を判断することも、通常は可能であり、常に起因剤を厳密に特定する必要があるものではない」（下線筆者）。

本件において、Aの本症発症との間で事実的因果関係のあるY1の行為を具体化しようとする場合に、その詳細さないし精密さには何段階かのものを想定することができます。詳細さないし精密さの程度の低い順に例示してみますと、①Aの風邪様症状についてのY1の診療行為、②Aへの薬剤M・N・O・Pのうちの1つまたは複数（相互作用を含む）のY1の投与行為、③Aへの薬剤NのY1の投与行為、といった具合になります。

本事件の最高裁は、これら3つのうち、②の程度に具体化されていれば

55　最判解説民〔平成9年度〕〔上〕〔野山宏〕294頁を参照。
56　民集51巻2号516頁の括弧書きを参照。

（裏からいうと、②の程度に概括的なものであっても）、Aの本症発症との間で事実的因果関係のあるY₁の行為の具体化としては十分であるばかりか、医師としての注意義務違反の有無を判断する前提になるというY₁の行為を具体化する本件訴訟における目的ないし意味に鑑みると、②の程度の具体化が適切である、と考えているようです。

(2) 概括的認定を許容するための条件を満たしているか

前記Ⅸ2(3)において概括的認定を許容するための条件を検討しましたが、本事件におけるY₁の行為の具体化の程度として、最高裁が適切であると考えているところがこの条件を満たしているかどうかについてみてみることにしましょう。

第1の「目指す法律効果が同一であること」の条件は、医師としての注意義務違反の有無を判断する前提として、上記(1)②の程度の具体化が適切であることによって満たされています。むしろ、本最高裁判決は、詳細さないし精密さの程度の高い、③の選択肢は、医師としての注意義務違反の有無を判断する前提として適切ではないとしているのです。

第2の「心証形成をすることができること」の条件は、上記1(4)①ⓐ、ⓔのとおり、現在の医学的知見によると、Y₁のAに投与した多種の薬剤が本症を発症させる副作用を有しており、これらの薬剤の相互作用によっても本症が発症し得るというのですから、②の程度の概括的事実についての心証形成をすることができることは明らかです。

第3の「相手方当事者の防御活動を実質的に損なうことがないこと」の条件は、第一審以来XらにおいてAの本症発症との間で事実的因果関係のあるY₁の行為として、②の程度に具体化した主張をしており、それを前提としてY₁も防御活動をしたものと思われるので、これまた満たしているといってよいでしょう。Y₁の行為を、①の程度に具体化しただけでは、Y₁の防御に支障を来すことは明らかです。

XI　法律行為の解釈と事実認定

1　はじめに

　民法の教科書では、「証拠によって当事者の用いた言葉や客観的事情を確定するのは、事実問題であり、これらの事実に解釈基準を適用して法的価値を有する法律行為の内容を明らかにするのは、法律問題である」と説明するのが通例です。[57] しかし、具体的な事案に即してみますと、ある 1 つの問題が法律問題としての法律行為の解釈の問題であるのか、事実問題としての事実認定の問題であるのかは、それほど明瞭に区別できるものではありません。

　ここでは、典型的な事実認定の問題とは性質を異にする法律行為の解釈という問題があることを理解するために、「契約の解釈」と「単独行為（特に遺言）の解釈」とを取り上げて検討してみることにします。

2　法律行為の解釈と事実認定との区別

　法律行為の典型である契約についてみますと、当事者の締結した契約の条項（表示された外形）がどのようなものであったかは事実認定の問題ですが、当該条項がどのような意味を有するかといういわゆる「契約の解釈」は、法的評価にかかる法律問題です。したがって、上告審裁判所は、事実審裁判所のした契約の解釈に拘束されることはなく、契約の解釈の基準になると一般に考えられている慣習、任意規定、条理、信義則等に照らして、事実審裁判所のした解釈を修正することができるというのがわが国の民事訴訟の基本です。[58]

　しかし、上記 1 にも述べたように、法律行為の解釈と事実認定との区別は

57　四宮和夫＝能見善久『民法総則［第 9 版］』（弘文堂・2018年）220頁を参照。

58　宇野栄一郎「上告審の実務処理上の諸問題」（実務民訴講座(2)）317頁を参照。

それほど明瞭なものではありません。最一小判昭和61・2・27判時1193号112頁を具体例としてこの点を検討してみることにしましょう。

(1)　事案の概要

最一小判昭和61・2・27の事案の概要は、以下のとおりです。

---

① 　Xは、「L土地は、昭和37年6月21日にAから買い受けたa番の土地の一部である」と主張して、L土地を占有使用しているYに対し、L土地がXの所有に属することの確認を求めた。これに対し、Yは、「L土地は、XがAから買い受けた土地に含まれていない」と主張して争った。第一審および原審（控訴審）は、Xの主張を採用して、その請求を認容した。

② 　原審の認定判断は、大要、以下のとおりである。

　ⓐ 　Xは、土地所有者であるAから、生垣によって区分された土地を工場敷地として賃借していたところ、昭和37年6月21日、Aから、a番の土地と特定して買い受け、従前どおりの使用範囲の土地を工場敷地として用い、昭和50年ころ、生垣を撤去して同じ場所に有刺鉄線を張りめぐらした。

　ⓑ 　Yは、同じくAから、a番の土地と明確に区分された隣接地（L土地を含む）を賃借していたところ、昭和51年7月19日、Aから、b番の土地と特定して買い受けたが、L土地をも買い受けたものと信じ、引き続き同一範囲の土地を占有使用している。

　ⓒ 　a番の土地とb番の土地についての公簿面積と実測面積との比較等によると、L土地はa番の土地の一部を成すとみるべきである。

　ⓓ 　したがって、L土地は、Xの所有に属する。

本件の概要を図示すると、以下のとおりです。

[関係図]

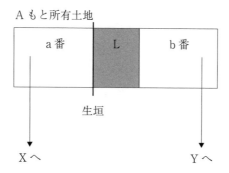

(2)　最高裁の判断

　最高裁は、以下のとおり判示したうえで、原審の事実認定を経験則上是認することができないとして、原判決を破棄して、事件を原審に差し戻しました。

> ①　1筆の土地の一部（甲部分）がその余の部分（乙部分）から現地において明確に区分され、甲部分は甲に、乙部分は乙にそれぞれ賃貸された後において、甲が目的物を当該1筆の土地と表示して売買契約を締結したとしても、他に賃貸されている乙部分を含むとする旨の明示的な合意がされている等特段の事情のない限り、取引の通念に照らして甲部分のみを売買の目的としたものと解するのが相当である。
>
> ⅱ　本件において、原審の確定した事実によると、a番の土地を買い受けたXは、Yの占有使用しているL土地を含まない土地を借地として使用し、しかも、当該土地とL土地との間には、Xより前の借地人が使用していたときから板塀または生垣が設けられており、X自身も、a番の土地を買い受けた後、同じ場所に有刺鉄線を張りめぐらしたというのであるから、L土地がa番の土地に含まれるかどうかは別として、他に特段の事情のない限り、XがL土地を含む土地を買

　　い受けたものと認めることは、経験則上是認することができない。

　⑪　そして、原審の認定する実測面積と公簿面積との関係だけでは、右
　　の特段の事情があるものということはできない。

　⑫　そうすると、首肯するに足りる特段の事情の存することについて認
　　定説示することなくXが買い受けた土地にL土地が含まれるものと
　　認めた原判決には、法令違反もしくは理由不備の違法があるものとい
　　うべきである。

(3)　法律問題か事実問題か

　この最高裁の判断は、本件の争点を「XがAからの買い受けの目的とし
た土地にL土地が含まれていたか」という事実認定問題として設定してい
ることが、上記(2)⑪および⑫の説示部分からわかります。

　そのうえで、最高裁は、「売買契約において売買の目的を1筆の土地の地
番を表示して特定した場合において、当該表示が当該1筆を構成する土地全
部であると解釈すべきであるかどうか」という契約の解釈の問題を検討して
います。

　売買の目的が土地である場合、その特定を1筆の土地の不動産登記簿上の
地番を表示することによってするのは日常的に行われていますが、そのよう
に表示してされた契約の解釈としては、当該1筆を構成する土地全部を意味
するものと解釈するのが原則です。[59]

　そして、最高裁は、上記(2)①の説示部分から明らかなように、売買の目的
を1筆の土地の地番を表示して特定した場合であっても、当該1筆の土地が
現地において明確に区分されて各別の賃借人に賃貸されていて、そのうちの
一部分の賃借人との間で売買契約が締結されたときは、右の原則の例外とな
ると考えています。ですから、そのような例外事情の存する事案において、
当該1筆を構成する土地全部を意味するものと解釈しようとするのであれば、

59　最一小判昭和39・10・8裁判集民75号589頁。

例外のそのまた例外事情の存在を確定しなければならないということになります。

　このように、契約の解釈の基準の1つとして、「取引の通念」ないし「経験則」が取り込まれますから、契約の解釈と事実認定との境界線は、ますますわかりづらいことになります。それでも、このように具体的事案を素材にして検討してみますと、本件では、契約の解釈の問題が究極の事実認定の問題の下部構造を成していることがわかると思います。すなわち、事実認定の過程に法律問題が介在しているのです。

3　契約の解釈

　それでは、次に、契約条項の合理的解釈が争われた事件であって、法律の解釈問題に類似する問題を含んだ事件（最三小判平成9・2・25判時1599号66頁）を素材にして、検討してみることにします。

(1)　事案の概要

最三小判平成9・2・25の事案の概要は、以下のとおりです。

---

①　Yは、Xに対し、平成元年10月3日、本件土地を代金1630万円で売り渡す旨の売買契約（本件契約）を締結し、Xから、手付金150万円を受領した。しかし、Yは、平成2年2月7日ころ、本件土地をAに対して二重に売り渡したうえ、同月9日、Aへの所有権移転登記を経由した。その結果、YのXに対する本件契約に基づく本件土地の所有権移転義務は履行不能になった。

②　本件契約は、社団法人兵庫県宅地建物取引業協会制定の不動産売買契約書の定型書式を使用して締結されたものであるが、その契約書（本件契約書）には、買主の債務不履行の場合に手付けを返還しない旨の約定（9条2項）のほかに、以下の2つの約定があらかじめ記載されていたが、これらの条項の意味内容について当事者間で話合いがも

たれたことはなかった。

ⓐ　売主の債務不履行を理由として買主が契約を解除したときは、売主は手付けの倍額を支払わなければならない（9条3項)。

ⓑ　上記以外に特別の損害を被った当事者の一方は、相手方に違約金または損害賠償の支払いを求めることができる（9条4項)。

③　Xは、Yに対し、本件契約書9条3項に基づいて手付けの倍額300万円の支払いを求め、同9条4項に基づいて履行不能時の本件土地の時価と売買代金額との差額2240万円の支払いを求めるとともに、これらに対する遅延損害金の支払を求めて本件訴訟を提起した。

④　原審（控訴審）は、次のとおり判示して、手付けの倍額300万円とこれに対する遅延損害金の支払いを求める限度でXの請求を認容し、その余の請求を棄却した。

ⓐ　本件契約書9条2項および3項は、債務不履行によって通常生ずべき損害については、現実に生じた損害の額いかんにかかわらず、手付けの額をもって損害額とする旨を定めたものであり、9条4項は、特別の事情によって生じた損害については、民法416条2項の規定に従って、その賠償を請求することができる旨を定めた約定と解すべきである。

ⓑ　本件においては、特別の事情によって生じた損害は認められないから、9条4項に基づいてその賠償を請求することのできる損害は存在しない。

本件の概要を図示すると、以下のとおりです。

［関係図］

平成元・10・3本件土地売買

（買主）X ←————————————— Y（売主）

手付金150万円

平成2・2・7
本件土地売買

A　平成2・2・9登記

(2)　最三小判平成9・2・25の判断

　最高裁は、以下のとおり判示して、原審の判断には、法令の解釈適用を誤まった違法があるとして、原判決のうちX敗訴部分を破棄し、手付けの額を超える損害の有無とその額について審理を尽くさせるために事件を原審に差し戻しました。

① 　原審の確定した9条2項ないし4項の文言を全体としてみれば、右各条項は、相手方の債務不履行の場合に、特段の事情がない限り、債権者は、現実に生じた損害の証明を要せずに、手付けの額と同額の損害賠償を求めることができる旨を規定するとともに、現実に生じた損害の証明をして、手付けの額を超える損害の賠償を求めることもできる旨を規定することにより、相手方の債務不履行により損害を被った債権者に対し、現実に生じた損害全額の賠償を得させる趣旨を定めた規定と解するのが、社会通念に照らして合理的であり、当事者の通常の意思にも沿うものというべきである。

② 　もっとも、9条4項は、債権者が手付けの額を超えてその賠償を求めることのできる損害を、「特別の損害」という文言で規定しているが、9条2項ないし4項は、兵庫県宅地建物取引業協会の制定した定型書式にあらかじめ記載されていたものであるところ、右定型書式が

64

兵庫県内の不動産取引において広く使用されることを予定して作成された
ものとみられることにも鑑みると、右定型書式の制定に際して、
右「特別の損害」の文言を民法416条2項にいう特別の事情によって
生じた損害をいうものとして記載したとは、通常考えがたいうえ、右
文言を特別の事情によって生じた損害と解することにより、相手方の
債務不履行の場合に、債権者に、通常生ずべき損害については手付け
の額を超える損害の賠償請求を認めず、特別の事情によって生じた損
害に限って別途その賠償請求を認めることの合理性も、一般的に見出
しがたいところである。

(3)　契約の解釈問題の諸相

　前記2の最一小判昭和61・2・27の事案においては、契約の解釈の問題が
事実認定の問題の下部構造を成していて、事実認定の問題と非常に密着した
ものでしたが、最三小判平成9・2・25の事案においては、売買契約書の定
型書式の条項の合理的解釈が争点となっていたため、問題の性質が法律の解
釈と極めて類似したものであり、この解釈問題が決せられることにより事実
認定上の争点の範囲（すなわち、手付けの額を超える損害の有無とその額が争点
となるかどうか）が決せられるという構造になっています。このように一口
に契約の解釈の問題といっても、事件ごとに問題の位置づけが異なることが
わかります。

　さて、上記(2)①のとおり、最三小判平成9・2・25において、契約の解釈
の基準とされたのは、「社会通念」ないし「当事者の通常の意思」であり、
前記2の最一小判昭和61・2・27における「取引の通念」ないし「経験則」
とほぼ同一のものです。原審のとった契約の解釈も全くあり得ないものでは
ないのですが、上記(2)②をみますと、原審の解釈は、本件契約書9条4項の
「特別の損害」という文言と民法416条2項の「特別の事情によって生じた損
害」という文言との類似性に拘泥しすぎていて、9条2項ないし4項の条項

65

の趣旨全体の合理的解釈という観点を欠落させる結果になっていると、最高裁が考えていることを理解することができます。

　ところで、近時、契約の解釈が争われる訴訟が増えています。契約の解釈が争われる訴訟の実際につき、詳細は、本書の姉妹書である『紛争類型別事実認定の考え方と実務〔第 2 版〕』40〜41頁、110〜123頁を参照してください。

4　単独行為（遺言）の解釈

(1)　遺言の解釈の特徴

　単独行為についてその解釈が訴訟上争われるものとしては、遺言をおいてほかにないといってよいでしょう。遺言は、遺言者の死亡により効果が発生するものですから、遺言書の条項について紛争の生じる通常の場合、遺言者に直接その趣旨を確認することはできません。そこで、遺言の内容は、一義的に明確でありかつ特定されているものでなければなりません。すなわち、遺言者の最終意思を実現するために、明確性および特定性が要請されるので[60]す。他方、遺言は、相手方のない単独行為であって、取引の安全に配慮すべきであるという要請は原則としてありません。

　このような遺言の特殊性を反映して、遺言の解釈をするにあたっては、遺言者の最終意思の探求に力が注がれることになります。最三小判平成 5・1・19民集47巻 1 号 1 頁は、「遺言の解釈に当たっては、遺言書に表明されている遺言者の意思を尊重して合理的にその趣旨を解釈すべきであるが、可能な限りこれを有効となるように解釈することが右意思に沿うゆえんであり、そのためには、遺言書の文言を前提にしながらも、遺言者が遺言書作成に至った経緯及びその置かれた状況等を考慮することも許される」と判示しています[61]。

60　最判解説民〔平成 5 年度〕〔西謙二〕7 頁（後掲最三小判平成 5・1・19民集47巻 1 号 1 頁の判例解説）を参照。

しかし、遺言者の最終意思の探求といっても、「遺言書の文言を前提に」したうえで、「遺言書に表明されている遺言者の意思を尊重して合理的にその趣旨を解釈す（る）」というに尽きるのであって、遺言書の文言から離れて、いわば裸で遺言者の意思を外部に探求するというのではありません。この点は、明確に理解しておくことが必要です。[62]

それでは、遺言の解釈が争われた事件（最二小判平成17・7・22判時1908号128頁）を素材にして、検討してみることにしましょう。

(2)　事案の概要

最二小判平成17・7・22の事案の概要は、以下のとおりです。

---

①　A・B夫婦は、その間に子がなかったため、Aの兄Cとその妻Dとの間に生まれたYを実子として養育する意思で自らの嫡出子として出生の届出をした。Yは、Aを筆頭者とする戸籍にAの長男として記載されている。

②　BはAよりも前に死亡したため、Aの相続人は、Aの兄弟であるC・E・X₁であったが、その後Eが死亡してX₂ないしX₇がEの遺産を相続し、次いでCが死亡してその妻DとYを含む子がCの遺産を相続した。Aの相続関係は、下記の関係図のとおりである。

③　Aは、昭和57年5月11日付けの自筆の遺言書（本件遺言書）を作成していた。本件遺言書は、4項目から成るものであるところ、1項から3項までには、特定人を指定して特定の財産を贈与等する旨記載されており、4項には、「遺言者は法的に定められたる相続人を以って相続を与える」と記載されていた。

④　X₁ないしX₇は、Yに対し、本件遺言書によって遺贈等の対象とされたものを除いたAの遺産（本件遺産）につき、それぞれの法定相

61　同旨の判断は、最二小判昭和58・3・18判時1075号115頁にもみられます。
62　差し当たり、中川善之助＝加藤永一編『新版注釈民法⑵〔補訂版〕』51頁〔加藤永一〕を参照。

続分に応じて取得したと主張して、各法定相続分の割合による持分を
有することの確認等を求める訴えを提起した。他方、Ｙは、本件遺
言書によるＡの遺言に基づいて本件遺産を遺贈されたと主張して、
X₁ないしX₇に対し、本件遺産のうちの土地の所有権確認等を求め
る訴えを提起した。

⑤　原審（控訴審）は、以下ⓐないしⓓのとおり判示し、X₁ないしX₇
の請求についてはそのすべてを、Ｙの請求についてはそのうちＹが
Ａの相続人であるＣの相続人として有する相続分である持分36分の
１を有することの確認を求める限度で、それぞれ認容すべきものとし
た。

ⓐ　本件遺言書は、１項から３項までには、特定人を指定して遺贈等
をする旨の記載がされているが、４項には、「法的に定められたる
相続人」とのみ記載されている。仮にＡが本件遺言書１項から３
項までに記載された遺産を除く遺産をＹに遺贈する意思を有して
いたのであれば、同４項においても、同１項から３項までと同様に、
Ｙを具体的に指定すれば足りるのにこれをしていない。

ⓑ　上記ⓐからすると、同４項の「法的に定められたる相続人」は、
Ｙを指すものでもＹを積極的に排斥するものでもなく、単に法定
相続人を指すものと解するのが相当である。

ⓒ　同１項および３項では「贈与」の文言が用いられているが、同４
項では用いられていないことからすると、同項の「相続を与える」
を遺贈の趣旨であると解することはできない。

ⓓ　以上のような本件遺言書の記載に照らすと、本件遺言書４項は、
同１項から３項までに記載された遺産を除くＡの遺産を同人の法
定相続人に相続させる趣旨のものであることが明らかである。

[関係図]

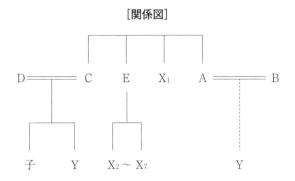

(3)　最高裁の判断

　最高裁は、以下のとおり判示して、原審の判断には、審理不尽の結果、判決に影響を及ぼすことが明らかな法令の違反があるとして、原判決のうちＹ敗訴部分を破棄し、さらに審理を尽くさせるため、この部分について本件を原審に差し戻しました。

ⅰ　遺言を解釈するにあたっては、遺言書の文言を形式的に判断するだけでなく、遺言者の真意を探求すべきであり、遺言書が複数の条項から成る場合に、そのうちの特定の条項を解釈するにあたっても、単に遺言書の中から当該条項のみを他から切り離して抽出し、その文言を形式的に解釈するだけでは十分でなく、遺言書の全記載との関連、遺言書作成当時の事情および遺言者のおかれていた状況などを考慮して、遺言者の真意を探求し、当該条項の趣旨を確定すべきである。[63]

ⅱ　上記(2)①のとおり、ＡはＹをＡ夫婦の実子として養育する意図で、Ａ夫婦の嫡出子として出生の届出をしたところ、Ｙは、Ａ夫婦に引き取られてからＡが死亡するまでの約39年間、Ａ夫婦と実の親子と同様の生活をしていたことがうかがわれ、Ａが死亡するまで、本件

63　遺言の解釈についての一般論を説示する本文①の部分において、前掲最二小判昭58・3・18を引用して、それまでの最高裁判例の立場を踏襲するものであることを明らかにしています。

遺言書が作成されたころも含め、Ａ と Ｙ との間の上記生活状態に変化が生じたことはうかがわれない。[64]

⑪　本件遺言書が作成された当時、Ｙ は、戸籍上 Ａ の唯一の相続人であったことに鑑みると、法律の専門家でなかった Ａ としては、同人の相続人は Ｙ のみであるとの認識で、Ａ の遺産のうち本件遺言書 1 項から 3 項までに記載のもの以外はすべて Ｙ に取得させるとの意図の下に本件遺言書を作成したものであり、同 4 項の「法的に定められたる相続人」は Ｙ を指し、「相続を与える」は客観的には遺贈の趣旨と解する余地が十分にある。

⑫　原審としては、本件遺言書の記載だけでなく、上記⑪、⑪の点等をも考慮して、同 4 項の趣旨を明らかにすべきであったにもかかわらず、これらの点等についての審理を尽くすことなく、同項の文言を形式的に解釈したものである。

(4)　最二小判平成17・7・22の意義

上記(3)①のうち、複数の条項から成る遺言書のうちの特定の条項を解釈するにあたっても、単に遺言書の中から当該条項のみを他から切り離して抽出し、その文言を形式的に解釈するだけでは十分でなく、遺言書の全記載との関連を考慮して、当該条項の趣旨を確定すべきであるとの一般論を述べる部分は、上記 2 で取り上げた契約の解釈にも共通する解釈方法の基本であり、[65]反論の余地のない極めて常識的な説示であるといってよいと思われます。

しかし、前記(1)で述べたように一義的明確性と特定性とが要請されている

64　「うかがわれる（ない）」の表現を多用しているのは、最高裁が本文⑪の部分において言及している事実関係を原判決が認定していないこと、および最高裁として独自にこれらの事実関係を認定しているわけではなく、差戻審における審理の参考とするための説示であることを示しています。「うかがわれる（ない）」の表現については、本書100頁の脚注32を参照。

65　最二小判平成19・6・11判タ1250号76頁は、契約の解釈につき、「契約書の特定の条項の意味内容を解釈する場合、その条項中の文言の文理、他の条項との整合性、当該契約の締結に至る経緯等の事情を総合的に考慮して判断すべき」であるとしました。

のに、必ずしもそうとはいえないからこそ、遺言の解釈が争われるのです。それでも、遺言者の最終意思を尊重するという理念の下に、できるだけ遺言に効力をもたせるべく遺言を合理的に解釈するという作業をするのですが、簡単な作業ではありません。本最高裁判決は、遺言書作成当時の事情および遺言者のおかれていた状況などを検討し、それらの事実関係を、その地方のその時代における「社会通念」ないし「経験則」に照らしてみることによって、遺言書中に表現されている遺言者の最終意思の内容を明らかにすることを求めていると理解することができます。

　上記(3)⑪ないし⑭の説示を吟味してみますと、最高裁は、YがA夫婦に引き取られてからAが死亡するまでの約39年間にわたって、YがA夫婦と実の親子と同様の生活をしていたとの継続した事実状態を最も重視しており、この継続した事実状態に照らして、「遺言者は法的に定められたる相続人を以って相続を与える」との本件遺言書の条項の合理的でかつ客観的な解釈をするよう求めています。[66]

　この判決からも、前記(1)のとおり、最高裁が、遺言書の文言から離れて、遺言者の意思を外部に探求するという作業をすることを求めているのではないことを理解することができます。

　ところで、近時、契約の解釈と同様、遺言の解釈が争われる訴訟が増えています。遺言の解釈が争われる訴訟の実際につき、詳細は、本書の姉妹書である『紛争類型別　事実認定の考え方と実務〔第2版〕』262〜277頁を参照してください。

---

[66]　遺言書の条項の合理的でかつ客観的な解釈をする過程において、約39年間にわたってAと実の親子同様の生活をしていたYと、Aの兄弟であるC・E・X₁のいずれに、Aの遺産を承継するという法的利益を認めるのが正義に適うかという、いわゆる「落着き」の観点が考慮されることも十分にあり得ることと思われます。

第 ② 章
直接証拠による
事実認定

第 1 節　文書（契約書）による事実認定

I　はじめに

　当事者間に争いのある事実と争いのない事実との区別がされる（この手続を争点整理または争点形成といいます）と、争点となっている事実の存否について裁判官が心証を形成するために証拠調べが実施されます。民事訴訟の実務において証拠調べの中心になっているのは、書証と人証です。

　「人証」は、証人の証言、当事者の陳述または鑑定人の陳述を聴取して、そこで述べられた意味内容を証拠資料とするための証拠調べをいいます。[1]

　「書証」という用語は、民事訴訟法上、文書を閲読して、その作成者によって記載された意味内容を証拠資料とするための証拠調べという意味で使われています。[2]しかし、民事訴訟実務上、証拠調べの対象となる文書自体を指して使われることがしばしばあります。[3]本書では、証拠調べとしての「書証」と書証の対象となる「文書」とをできるだけ区別して用いることとしますが、裁判例の紹介などとの関係で上記の慣用例によることもあることを了解しておいてください。

　民事訴訟の実務において、最重要の証拠方法が文書であることは、これまでも繰り返し述べられています。[4]それは、基本的に、証人の証言や当事者の

1　民訴法第 4 章「証拠」の第 2 節「証人尋問」、第 3 節「当事者尋問」、第 4 節「鑑定」を参照。

2　民訴法219条は、「書証の申出は、文書を提出し、又は文書の所持者にその提出を命ずることを申し立ててしなければならない」と規定して、「書証」を証拠調べの意味で使用し、証拠調べの対象とする「文書」と明確に区別しています。

3　民事訴訟規則55条 2 項は、「証拠となるべき文書の写し（以下「書証の写し」という。）」と規定して、このような実務における慣用を追認しています。

4　今中道信「事実認定について」司法研修所論集76巻31頁、村重慶一「民事裁判における事実認定論」（『木川統一郎博士古希祝賀論集・民事裁判の充実と促進（中巻）』）236頁、加藤新太郎「文書成立の真正の認定」『中野貞一郎先生古希祝賀・判例民事訴訟法の理論（上）』（有斐閣・1995年）575頁等数多くの論稿があります。

陳述に比較して、紛争の起きる前のそれぞれの時点においてかつ通常のビジネスの過程または当事者間の交渉過程で作成されたものであって、その内容[5]が固定されていて、物的証拠としての性格が強いところに由来しています。ですから、実務上、証人尋問や当事者尋問の実施に先立って、当該証人や当事者の作成した「陳述書」が提出される取扱いが一般的になっていますが、このような陳述書の類は、ここで検討対象にしようとしている文書とは性格が大きく異なります。

Ⅱ　処分証書と報告文書

民事裁判における証拠方法として文書を検討するにあたっては、処分証書と報告文書の区別を理解しておく必要があります。処分証書とは意思表示ないし法律行為が記載されている文書をいい、報告文書とは見聞した事実や感想・判断等が記載されている文書をいいます。[6]

処分証書を、意思表示ないし法律行為が「行われた文書」とする定義も見受けられます。[7]しかし、この定義によりますと、例えば、1つの売買契約について本来の売買契約書以外に税務用の契約書と登記手続用の契約書とを作成したといった場合、後者の二者の契約書は処分証書に当たらないということになり、ある1つの文書が処分証書であるかどうかがその記載の外形からは決することができないということになります。意思表示の成立には、内心の効果意思および表示意思のいずれもが不可欠ではなく、表示行為から推断される効果意思をもって意思表示は「成立」すると考え、そのうえで、意思表示の「効力」（錯誤・虚偽表示・詐欺・強迫等）を検討するという表示主義の立場をわが国の民法が採用していると理解する立場に立つのであれば、前[8]

5　英米の証拠法では、このような証拠方法を一般に"contemporaneous evidence"と、このような文書を"contemporaneous documents"とよび、実務上高い証拠価値を認めています。

6　菊井維大＝村松俊夫『全訂民事訴訟法Ⅱ』（日本評論社・1989年）595頁を参照。

7　岩松＝兼子・269頁を参照。

者の定義によるのが整合的であると思われます。

　いずれにしても、私文書である処分証書の例としては、手形・小切手、遺言書、解約通知書、契約書等を挙げることができますし、私文書である報告文書の例としては、商業帳簿、領収書、手紙、日記、陳述書等を挙げることができます。民事訴訟における証拠として提出されることの多い登記事項証明書、戸籍謄本は公文書である報告文書に分類されます。

Ⅲ　証拠能力と証拠力

1　証拠能力とは

　証拠能力とは、証拠方法として使用され得る適格性をいいますが、わが国の民事訴訟法上、原則として証拠能力の制限はなく、あらゆる人、物を証拠とすることができると解されています[9]。したがって、伝聞証言も証拠能力がありますし[10]、訴えの提起後に挙証者自身が作成した文書であっても証拠能力があります[11]。最近、無断録音テープ（ないしその反訳書）の証拠能力が争われることがありますが、著しく反社会的な手段を用いて、人の精神的肉体的自由を拘束する等の人格権侵害を伴う方法によって収集されたものに限って証拠能力を否定する（すなわち、単に話者の同意を得ないで録音したテープ等については証拠能力を肯定する）という形で運用されています[12]。

　しかし、筆者は、わが国の民事訴訟の実務においても、証拠能力について、より厳格に運用すべき時期に至っていると考えています。この点については、

8　意思表示の構造については、差し当たり四宮＝能見・225頁を参照。

9　民事裁判における例外としては、疎明のための証拠の即時性の要求（民訴法188条）、手形・小切手訴訟または少額訴訟についての制限（民訴法352条、367条2項、371条）等があります。

10　最二小判昭和27・12・5民集6巻11号117頁。

11　最二小判昭和24・2・1民集3巻2号21頁。

12　東京高判昭和52・7・15判時867号60頁。

本章第2節Ⅰ3（137頁）の「反対尋問の重要性」の項を参照してください。

2　証拠力とは

これに対し、証拠力とは、証拠調べをした証拠資料が要証事実の認定のために役立つ程度のことをいいます。裁判官は、証拠調べをした証拠資料の証拠力を評価し、口頭弁論に現れた一切の状況を考慮に入れて、要証事実の存否について判断をします。そして、証拠力の評価については、原則として、裁判官の自由な判断に任されており（民訴法247条）、これを自由心証主義とよんでいます。

このように、わが国の民事裁判においては、証拠能力のない文書は原則として存在せず、すべて証拠力の程度の問題に帰着することになります。

Ⅳ　形式的証拠力と実質的証拠力

1　形式的証拠力とは

書証は、文書を閲読して、その作成者によって記載された意味内容を証拠資料とする証拠調べですから、その証拠力の評価は、まず、挙証者がその文書の作成者であると主張する者の意思に基づいて作成されたものであることを確かめる必要があります。民訴法228条1項は、「文書は、その成立が真正であることを証明しなければならない」と規定して、この点を明らかにしています。ある文書が挙証者の主張する者の意思に基づいて作成されたものである場合、「文書が真正に成立した」といいます。その上で、文書の記載内容がその者の思想の表現である場合、「文書に形式的証拠力がある」といいます。¹³

なお、ある者の意思に基づいて作成されたことが必要なのであり、ある者が実際に筆記したことが必要なのではありませんから、誤解のないようにし

てください。

2　実質的証拠力とは

　形式的証拠力が確認された場合に、次に検討すべき事項が、文書の記載内容が要証事実の証明にどの程度役立つか。これを実質的証拠力といいます。

　最三小判昭和25・2・28民集4巻2号75頁は、「書証の成立を認めるということはただ其書証の作成名義人が真実作成したもので偽造のものではないということを認めるだけで、その書証に書いてあることが客観的に真実であるという事実を認めることではない」と判示して、成立の真正ないし形式的証拠力と実質的証拠力とを明確に区別しています。[14]

V　私文書の成立の真正についての「二段の推定」

1　民訴法228条4項の規定の趣旨

　民訴法228条4項は、「私文書は、本人又はその代理人の署名又は押印があるときは、真正に成立したものと推定する」と規定しています。

　この規定の趣旨は、その文言からは必ずしも明確ではないのですが、本人またはその代理人の署名または押印のある私文書について、その署名または押印が本人またはその代理人の意思に基づいてされたこと（署名・押印の成立の真正）が確定したとき（当事者間に争いがないか、証拠によって証明されたとき）には、当該文書の記載全体が真正に成立したとの「推定」が働くとい

13　最一小判昭和27・11・20民集6巻10号1004頁、新堂・583頁を参照。なお、この立場に対し、「文書が真正に成立した」というために、挙証者の主張する者の意思に基づいて作成される必要はなく、当該文書の作成者が裁判所によって確定されることで足りるとする見解もみられますが、現在の民事裁判の実務がこの見解によっているということはできません。

14　本節Iで説明したように、正しくは「文書の成立」というべきところを、最高裁もその判決文中で「書証の成立」という慣用例によっていることがわかります。

う一種の法定証拠法則を規定したものと理解されています。

すなわち、ここにいう「推定」は、法律上の事実推定ではなく、一応の心証を得ることができるという経験則をいい表したものであって、裁判所が文書全体の真正を認定する場合の1つの基準にすぎないとされています。したがって、署名・押印が本人の意思に基づいてされたことが証明された場合であっても、当該文書のうちの署名・押印部分を除く部分の成立の真正を争う相手方は、本人が当該文書のうちの署名・押印部分を除く部分の内容を知って署名・押印したことについて疑いを生じさせることによって（すなわち、反証によって）、民訴法228条4項の「推定」を覆すことができるのです。[15]

2 最高裁判例による「二段の推定」の枠組みの形成

このように、民訴法228条4項の規定する推定は署名・押印の真正を前提とするものですが、最三小判昭和39・5・12民集18巻4号597頁は、「文書中の印影が本人または代理人の印章によって顕出された事実が確定された場合には、反証がない限り、該印影は本人または代理人の意思に基づいて成立したものと推定するのが相当であり、右推定がなされる結果、当該文書は、民訴法326条（筆者注・現行民訴法228条4項）にいう『本人又ハ其ノ代理人ノ（中略）捺印アルトキ』の要件を充たし、その全体が真正に成立したものと推定されることになるのである」と判示しました。

すなわち、最高裁は、わが国における印章尊重の慣行——換言しますと、

---

15 岩松＝兼子・264頁、起案の手引・72頁以下等を参照。なお、この立場に対し、民訴法228条4項は、法律上の事実推定規定であるとする見解もみられますが、現在の民事裁判の実務がこの見解によっているということはできません。この見解（法律上の事実推定規定説）によると、署名・押印が本人の意思に基づいてされたことが証明された場合には、当該文書のうち署名・押印部分を除く部分の成立の真正を争う相手方は、本人が当該文書のうち署名・押印部分を除く部分の内容を知らずに署名・押印したことを証明して初めて「推定」を覆すことができるということになります（すなわち、法定証拠法則説とは、当該文書のうち署名・押印部分を除く部分の内容の認識についての立証責任の所在が異なります）。この点が、法定証拠法則説との実際上の相違点です。

本人の印章を他人が勝手に使用することは通常なく、文書に本人の印章の印影が顕出されている場合には、本人が自ら押印したか本人の意思に基づいて第三者が押印したかのいずれかであるという経験則——を基礎にして、上記の事実上の推定を認めたのです。

3　私文書の成立の真正についての事実認定の過程

上記2の最高裁判例によって、事実上の推定（第一段の推定）と法定証拠法則（第二段の推定）とを組み合わせた「二段の推定」による事実認定の枠組みができあがりました。これを図示すると、以下のようになります。

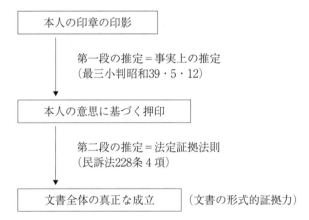

そうすると、挙証者が印影の顕出されている私文書を証拠として提出した場合、当該印影が本人または代理人の印章によるものであることが確定したとき（当事者間に争いがないか、証拠によって証明されたとき）は、「二段の推定」が働き、当該私文書全体が真正に成立したものと扱われることになります。

私文書の成立の真正についての「二段の推定」の論理の概要は、以上のとおりですが、これだけでは、以上の論理が実際の紛争においてどのように働くのかを理解するのは難しいでしょうから、実際の事案に即して検討してみることにしましょう。まず、民訴法228条4項の規定する推定（第二段の推

定）についての問題を、次に、最高裁判例の肯認した事実上の推定（第一段
の推定）についての問題を、検討してみることにします。

Ⅵ　合意（契約）の成立の証明と第二段の推定（民訴法228条 4 項の推定）

1　解約合意の認定と文書の成立に関する反証の成否

　賃貸借契約を解約する旨の合意が成立したかどうかが争点となった事案
（最三小判昭和38・7・30裁判集民67号141頁）によって、合意の成立の証明と民
訴法228条 4 項の規定する推定との関係を検討してみることにしましょう。
　最三小判昭和38・7・30の事案の概要は、以下のとおりです。

---

① 　X（賃貸人）は、Y（賃借人、映画館の経営者）に対し、「昭和29年10
月ころ、本件土地建物を賃貸して引き渡したが、昭和32年 1 月、この
賃貸借契約を同年 6 月30日をもって解約する旨の合意が成立した」と
主張して、本件土地建物（映画館とその敷地）の明渡しを求めた。

② 　X は、賃貸借期間を昭和30年 1 月 1 日から昭和31年12月31日まで、
賃料を月額 3 万円とする賃貸借契約公正証書を甲第 1 号証として提出
し、甲第 1 号証による本件賃貸借契約を期限付きで合意解約した文書
として「賃貸借契約延長証書」と題する甲第 2 号証（以下「本件文書」
という）を提出した。

③ 　本件文書をほぼ原文のまま再現すると、以下のとおり。

賃貸借契約延長証書

昭和30年 1 月21日第41,900- 6 号ニ依ル賃貸借契約公正証書ノ通リ

ナルガ借主Ｙ申請ニ依リ昭和31年12月31日限リニテ賃貸借期間満了
セルモノヲ昭和32年６月30日迄デノ期間賃貸借ノ延長ヲ契約ス
但シ該賃貸借契約期間満了ノ場合ハ借主側ニ於テ如何ナル諸事情発
生スルト雖モ何等ノ異議ナク直ニ貸主側ニ対シ返還明渡シノ上双方
立会引渡シスルモノトス
依テ右延長賃貸借契約証書２通ヲ作成シ各自后日念ノ為メ保管スル
モノトス

昭和32年１月１日
　　　（住所）

　　　　　　　　　　　　貸主　　Ｘ（署名）　　　　　　印
　　　（住所）

　　　　　　　　　　　　借主　　Ｙ（署名）　　　　　　印

---

④　本件文書につき、Ｙは、午後４時発の汽車に乗るべく急いでいた
　ため、本件文書の表題部分および第１段落によって、本件文書が単に
　賃貸借期間を昭和32年６月30日まで延長するものと理解し、本件文書
　のただし書部分（第２段落）の記載を十分了解する暇なく、本件文書
　に署名・押印したと主張して争い、同趣旨の供述をした。

⑤　原判決（大阪高判昭和35・7・22判例集未登載）は、本件文書のうち
　のＹ作成部分の成立につき、前記④のＹの言い分をそのまま採用し
　て、本件文書の表題部分と第１段落および署名・押印部分の成立の真
　正を認めたが、本件文書のただし書部分の成立の真正を否定した。

2　最高裁の判断

　このような事案において、最高裁は、以下のとおり判示して、原判決を破
棄し、事件を原審に差し戻しました。

① 本件文書の記載内容は、比較的簡単なものである。

ⅱ　本件文書に署名・押印したＹは、映画館を経営している者である。

ⅲ　たとえ汽車に乗るべく急いでいたという事情があったとしても、Ｙが本件文書を一読してその記載内容全部を了解できなかったとはとうてい考えられない。

ⅳ　したがって、Ｙにおいて本件文書のただし書部分の記載を十分了解しないで本件文書に署名・押印したという原判決の判断は、経験則に違背する。

ⅴ　本件賃貸借契約の合意解約を認めるに足りないとした原判決の判断は、Ｙが本件文書のただし書部分の記載を十分了解しないで本件文書に署名・押印したという事実認定を基礎とするものであるから、上記ⅳの違法は判決の結論に影響を及ぼすことが明らかであり、原判決は破棄を免れない。

3　本件における主張と証拠との関係

本件は、世の中で生起する紛争としては比較的単純なものということができます。しかし、本件文書の成立の真正の争点が、ＸおよびＹの主張・立証の構造とどのような関係に立つのかは、必ずしも平易な問題とはいえません。そこで、この点を整理しておくことにしましょう。

(1)　Ｘの請求権（訴訟物）および請求原因事実

本件請求権（訴訟物）は、ＸのＹに対する賃貸借契約の終了に基づく目的物返還請求権としての本件土地建物の明渡請求権です。[16]

その請求原因事実は、以下のとおりに整理することができます。[17]

16　ただし、本件賃貸借契約の目的が土地と建物の双方であったと解釈しなければならないのかどうか、Ｘにおいて本件建物の明渡しのみならず本件土地の明渡しまで請求しなければ目的を達することができないのかどうかを、最高裁判決から明らかにすることはできません。

17　Ｘの上告理由書によりますと、Ｘは、本件賃貸借契約が一時使用目的のものであるとの主張をしていたようですが、本件文書の成立の真正の争点とは直接の関係がないので、本書ではこの点にこれ以上触れないこととします。

---

⑦　Ｘは、Ｙとの間で、昭和29年10月ころ、本件土地建物につき、賃貸借期間を昭和30年1月1日から昭和31年12月31日まで、賃料を月額3万円として賃貸借契約を締結した。

④　Ｘは、Ｙに対し、昭和30年1月1日以前に⑦の契約に基づいて本件土地建物を引き渡した。

⑥　Ｘは、Ｙとの間で、昭和31年12月末ころ、⑦の契約を昭和32年6月30日をもって解約する旨合意した。

---

(2)　争点およびＸ・Ｙの提出した証拠方法

　Ｙは、請求原因事実のうち、⑦・④の各事実を認め、⑥の事実を否認しました。すでに、第1章Ⅱ（3頁）で説明したように、⑦・④の各事実については自白が成立し、⑥の事実のみが裁判所による事実認定を要する争点として残ったということになります。

　そこで、Ｘは、⑥の事実の立証のため、本件文書を甲第2号証として提出し、これに対し、Ｙは、その反証としてＹ自身の本人尋問の申請をし、裁判所がこれらを採用して証拠調べを実施したのです。

(3)　本件文書の形式的証拠力の争点の位置づけ

　Ｘは、「ＸとＹは、本件文書のただし書部分を作成することによって本件賃貸借契約を解約することを合意した」と主張していますから、Ｘの主張によると、本件文書のただし書部分が右解約合意の処分証書ということになります。[18] すなわち、Ｘは、「本件文書のただし書部分に、本件賃貸借契約を解約する旨のＸの申込みとＹの承諾とが記載されている」と主張しているのです。

　Ｙは、本件文書の署名・押印部分が真正に成立したことを認めていますから、民訴法228条4項の推定が働き、本件文書のただし書部分もまた真正

18　処分証書の意義に関して本節Ⅱに紹介したいずれの見解によっても、同じ結論になります。

に成立したものと推定されることになります。そこで、Yとしては、この推定を揺るがして、裁判官に「（本件文書への署名・押印はYの意思に基づいてされたが、）ただし書部分はYの意思に基づいて記載されたのではない可能性がある」という心証を抱かせる必要が生じたのです。[19]

　この反証として、Yは、当事者（被告）本人として尋問を受け、「午後4時発の汽車に乗るべく急いでいたため、本件文書のただし書部分の記載を十分了解する暇なく、本件文書に署名・押印した」と供述したというわけです。

　すなわち、請求原因事実である㋒の事実の客観的立証責任は終始Xにあるのです。Xは、その立証責任を果たすべく自ら所持する本件文書を甲第2号証として提出したのですが、これに対し、Yは、本件文書中の自らの署名・押印部分をY自身が作成したことを否認することができなかったため、ただし書部分の成立の真正について反証を提出する必要に迫られたということです。

　本件でみられるように、民事裁判手続の進行に伴った主張・立証行為の積み重ねに従い、立証の必要が一方当事者から他方当事者に移るという現象は、民事裁判において日常的に起こることです。その場合に、実務家としては、客観的主張・立証責任の構造の中で、その時々に必要とされる主張・立証事項がどのような位置づけにあるのかを正確に把握していることが必要です。

4　最三小判昭和38・7・30の意義

(1)　本判決の判決要旨

本最高裁判決が宣明した内容は、以下のように整理することができます。

①　前記1の③の程度の内容的複雑さと分量の文書であって、自らの権利義務にかかわることが明らかな文書である場合において、

19　法定証拠法則説によれば、本節Ⅴ1（79頁）のとおり、推定を覆すためには反証で足ります。これに対し、法律上の事実推定規定説によると、Yとしては、裁判官に「（本件文書への署名・押印はYの意思に基づいてされたが、）ただし書部分はYの意思に基づいて記載されたものではない」という心証（本証）を抱かせる必要があるということになります。

② そのような文書を取り交わすことがその職業や地位に照らして格別不自然でない者が、

③ 当該文書の記載内容を一読する機会があってこれに署名・押印したときには、

④ 何らかの理由でその記載内容を精査することまではしなかったというだけでは、当該文書の記載内容を理解することができなかった可能性があるとの反証としては十分でない。

そうしますと、文書の成立の真正についての反証となり得る事柄はどのようなものなのかが問題になりますが、この問題については、別に検討することにします。

(2) 本判決にみる形式的証拠力と実質的証拠力

最高裁は、上記2の⑭および⑮のとおり、本件文書のただし書部分中Y作成部分の成立の真正（形式的証拠力）を認めなかった原判決の判断を経験則に違背するものとし、原判決を破棄したのですが、進んで自ら結論を出すことをせずに、事件を原審である大阪高裁に差し戻しました。

本最高裁判決は、その理由を、「賃貸借契約延長証書の但書記載部分が果して上告人(X)主張のように本件賃貸借契約合意解約の趣旨で記載されたものであるか否かは、なお審理判断を要する」と説示しています。

すなわち、最高裁は、本件文書のただし書部分の成立の真正（形式的証拠力）が認められることと、右ただし書部分に本件賃貸借契約を合意解約するというXとYとの意思表示が記載されていると解釈することができるかどうか（実質的証拠力）とが、別の問題であることを明らかにしています。

Ⅶ　第二段の推定（民訴法228条４項の推定）を覆すに足りる反証

1　はじめに

　民訴法228条４項は、私文書について署名・押印の成立の真正が確定したときには、当該文書の記載全体が真正に成立したとの推定が働くという一種の法定証拠法則を規定したものであり、この推定が反証によって覆すことができることは、前記Ⅴ１（79頁）に説明したとおりです。

　また、前掲最三小判昭和38・7・30が、通常人が自らの権利義務にかかわる比較的簡単な文書についてその記載内容を一読する機会があってこれに署名押印した場合には、その記載内容を精査しなかったというだけでは、反証として十分ではないとの趣旨に出るものであることは、上記Ⅵ４(1)に説明したとおりです。

　さらに、最三小判昭和42・10・24裁判集民88号741頁は、「保険契約者が、保険会社の普通保険約款を承認のうえ保険契約を申し込む旨の文言が記載されている保険契約の申込書を作成して保険契約を締結したときは、反証のないかぎり、たとい保険契約者が盲目であって、右約款の内容を告げられず、これを知らなかったとしても、なお右約款による意思があったものと推定すべきものである」と判示しました。この判決は、直接には、保険契約書の成立の真正の問題を扱ったものではありませんが、保険契約は約款により契約をするのが通常ですから、保険契約書の成立についても同じ判断をすることになるものと考えられます。

　そこで、どのような事柄が民訴法228条４項の推定を覆すに足りる反証となるのかを検討することにします。[20]

2　文書の記載内容の改ざん

　文書の記載内容を知って署名・押印したことに疑いを生じさせるというのが反証のポイントです。したがって、署名・押印の後に当該文書の記載内容が変更された可能性があること（変造または改ざんの可能性）を立証すれば、民訴法228条4項の推定を覆すことができます。[21]

　また、不動産販売業者が高額の違約金条項のある売買契約書をあらかじめ用意しておき、買主に対し、「どこにでもある契約書と同じです」といった説明をして、高額の違約金条項のあることを説明しないばかりか、当該違約金条項部分を隠すようにして署名・押印を迫るといった方法で契約書に調印させたといった事実関係が立証された場合には、反証に成功したものとして、当該違約金条項部分について成立の真正は認められないということになるものと思われます。このような場合は、事後の改ざんそのものではありませんが、買主の了解していない違約金条項部分をその署名・押印の後に書き加えたのと同視することができるからです。[22]

3　作成者の判断能力と文書の成立の真正

　こういった例に比較すると、作成者の判断能力と文書の成立の真正との関係をどのように考えるべきであるかは、必ずしも明らかではありません。そこで、福岡地判平成9・6・11金法1497号27頁の事例を素材にして検討してみることにしましょう。

(1)　事案の概要

　福岡地判平成9・6・11の事案の概要は、以下のとおりです（なお、表現は、

20　推定を覆すための反証のほかに、相手方としては、当然のことながら、推定の前提事実（署名・押印の成立が真正であること）に対する反証を提出することができます。

21　岩松＝兼子・267頁を参照。

22　本文のような事例につき、賀集唱「盲判を押した契約は有効か」宮川種一郎＝中野貞一郎編著『民事法の諸問題V』（判例タイムズ社・1996年）1頁を参照。

当時のままです）。

---

① 　Bは、昭和58年ころから物忘れがひどくなり、状況判断が不正確になっていたが、昭和62年4月、大学病院精神科の医師から、言語障害は認められないものの、全体的な脳萎縮が認められ、不可逆的に進行するアルツハイマー型の老人性痴呆症であって、その程度は中程度または高度に達しているとの確定診断を受けた。

② 　X銀行は、A会社との間でかねて銀行取引契約関係にあったところ、昭和62年9月、A会社の代表者が代わったことに伴い、新たな銀行取引契約書の差入れを受けた。その際、従前からA会社の連帯保証人であったBは、右の説明を受け、同契約書の連帯保証人欄に、自身で署名・押印をした。

③ 　X銀行は、A会社に対し、平成2年1月17日、1500万円を貸し渡した。同日付けの金銭消費貸借契約証書の連帯保証人欄にB名義の署名・押印があり、Bに対する保証意思の確認書にもB名義の署名・押印がある。

④ 　X銀行は、A会社に対し、平成4年3月31日、1800万円を貸し渡した。同日付けの金銭消費貸借契約証書の連帯保証人欄にB名義の署名・押印があり、Bに対する保証意思の確認書にもB名義の署名・押印がある。

⑤ 　平成5年6月24日にBにつき禁治産宣告の申立てがされ、同年9月に家庭裁判所において鑑定が実施されたが、その鑑定結果は、Bはアルツハイマー型の老人性痴呆症であって、その程度は重症で末期に近づいており、知的機能はほとんどすべて失われているというものであった。Bは、同年10月3日に死亡した。

⑥ 　X銀行は、Bの相続人であるYらに対し、保証契約に基づき、右の各貸金および手形割引金相当額の支払を求めた。

本件の概要を図示すると、以下のとおりです。

[関係図]

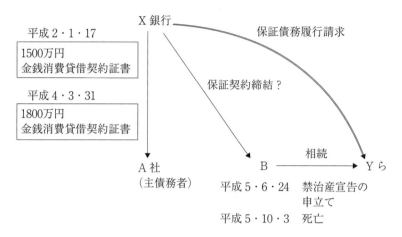

（2）　**本件における主張の構造**

本件請求権（訴訟物）は、X銀行のYらに対する保証契約に基づく保証債務履行請求権です。[23]

その請求原因事実は、以下のとおり整理することができます。

㋐　X銀行は、A会社に対し、平成2年1月17日に1500万円を、平成4年3月31日に1800万円を各貸し渡した。[24]

㋑　Bは、X銀行に対し、昭和62年9月、A会社が銀行取引に起因してX銀行に対して負うこととなる債務を保証する旨約した。

23　X銀行は、連帯保証契約の締結を主張しています。連帯保証契約は、保証契約に特約（保証債務の補充性を奪って、主債務者と連帯して債務を負担するという特約）を付したものにすぎず、保証契約と別類型の契約ではありません。紛争類型別の要件事実・38頁以下を参照。

24　貸借型の契約の典型である消費貸借契約の成立の要件として返還時期の合意を主張・立証すべきことにつき、紛争類型別の要件事実・27頁以下を参照。本件では返還時期が争点になっていないので、本文の請求原因事実の摘示においては、返還時期の合意の記載を省略しました。なお、返還時期の合意（とその到来）は、貸金返還請求権の発生要件であって、消費貸借契約成立の要件ではないとする見解が存することにつき、司法研修所編『新問題研究要件事実』（法曹会・2011年）39頁を参照。

> ④′ Ｂは、Ｘ銀行に対し、Ａ会社がＸ銀行に対して負う1500万円口の
>   借受金債務について平成２年１月17日に、1800万円口の借受金債務に
>   ついて平成４年３月31日に、それぞれ保証する旨約した。
> ⑤ ④の各消費貸借契約の各弁済期が到来した。
> ⑥ Ｂが平成５年10月３日に死亡し、Ｙらはことの相続人である。

　なお、上記の④と④′とは、選択的な請求原因事実です。すなわち、④は、Ｘ銀行とＢとの間で「Ａ会社が銀行取引に起因してＸ銀行に対して負うこととなる債務をＢにおいて包括的に保証する」との保証契約が成立したとの主張です。これに対し、④′は、Ｘ銀行とＢとの間で、Ａ会社の1500万円口の借受金債務と1800万円口の借受金債務につき、個別に保証契約が成立したとの主張です。Ｘ銀行としては、④または④′の事実につき、自白が成立するか認定されるかすれば十分ですから、これらは選択的請求原因事実ということになります。

　Ｙらは、請求原因事実のうち、④を不知、④と④′を否認し、⑥を認めました。すなわち、Ｙらは、各保証契約成立の事実主張を否認しました。

　そのうえで、Ｙらは、次のとおりの抗弁を提出しました。

> ㋐ Ｂは、④の保証契約締結の時点において意思能力を欠いていた。
> ㋐′ Ｂは、④′の保証契約締結の時点において意思能力を欠いていた。

　このように請求原因事実を否認しながら提出する抗弁を「仮定抗弁」とよびます。

(3) 文書の成立の真正（形式的証拠力）の争点の位置づけ

　Ｘ銀行は、上記(1)②の銀行取引契約書、③の金銭消費貸借契約証書および保証意思の確認書、④の金銭消費貸借契約証書および保証意思の確認書を証拠として提出しました。これらの文書のうち、銀行取引契約書および金銭消費貸借契約証書は処分証書に、保証意思の確認書は過去の事実についての

認識を表明するものとして報告文書に、それぞれ分類されます。[25]

　これらの文書（特に、銀行取引契約書および金銭消費貸借契約証書）のうちのB作成部分について成立の真正（形式的証拠力）を認定することができるときは、その記載内容に照らしてほぼ自動的に、Bが保証の申込みの意思表示をしたことが認定され（実質的証拠力の肯定）、ひいては保証契約締結の事実が認定されることになります。

　そして、これらの文書の成立の真正が認定された場合（すなわち、各保証契約締結の事実が認定された場合）には、さらに、Bが各保証の申込みの意思表示をした当時、意思能力を欠いていたかどうかという抗弁の成否が問題になるという構造になります。

　意思表示（ないし法律行為）の成立または外形的に意思表示と解してよい記載の存する文書の成立の真正（形式的証拠力）と判断能力の程度との関係をどのように理解すべきであるかについて、裁判例のうえで明確に解決されているとはいいがたい状況にあります。

　そこで、本件事例の素材とした福岡地判平成9・6・11の判断を検討してみることにしましょう。

(4)　福岡地判平成9・6・11の判断

(ア)　昭和62年9月の④の保証の意思表示

　福岡地裁は、前記(1)①および②の事実を認定したうえ、昭和62年9月の上記(2)④の保証の意思表示につき、「Bについて、右連帯保証契約を締結する法律行為の外形は存したということができる。しかしながら、前記認定事実のとおり、Bは、同年4月の段階で、不可逆的に進行するアルツハイマー型の中等度以上の老人性痴呆症の確定診断を受けており、一般的なその症状の患者を前提とすれば、連帯保証人になることの社会的、法律的意味を理解する能力を欠いていた状態にあったと評価しない訳にはいかない」と判断しま

25　処分証書と報告文書の差異等については、本節Ⅱ（75頁）を参照。

92

した。

そして、福岡地裁は、「してみると、そもそも、同年9月の段階で、Bが、連帯保証人になるという法律行為をしたと評価すること自体にも疑問があるし、仮に法律行為があったと評価できるとしても、意思無能力であったとのYらの抗弁を採用すべきであることになる。したがって、いずれにしても、右連帯保証契約は不成立ないし無効であるといわなければならない」と結論を判示しました。

(ィ) 平成2年1月17日および平成4年3月31日の④' の各保証の意思表示

福岡地裁は、前記(1)①、③ないし⑤の事実を認定したうえ、前記(1)③および④の各金銭消費貸借契約証書と保証意思確認書の成立の真正につき、ⓐ「いずれもBの印章と認められる印影が存することから、これがBの意思に基づいて顕出されたものと推定され、真正に成立したとの推定が働くことになる。しかしながら、前記認定事実によれば、Bは、昭和62年4月の段階で、不可逆的に進行するアルツハイマー型の中等度以上の老人性痴呆症との確定診断を受け、遅くともその時期において、連帯保証人になることについての意思能力を欠いていたと評価できる事実は、前記各書証の作成が真正になされたとの推定を覆し得る事情であると評価できる」と判示し、さらに、ⓑ「Bの老人性痴呆症が進行した後の右各証書作成時においては、Y₁がBの実印を保管しており、Y₁の血縁の甥であるCに依頼されてY₁自身がBの各署名を行ったとの事実が認定できるから、この事実は、前記各書証のB作成部分の真正についての推定を十分に覆す事情であるといわなければならない」と判示しました。

そして、福岡地裁は、「してみれば、前記各書証は、いずれも、Bによる各連帯保証契約の意思表示を認定する証拠といえないことにな（る）」との結論を示しました。

(5) 判断能力の程度と文書の成立の真正（形式的証拠力）

上記(4)の福岡地裁の判断は、考えるべき様々な問題を提起しています。

　上記(4)(ア)の判断は、①外形上、A会社が銀行取引に起因してX銀行に対して負うこととなる債務をBにおいて包括的に連帯保証する旨の意思表示の存在を認めていること、および②昭和62年9月当時のBの知的能力の程度に照らして、右連帯保証の意思表示をするについての意思能力を欠いていたという判断をしていることは明らかです。しかし、その結論部分において、Bの連帯保証の意思表示の成立を肯定してよいかどうかに疑問があるとしているため、この判断と上記①の判断とがどのような関係に立つのかがわかりづらいことになっています。

　なお、意思能力とは、自己の行為の法的な結果を認識し判断することのできる能力をいいます。年齢的未成熟や病理的障害等によって知的能力がこのレベルに達していない状態を意思無能力といいます。そして、意思能力の有無は、当該取引の性質と当事者の行為時の判断能力の程度とを相関的に考慮して決するものとされています。[26]

　次に、上記(4)(イ)の判断は、結論として、本件各金銭消費貸借契約証書と保証意思確認書の成立の真正（形式的証拠力）を認めるに足りないとしたものであることが明らかです。そして、その理由は、本件各金銭消費貸借契約証書と保証意思確認書の署名・押印をY₁がしたのであって（上記(4)(イ)ⓑ）、その署名・押印がBの意思に基づいたものということができない（上記(4)(イ)ⓐ）というところにあると理解することができます。要するに、この判断は、前に説明した最三小判昭和39・5・12の認めた事実上の推定（第一段の推定）を覆したものと理解することができます。

　さて、判断能力の程度と文書の形式的証拠力との関係についてですが、一応、次のように整理しておきたいと思います。この整理は、意思表示の成立には、内心の効果意思および表示意思のいずれもが不可欠ではなく、表示行為から推断される効果意思をもって意思表示は「成立」すると考え、そのう

26　四宮＝能見・44頁、加藤・76頁を参照。

えで、意思表示の「効力」（錯誤・虚偽表示・詐欺・強迫等）を検討するという表示主義の立場をわが国の民法が採用しているとの理解を前提としています（本節Ⅱ（75頁）参照）。

①-１　処分証書が真正に成立したというためには、当該処分証書の作成当時、これに記載されている意思表示の主体に意思能力があったことは要件にならない。したがって、意思能力が欠如していた可能性を立証しても、処分証書の成立の真正（形式的証拠力）についての反証として十分なものということはできず、これに記載されている意思表示は成立したこととされる。

①-２　①-１のとおり、処分証書の成立の真正は、意思能力の有無にかかわらないが、相手方当事者において、当該処分証書の作成当時、これに記載されている意思表示の主体に意思能力がなかったことを立証した場合には、当該意思表示は無効とされる[27]。

②　しかし、①-１は、処分証書に記載されている意思表示の外形によって表示行為として存在したことが前提になっているから、当該意思表示の主体とされる者においておよそ表示行為に当たる行為をする能力（以下、このような能力を「表示行為能力」ということにします）がなかった場合には、表示行為の不存在のゆえに、当該処分証書は真正に成立したということができない。表示行為の存在は当該処分証書を提出した当事者の立証責任に属するから、相手方当事者は、当該意思表示の主体とされる者に表示行為能力がなかったといい得る可能性を立証すれば、処分証書の成立の真正（形式的証拠力）についての反証となる。

このようなフォミュラによって本件事例を検討しますと、以下のような判断に導かれるものと思われます。

ⓐ　昭和62年９月作成の銀行取引契約書は真正に成立した（上記①-１）が、

27　意思無能力者のした行為を無効とするのが判例（大判明治38・5・11民録11輯706頁）の立場でありました。改正民法３条の２は、このような判例の立場を明文化したものです。

当時のＢの老人性痴呆症の進行状況に照らして、意思無能力の抗弁を認めることができ（上記①- 2）、結局、Ｂのした保証の意思表示は無効というべきである。

ⓑ　平成 2 年 1 月17日および平成 4 年 3 月31日作成の金銭消費貸借契約証書等は、その各当時のＢの老人性痴呆症の進行状況に照らして、Ｂに保証という表示行為をする能力が存したことに疑いが残るから、右各証書が真正に成立したものということができず（上記②）、結局、Ｂが保証の意思表示をした事実を認めるに足りない。[28]

(6)　判断能力は程度問題であること

近時、高齢者が署名・押印した契約書による契約の成立またはその効力が争われる事例が頻発しています。[29]これまでに検討してきたように、判断能力の問題は程度の問題であることを忘れないようにしてください。「意思能力の欠如」といったいい回しを使っているうちに、質的な差異を問題にしているように錯覚しがちですが、結局のところ、判断能力の減退の程度が主張・立証のポイントですから注意を要します。

そして、上記(5)のフォミュラを前提としますと、意思能力がないとされるポイントと表示行為能力すらないとされるポイントとがあり、前者は無効の抗弁となり、後者は文書の真正な成立についての反証となると理解することができます。

28　Y₁がＢのために署名・押印の代行をした場合であっても同じことです。

29　東京地判平成10・10・26金法1548号39頁は、79歳の老人性痴呆症に罹患していた者Ａの署名・押印したローン契約書および抵当権設定契約書の形式的証拠力につき、署名・押印が判断能力の欠如を利用した強制下においてなされたとして、真正に成立したとは認められないとしました。本文のフォミュラを当てはめてみますと、Ａが署名・押印したとしても、Ａの判断能力の程度および強制の程度を総合して、Ａの表示行為の存在を認めるに足りないと判断したものと理解することができます。

Ⅷ 第一段の推定（作成名義人の印章であることによる当該名義人の意思に基づく顕出であることの推定）を覆すに足りる反証

1 はじめに

　最三小判昭和39・5・12民集18巻4号597頁が、わが国における印章尊重の慣行を基礎にして、私文書の作成名義人の印影が当該名義人の印章によって顕出されたものであるときは、その印影は当該名義人の意思に基づいて顕出されたものと推定されるとの事実上の推定（第一段の推定）を認めたことは、本節Ⅴ2（79頁）において説明したとおりです。

　ところで、ここにいう当該名義人の印章とは、印鑑登録をされている実印のみを指すものではありませんが、当該名義人が単独で所有し使用している印章であることが必要であり、他の者と共有または共用している印章は含まれないものと解されています。[30]

　このような事実上の推定（第一段の推定）を認める立場に立ちますと、私文書（特に、処分証書）が証拠として提出された場合には、裁判所としては、①相手方当事者に対して、当該文書中の印影が作成名義人として主張されている者の印章によって顕出されたものであるかどうかについての認否を求め、②相手方当事者がこれを否認するときは、当該文書を証拠として提出した当事者にこの点の立証を促し、③相手方当事者がこれを認めるときまたは証拠

---

[30] 最一小判昭和50・6・12判時783号106頁は、その理由を、「原審の適法に確定した事実によれば、『本件各修正申告書の上告人名下の印影を顕出した印章は、上告人ら親子の家庭で用いられている通常のいわゆる三文判であり、上告人のものと限ったものではない』というのであるから、右印章を本件各申告書の名義人である上告人の印章ということはできないのであって、その印影が上告人の意思に基づいて顕出されたものとたやすく推認することは許されないといわなければならない」と判示しています。

によってこれを認定することができるときは、相手方当事者が上記の事実上の推定を覆す反証を提出するのかどうかを確認すべきこととなります。

　事実審裁判所では、実際に、上記の①、②、③の順序で私文書の証拠調べ（すなわち、書証）がされていますので、当事者またはその訴訟代理人としてはこれを念頭において口頭弁論に臨む必要があります。

　ここまでが第一段の推定についての問題であり、次に、民訴法228条4項の規定する第二段の推定（私文書全体が真正に成立したものとする推定）についての問題になります。本書では、第二段の推定の問題を先に扱いました。

2　印影が作成名義人の印章によるものかどうかを確定することの重要性

(1)　事案の概要

　最一小判平成13・9・13[31]は、作成名義人の印章による印影かどうかを確定しないで文書の成立の真否を判断することの危険性を再認識させる判例です。その事案の概要は、以下のとおりです。

---

①　亡Aの共同相続人であるX₁・X₂が、相続財産に属する土地（本件土地）について昭和44年4月21日付けで相続を原因としてAから所有権移転登記（本件登記）を経由した共同相続人Yに対し、本件土地は法定相続人が共同相続したものであると主張して、各自の法定相続分に相当する持分に基づいて更正登記手続を求めた。

②　相続関係は、次の相続関係図のとおり（ただし、X₂は代襲相続人であるが、その点を省略して表示している）。

③　Yは、本件登記をすることについて相続人全員の承諾を得たので、そのころ、本件土地をYが単独で取得することを内容とする遺産分割協議が成立したと主張して争った。そして、Yは、控訴審におい

---

[31]　矢尾渉「最高裁民事破棄判決等の実情(1)――平成13年度――」判時1783号39頁。

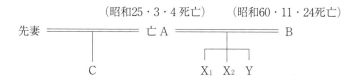

て、証拠として、本件登記申請の際の添付文書であるという

ⓐ　昭和44年4月17日付けのX_1とX_2作成名義の各「共同相続分なきことの証明」と題する文書（本件証明書）、および

ⓑ　X_1の印鑑証明書（同年2月10日付け長崎市長発行）とX_2の印鑑証明書（同月14日付け川崎市長発行）を、

他の相続人ら作成名義の各「共同相続分なきことの証明」と題する文書および各印鑑証明書とともに提出した。

④　これに対し、X_1は、本件登記手続について承諾したことはないし、また、当時は印鑑登録をしておらず、印鑑証明書をYに交付することはあり得ないから、本件証明書は偽造されたものであると主張した。X_2は、本件登記手続について承諾したことはないし、また、本件証明書は偽造されたものであると主張した。

⑤　原審（控訴審）は、本件相続登記に必要な文書を得た経緯についてのYの供述につき、X_1分は、X_1がY方に遊びに来た時に本件登記の件について説明したところ、X_1がたまたま所持していた実印で本件証明書に押印してくれたという不自然なものであり、X_2分は、X_2が結婚式を挙げた際にX_2の自宅を訪ねて本件証明書と昭和44年2月14日付け印鑑証明書とを受領したというものであるところ、X_2の結婚式挙行が昭和42年5月であることは証拠上明らかであるから、Yの供述は客観的事実に反するものであって信用できないなどとして、上記③のⓐ、ⓑの文書の証明力を認めず、X_1・X_2の請求を認容した第一審判決を支持し、Yの控訴を棄却した。

(2)　最高裁の判断

このような事案において、最高裁は、以下のとおり判示して、原判決を破棄し、事件を原審に差し戻しました。

---

① 　記録によれば、本件証明書の X₁・X₂ の各印影がそれぞれの印鑑証明書の印影と酷似していることがうかがわれる。³²

ⅱ 　本件証明書の X₁・X₂ の各印影がそれぞれの印章によって顕出されたものであるとすれば、本件証明書は、反証がない限り、X₁・X₂ の意思に基づいて作成されたと推定すべきものである。³³

ⅲ 　ところが、原審は、本件証明書の X₁・X₂ の各印影がそれぞれの印章によって顕出されたものであるか否かにつき判断を加えないまま、本件証明書が X₁・X₂ の意思に基づいて作成されたとは認められず、ひいては、本件登記についての X₁・X₂ の承諾および遺産分割協議の成立を認めることができないとしたものである。

ⅳ 　原審の判断には、判決に影響を及ぼすことが明らかな法令の違反があるから、論旨は理由があり、原判決中 Y 敗訴部分は破棄を免れない。同部分につき、上記説示に従ってさらに審理を尽くさせるため、本件を原審に差し戻す。

---

(3)　本件における主張と証拠との関係

本件証明書の成立の真正の争点が、X₁・X₂ および Y の主張・立証の中でどのように位置づけられるのかを整理しておくことにしましょう。

本件請求権（訴訟物）は、X₁・X₂ の Y に対する本件土地の共有持分権に

32　法律審である上告審は、証拠による事実認定を自らする権限があるわけではありませんから、この判示部分は、本文ⅳにいうように、本文ⅱ、ⅲの判断が本件の結論に影響を及ぼすことが明らかであることを表すためのものであると思われます。「酷似していることがうかがわれる」と判示し、「酷似していることが認められる」と判示しなかったのも、最高裁が自ら事実認定をしているのではないとの趣旨を明らかにするものと理解することができます。

33　ここで、最高裁は、最三小判昭和39・5・12民集18巻 4 号597頁を引用して、本文に説明したとおりの事実上の推定（第一段の推定）を認める立場に現在も立っていることを明示しています。

基づく妨害排除請求権としての更正登記請求権です。³⁴

　その請求原因事実は、以下のように整理することができます。

---

　⑦　Aは、本件土地をもと所有していた。

　⑥　Aは、昭和25年3月4日に死亡した。

　⑨　Bは⑥の当時Aの妻であり、X₁・X₂・Y・CはいずれもAの子
　　（またはその代襲相続人）である。³⁵

　⑩　Bは、昭和60年11月24日に死亡した。

　⑪　X₁・X₂・Yは、いずれもBの子（またはその代襲相続人）である。

　⑫　Yは、本件土地につき、昭和25年3月4日相続を原因とする昭和
　　44年4月21日付け所有権移転登記（本件登記）を経由している。³⁶

　Yは、上記の請求原因事実をすべて認めたうえで、以下のとおり所有権
喪失の抗弁を主張しました。

　ⓐ　X₁・X₂・Y・B・C間で、昭和44年2月ないし4月ころ、Yが本件
　　土地を単独で取得する旨の遺産分割協議が成立した。

34　X₁・X₂は、本件土地が遺産分割前の共有状態にあると主張しています。まず、最一小判昭和
　　42・3・23裁判集民86号669頁は、共有持分権が完全な所有権の数量的な一部であること（換言す
　　ると、権利の性質を異にしないこと）を前提にしています。次に、最三小判昭和30・5・31民集
　　9巻6号793頁は、遺産分割前の相続財産の共有（遺産共有）と民法249条以下に規定する共有
　　（物権法上の共有）とが権利の性質を異にするものではないとしています。さらに、最二小判平
　　成9・3・14判時1600号91頁は、所有権確認請求訴訟で敗訴した原告が後訴において共有（遺産
　　共有）持分の取得を主張することは前訴の確定判決の既判力に抵触して許されないとしました。
35　相続については、他に相続人が存在しないことまで主張すべきであるとする見解（のみ説）と
　　他に相続人が存在することはこれを主張することによって利益を受ける者が抗弁として主張すべ
　　きであるとする見解（非のみ説）とがあります。「事実摘示記載例集」（起案の手引所収）5頁を
　　参照。本件においては相続関係について争いがないので、本文は、便宜上Cについても請求原
　　因として整理しておきました。
36　物権的登記請求権が訴訟物とされた場合には、実体的な物権関係と一致しない登記が現存する
　　ことが請求原因事実の一部になります。ここでいう「登記」とは、「抹消されていない登記」を
　　意味しているのであって、「各権利の最終名義人としての登記」を意味しているのではありませ
　　ん。

　X₁・X₂が抗弁事実ⓐを否認して争ったため、Yは、抗弁事実ⓐを証明する証拠として本件証明書を提出しました。本件証明書は、X₁・X₂が自らの共同相続分のないことを証するという趣旨のものであって、遺産分割協議の意思表示を記載してある文書ではありませんから、処分証書ではなく、報告文書に当たるということになります。しかし、成立の真正が確定したときは、その記載内容に照らして、抗弁事実ⓐを強く推認させることになります。

　しかし、前記(1)のとおり、X₁・X₂は、偽造であるとして本件証明書の成立の真正を争いましたので、Yは、さらに、本件証明書の印影がX₁・X₂の意思に基づいて顕出されたこと（X₁・X₂の印章によって顕出されたことを含む）を証明する必要に迫られ、そのための証拠として印鑑証明書を提出し、これらに加えてY自身の本人尋問の申請をしました。

　ただし、X₁・X₂が、本件証明書のX₁・X₂の各印影がそれぞれの印章によって顕出されたものであることまで争ったのかどうかについては、必ずしも明確ではありません。いずれにせよ、X₁・X₂は、反証としてX₁・X₂の本人尋問の申請をしました。原審は、X₁・X₂およびY申請に係るこれらの証拠をすべて採用して証拠調べを実施したのです。

(4)　最一小判平成13・9・13の意義

　最高裁の判断は、作成名義人の印影が顕出されている文書について、それが処分証書であれ報告文書であれ、当該訴訟の帰趨を決するような文書である場合には、当該文書の成立の真正についての判断をするにあたり、人証（証人または本人）の供述内容を比較していずれが真実らしいかというような認定をするのに先立って、必ず、当該文書上の印影が作成名義人の印章によって顕出されたものであるのかどうか確定すべきこと（争いがある場合には、証拠調べを経て認定すべきこと）を再確認するものです。

　最高裁が事実認定の基礎中の基礎ともいうべき事項について判示したものであり、極めて珍しい判決であるといってよいと思います。

　原審は、本件証明書が控訴審に至って初めてYから提出されたなどの経

緯があったためか、いきなり、X_1・X_2の供述内容とYの供述内容のいずれが信用に値するかという形で問題を設定し、本件証明書の成立の真否いかんという事実認定に臨んだようです。しかし、例えば、本件証明書中のX_1の印影がX_1の印章によって顕出されたものであって、しかもそれが実印であることが認定し得るとした場合には、前記(1)④のX_1の主張は全く根拠のないものであることが明らかになるという関係にあります。原審の採用した事実認定の手法は、いかにも危ういものであることがわかると思います。

　この判例は、民事裁判の実務において、最重要の証拠方法が文書であることについて再認識させるものでもあります。[37]

3　第一段の推定が覆る場合

　それでは、どのような場合であれば第一段の推定が覆ることになるのか、すなわち、どのような場合に反証が成功するのかを検討することにしましょう。第一段の推定は、本来、本人の印章を他人が勝手に使用することは通常なく、文書に本人の印章の印影が顕出されている場合には、本人が自ら押印したか本人の意思に基づいて第三者が押印したかのいずれかであるという経験則に基礎をおくものですから、[38]このような経験則の働かない可能性のある場合であることが反証の内容になります。

　第一段の推定が覆ったこれまでの裁判例を整理すると、盗用型（印章を紛失しまたは盗まれて、勝手に使用された可能性のある場合）、委任違背型（目的を特定して印章を預けていたところ、当該目的外に使用された可能性のある場合）、保管者冒用型（印章の保管を託していたところ、保管の趣旨に背いて使用された可能性のある場合）等に分類することができます。[39]

　ここでは、最三小判平成5・7・20[40]の事例を通して、どのような事実関係

37　本節Ⅰ（74頁）を参照。

38　本節Ⅴ2（79〜80頁）を参照。

39　信濃孝一「印影と私文書の真正の推定」判時1242号12頁、森宏治「私文書の真正の推定とその動揺」判タ563号26頁を参照。

が認められるときに第一段の推定を動揺させることができるのかの実際をみてみることにしましょう。

(1)　事案の概要

最三小判平成5・7・20の事案の概要は、以下のとおりです。

---

① 　X銀行は、金銭消費貸借契約の主債務者Aの連帯保証人Y（Aの従兄弟）に対し、保証契約に基づき、Aに対する貸金相当額の支払を求めた。

② 　Yが連帯保証契約の締結を否認したため、X銀行は、金銭消費貸借契約書（本件契約書）を証拠として提出した。Yは、本件契約書中の連帯保証人欄の成立を否認したが、Y名下の印影がYの印章によるものであることは認めた。

③ 　控訴審までの審理の結果、以下のような事実関係が確定された。

　ⓐ 　Yは、本件契約書の作成当時、1年を通じて関東方面に出稼ぎに出ており、秋田の自宅を離れているのが常態であった。

　ⓑ 　ⓐのとおりのYの生活状況に比して、本件貸借（保証）の金額は、相当の高額に上る。

　ⓒ 　Yは、従前からX銀行との取引にかかわったことがなく、X銀行から保証意思の確認を求められたことがなかった。

　ⓓ 　Aの訴外B銀行からの融資に関して、連帯保証人欄にYの署名と実印による押印のある金銭消費貸借契約証書等が提出され、その後、Yの署名と実印による押印のある連帯保証に関する確認書がB銀行に返送されてきた。

④ 　原審（控訴審）は、本件契約書の連帯保証人欄のY名下の印影がYの印章によるものであることは争いがないから、同欄の真正が事実上推定され、民訴法326条（現228条4項）により文書の成立の真正が認

められるとして、連帯保証契約の成立を認め、X 銀行の請求を認容した。

本件の概要を図示すると、以下のとおりです。

[関係図]

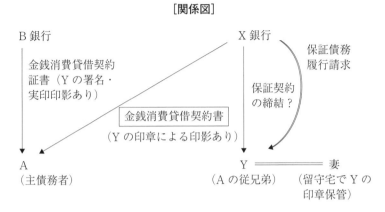

(2)　**最高裁の判断**

このような事案において、最高裁は、以下のとおり判示して、原判決を破棄し、事件を原審に差し戻しました。

 ⅰ Y につき、上記(1)③ⓐの事実が認められる以上、Y 名下の印影が Y の意思に基づいて顕出された真正なものとすべき事実上の推定が破られると考えるのが自然である。

 ⅱ Y 名下の印影が Y の意思に基づくものとするには、第一次的には、本件契約書作成の時点（直前の時点をも含む）において、Y が現に在宅していたとの事実を確定する必要がある。

 ⅲ Y は、自ら押印するのではなく、留守を預かる妻に指示して押印させることも可能であるが、上記(1)③ⓑおよびⓒ等の事実からすると、Y が留守宅の妻に指示して押印させるというのは、極めて例外的な事情の存する場合に限られる。

> ⅳ　しかるに、原判決の認定説示には、本件契約書の作成当時、Yが
> 　秋田の自宅に在宅中であったか否か、また何らかの事情があってY
> 　が留守宅の妻に押印を指示したものであるか否かの点については、何
> 　ら言及するところがない。
> ⅴ　上記⑴③ⓓの事実は、Yの在宅または留守宅の妻への指示が認め
> 　られなければ、特段の意味をもち得ないばかりでなく、そもそも訴外
> 　銀行宛ての書面であって、本件の結論を左右し得るものではない。

⑶　第一段の推定を動揺させるに足りる反証の内容と程度

　最三小判平成5・7・20は、第一段の推定があくまでも事実上の推定であ
って、私文書の作成名義人の印影が当該名義人の印章によって顕出されたも
のであることが確定された場合であっても、その作成の真正を争う当事者に
証明責任が転換されるわけではない（すなわち、当該印影が作成名義人の意思
に基づいて顕出されたのではないことを証明する責任を負うわけではない）とい
う立場に立つものであることを明らかにしています。

　当該文書の作成の真正を争う当事者は、事実上の推定を動揺させるに足り
る反証を提出すればよいということです。「推定を覆す」という表現をとっ
ても、その意味内容は同じですから、語感から誤解することのないよう注意
する必要があります。

　本件の事案は、上記の分類方法によると、保管者冒用型ということになる
のでしょうが、保管者（本件ではYの妻）が冒用したことをYにおいて証明
しなければ第一段の推定を動揺させることができないというのではありませ
ん。

　すなわち、上記⑵①ⅱⅲによると、最高裁は、本件契約書の作成名義人で
あるYが1年を通じて出稼ぎのため印章の保管場所である自宅を留守にし
ているのが常態であったという事実が証明されたときは、第一段の推定を動
揺させる反証として十分であるとの立場に立っていることが明らかです。そ

して、この反証がされたときは、本件契約書の提出者であるXにおいて、本件契約書の作成時点においてYが在宅していたことまたは印章の保管者である妻にYが押印を指示したことのいずれかを証明することによって初めて、上記の経験則の働く状態に戻るということになります。

また、このような事実関係を前提とする場合には、主債務者AとYとが従兄弟の関係にあって、他の銀行からのAの借入れについてYが連帯保証人になったことがあるというだけでは、本件契約書の作成の真正という争点の判断に特段の意味をもち得ないとしている点も、参考に値するものと思われます。

4　第一段の推定が覆らない場合

前記3において第一段の推定が覆る場合を検討しましたので、ここでは第一段の推定が覆らない場合を検討し、覆る場合と覆らない場合との分岐点を実際に即して理解することにしましょう。

最一小判平成23・11・24判時2161号21頁（以下「平成23年最高裁判決」といいます）は、第一段の推定に対する反証に成功したとした控訴審判決を破棄したものであり、この点を検討するのに好個の素材を提供しています。[41]

(1)　事案の概要

最一小判平成23・11・24の事実の概要は、以下のとおりです。

> 亡Aの共同相続人であるB・C・X₁・X₂・Yの5名の間に遺産分割協議が成立したかどうかが争われた事件である。X₁・X₂は、「Aの遺産についての遺産分割協議（本件遺産分割協議）に係る遺産分割協議書（本件遺産分割協議書）のうちAの妻Bの作成部分は、YがBの実印を冒用して作成したものであるから、本件遺産分割協議書による本件遺産

41　平成23年最高裁判決についての詳細な検討は、田中豊『紛争類型別　事実認定の考え方と実務〔第2版〕』（民事法研究会・2020年）283～294頁を参照。

分割協議は無効である」と主張して、各法定相続分に相応する共有持分権に基づき、本件遺産分割協議に基づいて本件土地の相続登記を経由したYを被告として、真正な登記名義の回復を原因とする持分移転登記手続を求めた。

[関係図]

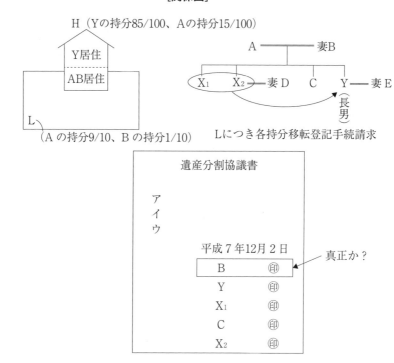

(2) 控訴審（原審）の認定

　控訴審は、以下のとおり、本件遺産分割協議書中のBの作成部分の真正を否定し、本件遺産分割協議は有効に成立したとはいえないと判断しました。

① 　Yは、Bが本件建物1階で自ら本件遺産分割協議書に押印した旨供
　　述するが、その際の具体的な状況については、記憶が曖昧であるとし

て示すことができない。そして、BがYの態度に強い不満を持って
いたことに照らせば、Yの供述するように、Bが、Yの記憶に残るよ
うなやり取り等もないまま、Y作成に係る本件遺産分割協議書に自
ら押印したとは考えられない。

②　上記事実関係にYがBの実印及び印鑑登録証明書を預かっていた
事実を総合すれば、(i)Yは、平成7年12月2日、Bにはその目的を
秘してXらを本件建物に集める一方で、(ii)Yの妻EにBを本件建物
から連れ出させて、その外出中に、Bのいない本件建物2階において、
Bから預かっていた実印を用いてBに無断で本件遺産分割協議書に
押印し、(iii)Bが承諾することを条件に本件遺産分割協議書に押印を
したXらに対しては、本件建物2階でBに自ら押印をしてもらった
との説明をして、Bの押印のある本件遺産分割協議書を示して、その
納得を得たと認定せざるを得ない。

③　よって、Yは、Bの実印を冒用して、本件遺産分割協議書のBの
作成部分を偽造したものであり、本件遺産分割協議は有効に成立した
とはいえない。

(3)　平成23年最高裁判決の判断

上記(2)のとおり、原審は、Xらの反証が成功したとしたばかりでなく、Y
が本件遺産分割協議書のB作成部分を偽造したと積極的に認定したのです
が、最高裁は、第一段の推定の意義を再確認したうえで、以下アおよびイの
ように判示して、原審の上記の認定には法令の解釈適用の誤りがあるとして、
原判決を破棄したうえで自判（Xらの控訴を棄却）しました。

ア　上記(2)②の認定についての経験則違反
（i）　前記事実関係によれば、Yは、Xらに対し、遺産分割協議のた
めに平成7年12月2日に本件居宅に集まるようにあらかじめ連絡を

した上、自らも単身赴任先である福島県郡山から帰宅し、Bも、遺産分割協議のために本件居宅を訪れたXらを出迎え、本件居宅1階居間に通した後、そこでXら及びYと雑談をしていたというのであるから、上記3名が本件遺産分割協議書を作成する目的で集まったことをYがBには秘していたというのは不自然である。

(ⅱ)　さらに、Bが、自らが居住する本件居宅1階にXらを通しながら、Xらを置いて外出し、そのまま本件居宅1階に戻らないなどということも不自然といわざるを得ない。

(ⅲ)　しかも、本件遺産分割協議の内容は、Aの四十九日の法要の際にAの相続人らの間で話し合われた遺産分割協議の内容を、専らBに不利益に変更するものであること、Xらは、BからYの態度についての愚痴や不満を聴いていたことなど前記事実関係に加え、原審の認定するところによれば、Xらは、Bの承諾を条件に本件遺産分割協議書に押印をしたというのであるから、Xらが、Yの説明によれば本件居宅2階に居るはずのBの意向を直接確認することなく、YからBの実印が押された本件遺産分割協議書を見せられただけで、Bが本件遺産分割協議を承諾したものと納得したというのも著しく不自然である。

(ⅳ)　原審の上記事実認定には不合理な点があることは否定し難い。

イ　第一段の推定に対する反証の有無

①　かえって、前記事実関係によれば、(ⅰ)Aの四十九日の法要の際に話し合われたところによれば、Yは、Aの遺産を全く相続できないことになるのであって、Yが、本件土地上に建築された本件居宅につき、建築費用の負担割合に応じて100分の85の持分を有していることからすれば、Yが本件土地のAの持分の10分の9のうち一定割合を相続により取得することを希望するのはむしろ自然であって、(ⅱ)Bがその後も本件居宅においてYの家族と同居を続け

ていくことが予定されていたことや、(iii) B の死亡後に Y が本件土地を全て相続することについては A の相続人らの間に異論がなかったことなどを考慮すれば、Y 以外の A の相続人らが、Y の希望に沿った内容の遺産分割協議に応ずることは不合理なことではない。

②　そして、(iv) B は、本件遺産分割協議書が作成された日の約 2 週間後である同月15日には、本件遺産分割協議書上何らの遺産も取得できないことになる X らに対し、各600万円の郵便貯金証書を渡したというのであって、このことは、B がそれ以前に A の遺産についての分割協議が成立したことを認識していたことをうかがわせるものであるし、(v) B が平成 9 年12月に Y に送った手紙の内容も本件遺産分割協議書が偽造されたことを指摘し、非難する趣旨のものとはいえない。(vi) B が、本件遺産分割協議書の B の押印が Y によって無断でされたものであるとの主張の下に、調停の申立てをするに至ったのは本件遺産分割協議書が作成されてから10年以上も経過した後であって、記録上も、それまでは、B が明確に上記のような主張をしていたことはうかがわれないのである。

③　以上の事情の下においては、B が Y の態度に強い不満を持っていたこと、Y の当時の記憶があいまいなものであること、Y が B の実印等を預かっていたことなど原審が指摘する事実が認められるとしても、上記の推定を覆すに足りないとみるのが相当である。

(4)　平成23年最高裁判決から汲み取るべきレッスン

(ア)　推定力の強弱についての認識に大きな相違があること

「第一段の推定」の推定力の源泉はわが国の印章尊重の慣行（経験則）の存在にあるのですが、そもそもその推定力をどの程度に強いものとして扱うかという点の考え方に大きな相違があります。もちろん、そこで問題になっている印章が実印であるのかどうか、文書の経済的・社会的重要性がどの程

度のものかといった要因によって、推定力の強弱に相違があるのは当然のことですが、全く同一の紛争における同一の文書中の同一の印章による「第一段の推定」の推定力の把握の仕方にもかなりの相違があるというのが事実審裁判所の現実です。

　前記3で取り上げた平成5年最高裁判決の原審は事実上の推定力をかなり強いものと考えている例であり、平成23年最高裁判決の原審は事実上の推定力をかなり弱いものと考えている例[42]といってよいと思われます。

㈡　反証として意味のある事実の序列を理解する必要

　原審は、事実上の推定に対する反証に当たる事実として、前記(2)のとおり、①BがAの遺産分割についてのYの態度に強い不満を持っていたこと、②Yの本件遺産分割協議書作成当時の記憶があいまいであること、③Yが本件遺産分割協議書作成当時Bの実印および印鑑登録証明書を預かっていたことという3つの事実を挙げています。

　わが国における印章尊重の経験則を念頭に置いて、これら3つの事実を反証としての重要性の程度にならべると、③＞①＞②の順になります。

　まず、③の点について検討してみましょう。YがBの実印等を預かっていたとはいうものの、本件遺産分割協議書作成当日、同居していたBとYのみならず、Aの他の相続人であるX₁・C・X₂も本件居宅を訪れていて、結局、Aの相続人全員が本件居宅に集合していたというのですから、X₁・C・X₂においてBの意思を確認することができる状況にあったのです。そうすると、③の点は、反証としてそれ程重要な地位を占めるとはいえません。

　次に、②の点は、本件遺産分割協議書作成から12年程度も経過した後のYの記憶を問題にするものであって、それ自体の合理性に疑問の大きいものです。

---

[42]　事実上の推定力をかなり弱いものと考えている他の例として、最一小判平成8・2・22判時1559号46頁の原審があります。最一小判平成8・2・22の詳細につき、田中豊『論点精解民事訴訟法』（民事法研究会・2018年）196〜202頁を参照。

　最後に、①の点は、後記(ウ)で検討するように、本件遺産分割協議書作成時における他の多くの間接事実を検討しないでは、Bが自らその実印を押印したかどうかについて意味のあるものといえるかどうかが判然としないものです。

　このように、法律実務家としては、それぞれの事件において反証として意味のある事実は何か、複数の事実間の重要性の序列はどうであるか、といった順に具体的に検討する必要があります。

　　(ウ)　反証として十分な事実が集積しているかどうかの検証

　上記(イ)の3つの事実を順に検討してみましょう。

　まず、①の点についてみると、原審は、「以前の話合いの結果にYが異議を述べたことに対するBの不満の吐露⇒B・X_1・C・X_2のYの新提案の不応諾」という認定が経験則に合致するものと考えているようです。

　これに対し、最高裁は、Yの新提案の根拠とその合理性の程度とを検討しないでは、上記のような認定が経験則に合致するかどうかを判断することができないという立場に立つものと理解することができます。

　また、X_1・C・X_2がYの新提案に沿った本件遺産分割協議書にその意思で押印したことに争いがないのですが、最高裁が前記(3)イの③で指摘するように、BがYの新提案に対する不満を吐露していたことを知っていたXらが、当日、一挙手一投足で確認することのできる状態にあるBの意思を直接確認しないまま本件遺産分割協議書に押印したというのは、経験則に合致した合理的な事実認定とはいえません。

　さらに、本件遺産分割協議書の作成後、Bが自らの実印をYによって冒用されたとの趣旨の異議を述べていたかどうかは、必ず確認すべき重要な間接事実ですが、最高裁が前記(3)イ②の(ⅴ)および(ⅶ)で指摘するように、Bがそのような主張をするようになったのは本件遺産分割協議書が作成されてから10年以上も経過した後であるというのです。

　このように検討してくると、上記3点は、それらと密接に関連する点をき

ちんと検討すると、「第一段の推定」を揺るがすのに十分な反証であるというのは困難です。

　実印をその所有者以外の者が保管していたという点のみに着目すると、平成 5 年最高裁判決の事案と平成23年最高裁判決の事案との間に共通点があるようですが、前者は出稼ぎのため 1 年を通して保管場所である自宅を離れていたのが常態であったというケースであり、後者は実印の所有者が保管者と同居していたというケースです。したがって、前者においては事実上の推定を揺るがすのに十分な反証とするのが合理的ですが、後者においてはそうはいえないのです。

　　　㈎　おわりに

　文書は民事訴訟における最重要の証拠であり、その成立の真否にかかる立証および認定は、当事者の訴訟代理人であれ事実審裁判官であれ、法律実務家として身に付けておくべき技法の基本中の基本です。原審の裁判官は、それなりの経験を積んだ人たちであって到底初心者とはいえないのですが、その事実認定につき、最高裁は、「不自然である」または「著しく不自然である」として、経験則に合致しないものであると厳しく断じています。

　平成23年最高裁判決は、事実認定が機械的・形式的な思考で事足れりとはいかない、少し大げさに表現すれば、奥の深い知的作業であることを実感させるものです。

Ⅸ　文書の記載内容の真実性
——実質的証拠力の有無——

1　はじめに

　文書の成立の真正（形式的証拠力）が確定されると（当事者間に争いがないか、証拠によって認定される場合）、いよいよ、文書の記載内容が要証事実の

証明にどの程度役立つかを検討することになります。これが文書の実質的証拠力の問題です。[43]

　意思表示ないし法律行為が記載されている処分証書の場合には、成立の真正（形式的証拠力）が確定されたときは、当該意思表示ないし法律行為がされたことは動かないことになります。ただし、当該契約は虚偽表示であるから無効であるとか、当該意思表示は錯誤によるものであるから取り消したといった抗弁が主張される場合には、当該意思表示ないし法律行為がされたことを前提にして、虚偽表示や錯誤といった抗弁の成否を検討することになります。[44]

　なお、当該処分証書に記載されている意思表示ないし法律行為についてその趣旨をどのように解釈するかの問題——「意思表示の解釈」または「契約の解釈」といわれる問題——が、事実認定の問題とは別に存在することに注意する必要があります。この点については、第1章XIで検討しましたので、復習してください。

　これに対し、見聞した事実や感想・判断等が記載されている報告文書の場合には、成立の真正（形式的証拠力）が確定されたときであっても、その記載内容の真実性については慎重に吟味する必要があります。なぜなら、一口に報告文書といっても、その中には、法律上その作成・保存が義務づけられ、通常のビジネスの過程で作成され統一的に整理・保存されることが予定されている商業帳簿、金銭授受のその場で作成・交付されるのが通常である領収書といったものから、紛争が発生した後に、場合によっては訴訟が提起された後に作成された陳述書まで様々なものが含まれており、その記載内容の真実性（実質的証拠力の有無）にはかなりのばらつきが存するからです。

　そこで、報告文書については、当事者間に争いのない事実および他の証拠

43　実質的証拠力については、本節IV 2（78頁）を参照。
44　これは、わが国の民法が表示主義の立場を採用していると理解する立場に立っての説明です。本節II（75頁）を参照。

によって認定することのできる事実等を勘案して、その記載内容の真実性を吟味することが誤りのない事実認定をするために必須の作業になります。

2　処分証書による契約成立の認定と虚偽表示の認定

　契約の成立が争われる事件において当該契約の成立を示す契約書（処分証書）が証拠として提出されると、相手方当事者としては、まず契約書の成立の真正を争い、次に契約書の成立の真正が認められるとしても、当該契約は虚偽表示であると主張して争うという事態がしばしば起こります。

　東京地判昭和63・4・22判時1309号88頁を素材として、処分証書の成立の真正と虚偽表示との関係を検討してみることにしましょう。

(1)　事案の概要

東京地判昭和63・4・22の事案の概要[45]は、以下のとおりです。

① 　X（リース業者）は、Aとの間で、昭和53年10月13日、「不動産割賦販売契約書」により、XがAに対して代金12億円余で甲病院用の本件建物を売り渡すという本件割賦販売契約を締結し、同日、Yとの間で、「債務保証契約書」により、YにおいてAのXに対する代金債務のうち5億5000万円を連帯保証する旨の本件保証契約を締結したと主張して、Yに対し、5億5000万円の支払を求めた。

② 　Yは、主債務の発生原因である本件割賦販売契約の締結を否認し、その理由として、「A、X、Yは、昭和53年10月13日、発注者をA、請負人をY、請負代金支払義務者をXとして、本件建物を代金5億5000万円で建築する旨の本件請負契約を締結したから、この契約に基づき、Aが本件建物の完成と同時にその所有権を取得した。したがって、Xがその所有権を取得する余地はなく、XがAに本件建物を

[45]　実際の事件は、本文のYが原告として保証債務の不存在確認を求める本訴を提起し、それに対し、本文のXが保証債務の履行を求める反訴を提起したものですが、理解のしやすさの観点から、本文では反訴請求のみを取り上げ、事実関係もやや簡略にしてあります。

116

売却することもあり得ない」と主張した。

③　また、Ｙは、本件保証契約の締結を否認し、その理由として、「Ｘ
がＹに対し、本件請負代金支払のための資金を銀行から借り入れる
必要上、期間５年の名目的・形式的な保証を要請したので、Ｙはこ
れに協力したにすぎず、保証の効果意思がなかった」と主張した。

④　さらに、Ｙは、本件保証契約の締結が認定される場合を慮って、
虚偽表示の抗弁[46]を提出した。すなわち、「ＸとＹは、本件保証契約を
締結するに際し、Ｘが本件請負代金支払のための資金を銀行から借
り入れるのを容易にする目的だけの外形的・名目的なものであって、
真実、ＹがＸに対して保証債務を負担し、ＸがＹに対して保証債務
を負担させる意思がないのに、その意思があるもののように仮装する
ことを合意したものである」と主張した。

本件の概要を図示すると、以下のとおりです。

［関係図］

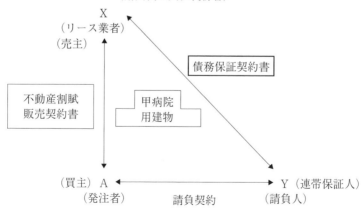

46　請求原因事実を否認しつつ、これが認定される場合を慮って提出する抗弁を仮定抗弁とよぶこ
とについては、91頁を参照。

(2)　東京地裁の判断

㋐　本件割賦販売契約の成否および内容

東京地裁は、ＸとＡとの間で昭和53年10月13日付け「不動産割賦販売契約書」が真正に作成されたことを認定したうえで[47]、その記載に従い、以下の内容の各合意が成立したことを認定しました。

---

①　Ｘは、Ａの発注に基づき、本件建物を建築し、これを売り渡す。ただし、発注の特殊性に鑑み、本件建物の請負契約はＡと請負人との間で締結する。

ⅱ　Ｘは、本件建物が竣工し請負人から本件建物の引渡しを受けた場合、速やかに中間省略登記の方法により、直接Ａに対し本件建物の保存登記手続をする。

ⅲ　Ａは、Ｘに対し、代金12億円余を昭和54年12月31日から同64年11月30日まで120回に分割して月賦払で支払う。

㋑　本件請負契約の成否および内容[48]

Ａ、Ｘ、Ｙの間で、昭和53年10月13日、発注者をＡ、請負人をＹ、請負代金支払義務者をＸとして、本件建物を代金5億5000万円で建築すること、およびＸが右請負代金を直接Ｙに支払うことを内容とする請負契約が締結されたことを認定しました。

㋒　主債務の成否

上記㋐、㋑によれば、リース業者であるＸは、自らが資金を出して本件

---

[47]　文書の成立についての判断が判決書の必要的記載事項でないことについては、最二小判平成9・5・30判時1605号42頁を参照。ただし、伝統的には、判決理由中に事実認定の証拠として文書を挙示する場合、文書の成立が真正であることおよびその理由を示す必要があると解され、そのように実践されていたことについて、起案の手引・71頁を参照。近時のいわゆる新様式判決においては、文書の成立が重要な争点になっている場合に限って、文書の成立に関する判断が記載される扱いになっていることについて、同93頁を参照。

[48]　本件請負契約の締結が契約書によって認定されたのかどうかは、公刊されている判決文からは判然としません。

建物を建設し、これを A に売り渡し、その代金につき長期の割賦弁済を認めるという形での融資をしようとしたものと認めることができるから、X と A との間に本件割賦販売契約が締結されたものということができ、したがって、X は A に対して12億円余の売買代金債権を有するものというべきであるとして、主債務の成立を認めました。

㈤　保証債務の成否

「債務保証契約書」により、X と Y との間で、昭和53年12月ころ、本件保証契約が締結されたことを認定しました。

そのうえで、上記⑴③の Y の主張（効果意思の欠如による保証契約の不成立の主張）につき、「契約の成立の有無即ち意思表示の合致の有無については、客観的・外形的に判断すべきものであり、外形上保証契約締結の意思表示が認められる以上、心裡留保又は虚偽表示による無効を主張するは格別、内心の効果意思の欠如を理由として契約の成立を否定することはできない」と判断しました。[49]

㈥　虚偽表示の抗弁の成否

以下①ないしⓥ等の事実を認定したうえで、本件保証契約は X が銀行から融資を受けやすくするための名目的なものであって、X において Y にその履行を求めることは予定されていないものであったとして、虚偽表示の抗弁を採用し、本件保証契約を無効と判断しました。

> ①　Y は、X の大阪支店長乙に、本件保証の趣旨は X が銀行から融資を受けるための形式的なものであるとの確認を受け、形式的なものであるから実印でなく認印でよいということであったので、本件保証に認印を押印した。
>
> ⅱ　X の大阪支店長乙は、Y に対し、甲病院の運転資金や経営につい

49　東京地判昭和63・4・22のこの判断部分は、民事訴訟の実務において表示主義の考え方が相当程度に定着していることを示しています。

てはXが一切の責任をもって行うので甲病院の経営が行き詰まることはないと説明しており、現に、Xにおいて甲病院の運転資金等を融資し続けた。

ⅲ　Xは、単に本件建物の建設資金の融資者にとどまらず、昭和59年3月28日にはXの従業員を理事に就任させ経理の一切を掌握するに至ったことからすると、実質的には甲病院の経営者というべきである。

ⅳ　本件保証契約締結当時のYの経営規模は年間売上高27億円程度であるところ、請負業者の利益率は工事代金のせいぜい数パーセントであり、代金の数パーセントの利益を得るために5億5000万円もの保証をするというリスクを負担するのは、主債務者との間に特別の信頼関係がある場合など特段の事由がある場合に限られる。

ⅴ　Yは、Aと面識すらなく、ⅳの特段の事由が存在したとはいえない。

(3)　処分証書と実質的証拠力

東京地判昭和63・4・22の上記(2)(エ)の判断部分をみますと、処分証書である契約書の成立の真正（形式的証拠力）が確定されたときは、当該契約が締結されたことは動かないという消息がよくわかります。

ですから、処分証書の形式的証拠力を認めながら、実質的証拠力を否定するというのは違法な事実認定ということになります。

(4)　処分証書と虚偽表示の認定

処分証書である契約書の成立の真正が確定されたときは、当該契約が締結されたことは動かないのですが、このことは、前記1に説明したとおり、当該契約が有効に締結されたことを意味するわけではありません。当該契約を構成する意思表示に、錯誤、虚偽表示、詐欺、強迫といった瑕疵が存するかどうかは、意思表示が成立していることを前提にして、別に問題にすべき事柄です。

　この間の消息は、東京地判昭和63・4・22の上記(2)(オ)の判断部分によく表現されています。

　東京地判昭和63・4・22の事例がそうであったように、わが国においては、しばしば、「決して迷惑はかけない。形だけのことなので、署名・押印してほしいと言われて、契約書を作成した」とか、「確かに契約書は作成したが、契約書は当事者の真意を反映したものではなく、別にこれこれの内容の裏合意ができている」といった主張がされます。これらの主張は、民法93条ただし書の心裡留保の主張または民法94条1項の虚偽表示の主張として構成されるものですが、そう簡単には認定されることのない主張であることを認識しておく必要があります。

　東京地判昭和63・4・22は、この点につき、「一般的には、保証契約書に保証人として署名押印した以上それが名目的なものであって真実は保証する意思はなかったとの主張は成り立ち難いものではある」と述べています。契約[50]書を作成する基本的な目的は、契約の成立およびその内容を後日の紛争に備えて明確にしておくという予防法的なところにあるのですから、右のような主張が容易に認定される（例えば、そう主張する当事者本人の供述のみによって認定される）というのでは、何のために契約書を作成したのかわからないことになるからです。

　これを経験則という観点から説明しますと、契約書を作成する当事者は真実当該契約を成立させる意思を有しているのが世の中の原則であって、意図して仮装の契約書を作成することは例外的事象である、という経験則についての認識を前提にしているということです。

　そうしますと、「契約の締結」という立証命題よりも、「当該契約は虚偽表示である」という立証命題のほうが、証明することが難しいということになります。これは、「契約の締結」という立証命題と、「当該契約は虚偽表示で

ある」という立証命題との間に証明度に差があるというのではなく、虚偽表[51]示が世の中の例外的事象であるために、「通常人なら誰でも疑いを差し挟まない程度に真実らしいとの確信を得る」のが簡単でないという理由によるのです。

　東京地判昭和63・4・22が、上記(2)(オ)の①ないし⑤といった具体的事実を詳細に認定して初めて虚偽表示の抗弁を肯定した理由は、この点にあるのです。

　このように説明してきますと、当然のことのように思われるかもしれませんが、実際に、売買契約公正証書の真正な成立に争いがないとしながら、これは形式だけのことで、真実には金銭消費貸借契約とその貸金債権を担保するための抵当権設定契約があったにすぎないという判断をした高裁判決を違法とする最高裁判例が存することでもあり、注意を要します。[52]

3　報告文書の存在と契約成立の認定

　不動産の占有をめぐる親族間の紛争では、占有者に所有権が移転しているのか、そうではなくて、使用借りしているにすぎないのかが争われることが多くあります。そして、事実認定に困難が生じる原因は、契約書（処分証書）が作成されないところにあります。最三小判平成10・12・8は、そのような紛争の典型例を扱ったものです。[53]

(1)　事案の概要

　最三小判平成10・12・8の事案の概要は、以下のとおりです。

① 父Xは、昭和40年ころ新築した本件建物の所有権に基づき、昭和

51　証明度については、第1章Ⅳ（11頁）を参照。
52　最一小判昭和45・11・26裁判集民101号565頁。この高裁判決について、売買契約公正証書の実質的証拠力を認めなかったものと読むべきであるのか、実質的証拠力を認めたうえで、虚偽表示の抗弁を認めたものと読むべきであるのかは、1つの問題です。裏合意の成立すなわち虚偽表示の抗弁を認めたものと理解するのが、表示主義の立場とは整合するものと思われます。
53　河邉義典「最高裁民事破棄判決の実情（中）──平成10年度──」判時1680号9頁。

57年3月ころから本件建物に居住している四女 Y₂ およびその夫 Y₁ に対し、その明渡し等を求めた。これに対し、Y₁・Y₂ は、「昭和50年末ころ、Y₁ は X から本件建物およびその敷地を代金650万円で買い受けた」と主張して争った。第一審は、Y₁・Y₂ の右の主張を採用して、X の請求を棄却した。

② 　X は、原審（控訴審）に至って、訴訟物を昭和57年3月に締結した本件建物の使用貸借契約の終了に基づく明渡請求権に変更した。原審は、X の主張する使用貸借契約の締結と終了を認め、Y₁・Y₂ の主張する売買契約の締結を認めることはできないとして、X の明渡請求を認容した。

③ 　第一審および原審において取り調べられた文書（書証）のうち、主要なものとしては以下のものがある。

ⓐ 　X の印章が押捺された昭和52年8月21日付け「証」と題する文書（乙第7号証（以下、「乙7」という））

　　X が Y₁ から、同日、本件建物およびその敷地の売買代金の一部である30万円を受領した旨記載されている。

ⓑ 　X の印章が押捺された昭和53年3月17日付け「証」と題する文書（乙第8号証（以下、「乙8」という））

　　X が Y₁ から、同日、本件建物およびその敷地の売買代金の一部である150万円を受領した旨記載されている。

ⓒ 　X の印章が押捺された昭和53年3月30日付けの「受領証」と題する文書（甲第3号証（以下、「甲3」という））

　　X が Y₁ から、本件建物およびその敷地の売買代金の内金として合計180万円を受領した旨記載されている。

ⓓ 　昭和53年3月30日付けの「覚書」と題する文書（甲第4号証（以下、「甲4」という））

　　ⓒの甲第3号証と同旨の記載がある。

123

　　ⓔ　甲第5号証⁵⁴

　　　　昭和54年2月9日、Xは、本件建物の敷地およびその隣接地について合筆・分筆の登記手続をしているが、その結果生まれた一筆の土地の範囲がY1・Y2の現在の占有部分とほぼ一致することをうかがわせる記載がある。

　　ⓕ　昭和57年3月ころ付けの「領収証」と題する文書（乙第13号証）

　　　　Y1・Y2が昭和57年3月ころ本件建物に入居するに際して本件建物に工事を施し、これに少なくとも100万円を支出したことがうかがわれる記載がある。

④　第一審および原審において取り調べられた人証のうち、主要なものとしては以下のものがある。

　　ⓐ　証人A（Xの長女。昭和52、53年当時本件建物の西側建物に居住していた）の証言

　　　　昭和52、53年ころ、Xの依頼を受けてXのために乙7、乙8を筆記したが、筆記するに至った事情は記憶していないと証言した。しかし、その後、Xが五女Cを本件建物に入居させたのに対抗する趣旨で、Y2と協議したうえで乙7、乙8を作成することにした旨記載した陳述書（甲第26号証）を提出した。

　　ⓑ　証人B（Xの二女）の証言

　　　　Xから、Y1・Y2から180万円を受領したと聞いたが、これはY1が勤務先からの借入金によって自動車を購入した際に、購入に要した金員の残金を預かったものであると証言した。

　　ⓒ　X本人の供述

　　　　甲3、甲4を昭和53年以降長期間にわたって自ら保管してきたことを認め、これらは、Y1から、自動車の購入のためにXの名義を

54　河邉・前掲（注53）10頁によっても、甲第5号証の文書の性質は明らかではありません。最高裁の判決文からすると、合筆・分筆に使用した図面のようです。

貸してほしいと頼まれ、その関係書類として交付された旨供述した。また、Y₁・Y₂は昭和57年3月ころに入居後それほど遠くない将来に本件建物から転居するであろうと考えていた旨供述した。

ⓓ　Y₁・Y₂本人の供述

(ⅰ)昭和50年9月ころから、本件建物とその敷地の購入を希望していたところ、Xから代金は650万円と言われた、(ⅱ)昭和52年8月21日、Y₁の預金の払戻しを受けて、代金のうち30万円を支払い、Xから乙7の交付を受けた、(ⅲ)昭和53年3月17日、Y₁のいわゆる財形貯蓄の払戻しを受けて、代金のうち150万円を支払い、Xから乙8の交付を受けた、(ⅳ)同月30日、Y₁の勤務先から残代金の借入れをする手続に使用する書類として甲3を作成し、これにXの押印を受けたが、その際、その事情を記載した甲4を作成し、Xに交付した、(ⅴ)Y₁は、甲3の写しを勤務先に提出し、原本をXに返却した、(ⅵ)同年8月ころ、Xから、Y₂に対し、五女Cが本件建物から退去するまで待つのであれば残代金の支払義務を免除するとの申入れがあったので、Y₁は、勤務先からの借入れを中止した、(ⅶ)昭和57年3月ころ、Cが転居した後を受けて本件建物に入居するに際し、Y₁・Y₂は、約300万円かけて本件建物に工事を施した、(ⅷ)その後、Y₁は、Xに対し、本件建物とその敷地の所有権移転登記手続をするよう求めたが、Xは、自分が死亡して相続が開始すれば手当てできると言って応じなかった、と供述した。

本件の概要を図示すると、以下のとおりです。

[関係図]

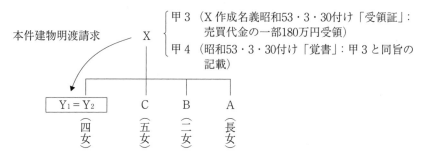

本件建物明渡請求　　　　　X ┤甲3（X 作成名義昭和53・3・30付け「受領証」：
　　　　　　　　　　　　　　　　　　売買代金の一部180万円受領）
　　　　　　　　　　　　　　　甲4（昭和53・3・30付け「覚書」：甲3と同旨の
　　　　　　　　　　　　　　　　　　記載）

Y₁＝Y₂　　C　　B　　A
（四女）（五女）（二女）（長女）

乙7（X 作成名義昭和52・8・21付け「証」：売買代金の一部30万円受領）
乙8（X 作成名義昭和53・3・17付け「証」：売買代金の一部150万円受領）

(2)　最高裁の判断

　以上のような主張・立証を前提にして、最高裁は、以下のとおり判示した
うえで、原審の事実認定に経験則に反する違法があるとして、原判決のうち
Y₁・Y₂敗訴部分を破棄し原審に差し戻しました。

---

　① 　Y₁・Y₂が X に本件建物とその敷地の売買代金の一部を支払った旨
　　の記載のある乙7、乙8の各書面には、X の印章が押捺されていて、
　　これが同人の意思に反してされたものであることを具体的にうかがわ
　　せる証拠は見当たらない。

　⑪ 　X は、乙7、乙8と同旨の内容の甲3、甲4の各書面を長期にわ
　　たり保管していた。

　⑫ 　X は、少なくともいったんは Y₁・Y₂の使用範囲にほぼ沿って分筆
　　登記手続をした。

　⑬ 　Y₁・Y₂は、本件建物に入居するに先立って本件建物に相当規模の
　　工事をし、入居に際して X との間に居住期間を制限する内容の交渉
　　が行われたことがなく、入居後も長期にわたり Y₁・Y₂と X との間
　　には本件建物とその敷地の利用に関して紛争が生じたことがなかった。

> ⓥ　以上①ないしⅳに照らすと、乙7、乙8、甲3、甲4の各書面がい
> ずれもXの筆記したものでなく、他に本件建物とその敷地の使用に
> 関してY₁・Y₂とXとの間に格別の書類が作成されておらず、右各
> 物件の登記簿上の所有者がXとされていたことなどを考慮しても、
> なお、Y₁・Y₂が本件建物をXとの間に締結した一時的な居住を目的
> とする使用貸借契約に基づいて占有していたにすぎないとみることに
> は疑問があり、かえって、Y₁はXから本件建物とその敷地を買い受
> けたと認める余地があるものというべきである。

(3)　本件における主張・立証の構造

　第一審においては、所有権に基づく返還請求権としての本件建物明渡請求
権が訴訟物でしたから、前記(1)①のY₁・Y₂の主張（昭和50年末ころ、Y₁は
Xから本件建物およびその敷地を代金650万円で買い受けたとの主張）がXの所
有権喪失の抗弁であることはわかりやすいところです。

　しかし、原審に至って、Xが使用貸借契約の終了に基づく本件建物明渡
請求権に訴訟物を変更したため、上記のY₁・Y₂の主張をどのように位置づ
けるべきかがわかりづらくなっています。

　Xの請求原因事実は、以下のように整理することができます。[55]

> ⑦　Xは、Y₁・Y₂との間で、昭和57年3月、本件建物につき使用貸借
> する旨合意した。
> ④　Xは、Y₁・Y₂に対し、昭和57年3月、本件建物を引き渡した。
> ⑦　⑦の使用貸借契約の終了原因事実

　Y₁・Y₂の売買契約締結の主張は、請求原因事実⑦を否認したうえで、こ
れと両立しない事実を積極的に主張するものであり、積極否認とよばれるも

55　使用貸借契約の終了に基づき目的物の返還請求をする場合の請求原因事実については、司法研
　　修所民事裁判教官室編『民事訴訟における要件事実第2巻』9頁以下を参照。

のです。ですから、Xが請求認容判決を得るためには、Xにおいて請求原因事実㋐を証明することが必要なのであり、Y₁・Y₂において昭和50年末ころの売買契約の締結を証明しなければならないわけではありません。最高裁判決が、上記(2)ⓥにおいて、「使用貸借契約に基づいて占有していたにすぎないとみることには疑問があり、かえって、Y₁はXから本件建物とその敷地を買い受けたと認める余地がある」と判示しているのは、本件建物についての使用貸借契約の締結と売買契約の締結とが両立しない事実であること、および本件の立証命題が使用貸借契約の締結であって売買契約の締結ではないことを示しているのです。[56]

(4) 最三小判平成10・12・8の意義

　この事件では、Xが請求原因事実として主張する使用貸借契約にせよ、Y₁・Y₂が積極否認として主張する売買契約にせよ、処分証書は存在していません。存在する主要な文書は、作成名義人をXとする乙7（本件建物とその敷地の売買代金の内金30万円の領収証）、乙8（同旨の150万円の領収証）、甲3（同旨の180万円の領収証）、および作成名義人の判然としない甲4（Y₁がXに対して本件建物とその敷地の売買代金の内金として合計180万円を支払った旨の記載のある覚書）であり、いずれも報告文書です。

　金員の授受の当時に作成された領収証が存在する場合に、その成立の真正（形式的証拠力）が認められるときは、特段の事情のない限り、その記載に沿った事実が存したものと（実質的証拠力があるものと）認めるべきでしょう。[57]前記(1)④の証人A・Bの証言、X本人の供述は、いずれもその内容自身に

---

[56] この点につき、起案の手引・68頁は、「事実の認定について説示をするに当たっては、ある当事者が立証責任を負う事実について、それが証拠によって認められるか又は認めるに足りる証拠がないかの説示をすれば十分であって、要証事実の不存在や反対事実の存在を認定できるなどと説示する必要はない。要証事実の不存在や反対事実の存在は立証命題ではないから、これらが認められる場合であっても、原則として、その存否が不明な場合と同一の表現で判示するのが相当である」と説明しています。

[57] 領収証に高い実質的証拠力を認めるべき理由につき、田中・紛争類型別事実認定154〜155頁を参照。

合理性が欠け、特段の事情を認めるに足りないと思われます。そこで、最高裁としては、本件建物とその敷地の登記簿上の所有名義人がＸのままであることを考慮しても、親族間の紛争である本件においては、原則どおり、右の領収証等の記載に沿った事実が存したものと（本件では、ＸとＹ₁との間の売買契約が成立し、その代金の一部が支払われたものと）認定するのが合理的であって、これと両立しない使用貸借契約が成立したと認定するには無理があると考えたものと思われます。[58]

Ｘ　検証物としての文書による事実認定

1　はじめに

前記Ｉにおいて、「書証」とは、文書を閲読して、その作成者によって記載された意味内容を証拠資料とするための証拠調べをいうと説明しました。そして、前記ⅡからⅨまでにおいて検討してきたのは、そこに記載された意味内容を証拠資料とするという書証としての文書による事実認定に関する問題です。

しかし、文書を対象とする証拠調べの性質が常に必ず書証であると考えるのは早計です。実際には、検証として文書を対象とする証拠調べが実施されることがあります。「検証」とは、五官の作用によって事物の形状・性質・状況等を直接に知覚・認識し、その結果を証拠資料とする証拠調べをいいます。

ここでは、検証としての文書による事実認定の実際を検討することにしましょう。

---

[58]　最三小判平成11・4・13も、領収書等の存在にもかかわらずその記載どおりの弁済を認めなかったことを違法としました。生野考司「最高裁民事破棄判決等の実情(2)――平成11年度――」判時1708号40頁を参照。

2　借用証の所在と貸金債務弁済の認定

最二小判昭和38・4・19裁判集民65号593頁は、消費貸借契約に基づく貸金債務を弁済したかどうかが争われた事件におけるものであり、検証としての文書による事実認定の問題を検討するのに好個の素材を提供しています。

(1)　事案の概要

> ①　Xは、Yに対して昭和28年5月16日に30万円を貸し付けたと主張し、貸金30万円の返還を求めた。
>
> ②　Yは、Xに対し、昭和28年7月21日に10万円、同年11月19日に1万円を弁済し、さらにその後19万円を弁済し、結局、本件貸金債務を完済したと主張し、自ら保有する本件貸付けの借用証を乙1号証として提出した。
>
> ③　控訴審（原審）は、Yの主張する②の弁済のうち、10万円と1万円の合計11万円の弁済を認めたものの、残額完済を認めるに足りる適確な証拠がないとし、YにおいてXに対して19万円の支払をすべき旨判断した。

(2)　最高裁の判断

最高裁は、原審の上記(1)③の19万円の弁済についての認定に審理不尽ないし理由不備の違法があるとして、原判決を破棄したうえで事件を原審に差し戻しました。

> (i)　右30万円の借用証であることに争いのない乙1号証が貸主たるXの手許にはなくて、借主たるYの手中にある事実をもって、右完済を立証する趣旨であることが明白な本件において、ほかにも右完済の事実を窺わしめる証拠のある以上、右証拠価値の有無について十分納得のいく理由説示を要する。

(ii)　原判決が右の取捨につき何ら明確な判断を示すことなしに、ただ漫然、右残額完済を認めるに足る適確な証拠がないとした点に、審理不尽ないし理由不備があるものというべく、原判決はYの敗訴部分に関する限り爾余の論旨につき判断するまでもなく破棄を免れず、原裁判所に差し戻すべきものといわなければならない。

(3)　検証としての文書の証拠調べ

　Yは自らの保有する金額30万円の借用証（本件借用証）を乙1号証として提出し、事実審裁判所も本件借用証を書証として証拠調べを実施しました。

　しかし、Yが本件借用証を証拠として提出した目的は、有体物である本件借用証の「所在」（すなわち、本件借用証がYの手中に存すること）を事実審裁判所に直接に知覚・認識させ、その結果を証拠資料とし、Yの主張した弁済の抗弁の証拠とするところにあるのであって、本件借用証の記載内容（すなわち、YがXから30万円を借り受けたこと）を証拠としようというのではありません。

　事実審裁判所が使用すべき経験則という観点からみてみると、「借用証は、債務が完済されるまではその差入れを受けた貸主の手許に存するのが通常であり、他方、債務が完済されたときは貸主から借主に返還されるのが通常である」という内容の経験則がここで使用されるものであって、借用証の所在に関する経験則なのです。

　したがって、弁済の抗弁の成否に関する事実認定をする裁判所にとって意味のある事実は、「借主Yの作成した借用証の原本を、現在（事実審の口頭弁論終結時において）Yが保有しているのか、貸主Xが保有しているのか」という点にあります。

　結局、本件借用証の証拠調べの本来の性質は検証であって、書証の手続を借用してされたということになります。

(4) 本最高裁判決から獲得すべきレッスン

上記(3)のとおりの経験則が存することを前提とすると、被告とされた借主が自ら保有しているとして借用証を証拠として提出した場合には、原告である貸主としては、「貸付金が完済されていないにもかかわらず、借主が借用証を保有するに至った例外的事情があること」を証明する必要があるということになります。

また、事実審裁判官としては、そのような例外的事情の存否に着目して、弁済の抗弁についての心証形成をし、判決理由中に借用証保有についての証拠価値[59]の判断を当事者が納得するように丁寧にしなければなりません。最高裁は、前記(2)の(i)において、被告とされた借主が貸付けに係る借用証を保有しているにもかかわらず、貸付金の完済を認めるに足りないと判断する場合には、そのような例外的事情（民事訴訟の実務では「特段の事情」という用語が使われることもあります）があることを判決理由中に明示しておくことを要求しています。事実審裁判所がそうしない場合には、その事実認定は経験則違反の違法がある[60]ということになります。

3　検証物としての文書の検討の必要

文書を対象とする証拠調べの中には書証の性質を有する場合と検証の性質を有する場合とがあるのですが、実務上、検証の性質を有する場合のほとんどが書証の手続を借用してされています。

したがって、当事者の訴訟代理人であれ事実審裁判官であれ、文書の証拠調べに際しては、常に検証の側面（原告または被告が当該文書を保有していることの意味、当該文書の体裁が証拠として提出されている他の同種の文書の体裁と整合しているか、当該文書の保存状態が作成された時期等と整合しているかと

59　証拠価値とは、証拠資料が要証事実の認定に役立つ程度をいいます。証拠力または証明力という用語を使うこともあります。

60　最高裁は、本文(2)の(ii)において、「審理不尽ないし理由不備」と説示していますが、その実質は経験則違反にあります。

いった諸点）からも検討する癖をつけておく必要があります。

第2節　供述（証人の証言、当事者の陳述）による事実認定

I　人証の特徴

1　文書との比較

　民事訴訟の実務における最重要の証拠方法が文書であるため、ここまで文書による事実認定にかかわる問題を詳しく検討してきました。次に、証人の証言または当事者の陳述による事実認定にかかわる問題を検討することにします。証人と当事者とをまとめて「人証」といい、また、証人の証言と当事者の陳述とをまとめて「供述」ということがあります。

　供述を文書と比較した場合の最大の特徴は、その内容が固定されていないところにあります。極端にいうと、尋問に応じて法廷で陳述するその瞬間までその内容が変化し得るわけです。[61]

　ところで、近時（最近30年程度の間）、裁判手続の開始後に、当事者その他の事件関係者の記憶している内容が文書化され、「陳述書」として提出されるという取扱いが一般化しています。このような陳述書は、後にされるであろう主尋問を補充・代替し、反対尋問の準備を可能にすることによって、口頭による集中証拠調べを活性化させる（究極的には、適正迅速な民事裁判を実現する）という機能を担っているのですが、他面からみますと、供述の可変性をかなりの程度に縮小させ、固定化させる機能を果たしています。しかし、陳述書作成時まで可変性があることに変わりはありません。[62]したがって、陳

述書は、基本的には供述と同質の証拠方法と考えて、その記載内容の信用性
の検討をする必要があります。

2　供述に至る過程の検討

供述とは、証人または当事者が原則として過去に経験した事実をその記憶
に基づいて裁判所に対し口頭で報告することまたはその結果をいいます。こ
れは、供述が「過去の事実の認識→記憶→言語による表現」という3段階を
経ることを意味しており、その結果、供述に誤りが混入する可能性が3段階
にわたって存在することになります。[63]

(1)　認識の正確性

第1に、当該人証が、当該事実を、五官によって認識することのできる客
観的状況の下で、正常な五官と正常な理解力をもって、認識したかどうかが
問題です。

信号によって交通整理がされている交差点における交通事故を目撃した
A証人を例にして考えてみますと、以下のような様々な点がA証人の第1
段階における認識に影響を及ぼします。

すなわち、A証人がどのような位置で当該事故を目撃したのか、A証人
の視力はどの程度か、信号の色が識別できる状況にあったのかどうか、A
証人の色の識別能力に問題はないか、当該事故の発生の前後どの程度の時間
観察していたのか、A証人は日常的に車両の運転に携わっていたのかどう
か、といった点です。したがって、これらの点をまず検討する必要がありま
す。

62　陳述書を作成し裁判所に提出している場合であっても、陳述書の内容と主尋問に対する回答内
　　容との間に矛盾が出てくることがあることにつき、井上哲男判事は「主尋問で崩れていくパター
　　ン」とよんでいます。第二東京弁護士会民事訴訟改善研究委員会「陳述書の運用に関するシンポ
　　ジウム『陳述書に関する提言』(1)」二弁フロンティア2006年3月号33頁を参照。
63　供述の過程につき、吉岡進「事実認定に関する2、3の問題」司法研修所論集62号12〜17頁を
　　参照。

(2)　記憶の正確性

　第 2 に、当該人証が、当該事実を、確実に（変容させたり、一部欠落させたりせずに）記憶しているかどうかが問題です。

　第 2 段階については、当該人証が、どのような立場で当該事実に接したのか（責任を負うべき立場にいなかったため、当該事実に関心が薄く、もともと正確な認識をもったといえない場合には、当該事実についての記憶を保持するのも困難です）、当該事実に接してからどの程度の時間が経過しているのか（5 年以上も前のことを事細かく記憶しているというのは、何か特別の事情でもない限りは困難です）、当該事実を当時の他の事実から識別して記憶する契機としてどのような事柄があるのか（当時、同種の事実に接していた場合には、何か特別の事情でもない限りは当該事実を識別して記憶しているというのは不自然です）、といった点を検討する必要があります。

　契約交渉をめぐる事件において、当該交渉に関与した自らの人証予定者が「相手方からそのような申入れがされた事実はない」というので、それを前提にした主張をしていたところ、後に相手方から当該申入文書が提出され、困ったことになるといった経験をした弁護士は数多く存在しています。これなどは、忘れたことを忘れてしまって、当該事実がなかったと思い込んでいるうえ、文書の整理や調査も杜撰な例ですが、存外によく起こることです。相手方の人証についてだけではなく、自らの人証についても、念には念を入れて確認しておく必要があるということです。

(3)　人証の誠実性

　第 3 に、当該人証が、当該事実を、ありのままに述べる能力と意思とを有しているかどうかが問題です。これを、「人証の誠実性」の問題とよびます。後に取り上げる判決例からも明らかなように、意図してされたものであるかどうかはともかく、実際の民事訴訟では、当該事実をありのままに述べたとはとうてい考えられない供述に遭遇することがしばしばあります。[64]

　正しい事実認定をするために、裁判官としては、当該人証が当該事実をあ

りのままに述べる能力と意思とを有しているかどうかを見抜かなければなりませんし、当事者またはその訴訟代理人としては、裁判官が見抜くことができるように材料を提供しなければなりません。

　世の中で生起する紛争において、当事者双方から等距離にいる第三者証人というのはほとんどいないのが実状ですから、当該証人がその事件について有する利害関係、当事者との関係（友人・親族関係、職業上の従属関係等がないかどうか）を検討するのは、必須の基本的な作業ということになります。当事者との関係がないようにみえても、地域社会におけるしがらみに対する配慮から一方当事者に迎合した証言をすることもありますから、事件の種類や証言すべき事項等によっては、よりきめ細かい検討を要することもあります[65]。

3　反対尋問の重要性

⑴　交互尋問制とは？

　民訴法202条１項は、「証人の尋問は、その尋問の申出をした当事者、他の当事者、裁判長の順序でする」と規定しています。これは、基本的に、第２次世界大戦後の昭和23年に改正された旧民訴法294条の規定を維持したものです。そして、旧民訴法294条の規定は、それまでの大陸法方式から英米法方式の交互尋問制へと抜本的な変更をしたものと理解されています。最二小判昭和27・12・5民集6巻11号1117頁（以下「昭和27年最高裁判決」といいます）は、同条を「一種の交互尋問制を採用したもの」[66]と表現しました。

　ところで、交互尋問制とは、英米の陪審制を基盤として発展した尋問方式

64　この点は、わが国の法曹の共通認識になっており、起案の手引・64頁は、「宣誓した証人の証言であっても、当然に安心して信用することはできない。遺憾ながら、民事事件においては、宣誓した上で偽証する者が少なくないからである」と指摘しています。

65　このような地域社会におけるしがらみがより強い場合には、当該事件について直接の体験による知識をもっているのに、証言後の日常生活上の不都合等の考慮から、証人として出頭することすら拒絶するといった事態になることがあります。これは、司法による正義の実現または権利の実効的保障の観点からすると、より深刻な問題です。

であり、尋問の主役は当事者（およびその訴訟代理人）です。英米における交互尋問は、人証（証人、本人、鑑定人）の申出をした当事者側がまず尋問し（これを「主尋問」といいます）、次いで相手方が尋問し（これを「反対尋問」といいます）、さらに人証の申出をした当事者側が再度尋問し（これを「再主尋問」といいます）、その後に相手方が裁判長の許可を得て尋問する（これを「再反対尋問」といいます）という形で、当事者が主役になって交互に尋問し、最後に裁判長が尋問する（これを「補充尋問」といいます）という尋問方式です。

　これに対し、大陸法は、尋問の主役が裁判官であって、細切れにではなく物語式に供述させる方式をとります。

(2)　反対尋問権の保障

　英米の陪審制の下では、素人である陪審員が不当な情報に影響されて誤った事実認定をすることを防ぐため、提出することのできる証拠の範囲や提出方法につき、技術的で複雑なルールを発達させてきました。そして、わが国におけるのと顕著に異なるのは、陪審制を背景にして、民事訴訟と刑事訴訟とでおおむね共通の証拠法になっていることです。[67]

　英米におけるそのような証拠法の一つが、伝聞証拠排除原則です。伝聞証拠が排除される理由は、伝聞供述を反対尋問にさらしたところで、伝聞内容の真偽を確かめようがないというところにあります。要するに、伝聞証拠排除原則は、反対尋問の機会のない供述に原則として証拠能力を認めないという基本原理のうえに成立したものです。自ら見聞したことの供述であって、法廷において反対尋問にさらされたうえでの供述にこそ、至高の価値（信用性）があるとする経験的知恵にその根源があります。[68]

66　最高裁が「一種の交互尋問制」と表現したのは、裁判長は必要があるときはいつでも尋問することができることになっていた（旧民訴法294条3項）ことや、英米の証拠法を継受したわけではないからであると考えられます。

67　浅香吉幹『アメリカ民事手続法〔第2版〕』（弘文堂・2008年）121頁を参照。

68　浅香・前掲（注67）128〜129頁を参照。

(3) わが国の民訴法は反対尋問権を保障しているか？

旧民訴法294条1項は直接的には尋問の順序についての規定なのですが、一般に、同項は相手方当事者の反対尋問権を保障した規定であると解されてきました。[69]

昭和27年最高裁判決は、前記(1)のとおり、旧民訴法294条1項が一種の交互尋問制を採用したものであることを述べたうえで、「交互尋問制の長所は挙証者の相手方に与えられたいわゆる反対尋問権の行使により、証言の信憑性が十分吟味される点にある」と説示していますから、同じ立場に立つものと理解することができます。

その後、反対尋問の機会がなかった本人尋問の結果に証拠能力を肯定すべきかどうかを扱った最二小判昭和32・2・8民集11巻2号258頁（以下「昭和32年最高裁判決」といいます）は、相手方当事者の手続保障としての反対尋問権に言及していませんから、この点は明らかではありません。[70]

(4) 伝聞証拠に証拠能力はあるか？

伝聞証拠の証拠能力の問題につき、昭和27年最高裁判決は、「反対尋問権の行使につきどの程度まで実質的な保障を与えるかという立法政策の問題であ（る）」とし、第2次世界大戦後、刑事被告人の反対尋問権が憲法37条2項によって保障され、刑事訴訟法では伝聞証拠の証拠能力が原則として否定されることになった（刑訴法320条1項）のに、民事訴訟法に証拠能力制限の規定がないことを勘案し、「私人間の紛争解決を目的とする民事訴訟法においては、伝聞証言その他の伝聞証拠の採否は、裁判官の自由な心証による判断に委ねて差支えないという見解」によったものであると判断しました。こ

---

[69] 石川明・続民訴百選160頁、内田武吉・民訴百選〔第2版〕205頁、近藤隆司「反対尋問の保障」小林秀之編『判例講義民事訴訟法〔第2版〕』（悠々社・2010年）194頁を参照。

[70] これに対し、小谷裁判官は、昭和32年最高裁判決の反対意見において、旧民訴法294条1項が反対尋問権を保障する規定であると明言しています。そして、「反対尋問の機会のなかった供述には、証拠能力を認めない」という英米法の原則に忠実な見解を示していますが、わが国の民訴法の解釈論としては大方の賛同を得るに至っていません。

れが確定判例の立場になっています。[71]

　学説も、昭和27年判決とほぼ同様に考え、伝聞証拠の証拠能力を肯定することで一致しています。[72]

(5)　昭和32年最高裁判決の立場

　昭和32年最高裁判決は、①当事者本人に対する臨床尋問がこれに立ち会った医師の勧告によって途中で打ち切られ、相手方当事者に反対尋問の機会がなかった、②当該本人の病状の経過に照らし、再尋問の措置をとるのが不相当であった、という2つの事情が存する事案において、相手方当事者に反対尋問の機会が与えられなかったことについてやむを得ない事由がある場合に当たるとし、「反対訊問の機会がなかったというだけの理由で、右本人訊問の結果を事実認定の資料とすることができないと解すべきではなく、結局、合理的な自由心証によりその証拠力を決し得ると解するのが相当である」と判断しました。

　昭和32年最高裁判決は、以上のように、反対尋問が行われなかった理由を詳細に検討したうえで証拠能力を認めたものであって、原則として相手方当事者に反対尋問の機会が与えられなければならないとの立場に立つものと理解することができます。

　これに対し、東京高判昭和51・9・13判時837号44頁は、一般論として、反対尋問の機会がなかった人証の供述に証拠能力を認めることを前提としており、反対尋問の機会の有無、反対尋問が行われなかった理由如何にかかわらず、証拠能力を認めるというものであって、昭和32年最高裁判決とは、この問題に対する姿勢を大きく異にするものです。

　訴訟代理人としてまたは事実審裁判官として法廷に立つ法律実務家としては、反対尋問の機会の保障にどの程度の重要性ないし価値観をもって臨むべ

71　その後、最三小判昭和32・3・26民集11巻3号543頁および最三小判昭和32・7・9民集11巻7号1203頁が同旨を判示しています。

72　谷口安平＝福永有利『注釈民事訴訟法(6)』（有斐閣・1995年）244頁〔藤原弘道〕を参照。

きであるかを毎日の実践の中で考える必要があります。

そのような問題の1つは、反対尋問の機会がなかった供述の証拠能力を否定すべき場合があるかどうかです。

多数の学説は、反対尋問が行われなかった理由が主尋問当事者または当該人証の妨害（主尋問の意識的延引、当該人証の反対尋問期日への不出頭等）による場合または反対尋問権が違法に剥奪された場合には、責問権の放棄または喪失のない限り、当事者の対等・公平な裁判の観点から証拠能力を否定するという考え方[73]を提唱しています。

民訴法が交互尋問制を採用し、反対尋問権を保障していると解釈するのですから、反対尋問を経ない供述の証拠能力を否定すべき場合を想定するのは当然であり、上記の学説の提案は、反対尋問権を実効的なものにするために最低限の要請といってよいと思われます。

(6)　いわゆる陳述書についての問題点とこれへの対応

証人尋問または当事者尋問に先立って、第三者または当事者の供述を記載した文書を号証番号を付して証拠として提出するという扱いが一般化しています[74]。このような文書は、「陳述書」と呼ばれています。

陳述者が事件の争点に関して見聞した事実、見聞した事実からの推論、自分なりの判断等を、項目に分けて、または時系列に沿って陳述する形で記載されるのが通常です[75]。

最二小判昭和24・2・1民集3巻2号21頁（以下「昭和24年最高裁判決」と

73　石川・前掲（注69）161頁、内田・前掲（注69）205頁、藤原弘道・前掲（注72）245頁、近藤・前掲（注69）194頁を参照。そして、これらの学説は、本判決の説示する「やむを得ない事由」を、反対尋問が行われなかった理由が主尋問当事者または当該人証の妨害によるものでない場合を指すものと解釈して、証拠能力を認めるという結論に賛成するというものです。

74　争点整理のために争点整理手続段階で提出されるものもありますが、ここで取り上げるのは、集中証拠調べの効果的・効率的な実施（主尋問代用または反対尋問準備）を目的として、証拠調べの実施に先立って提出されるものです。

75　陳述者が自ら陳述する形で記載されているが、一般的には、訴訟代理人である弁護士が原案を作成し、陳述者はそれを点検し、加除修正するなどして、最終的には陳述者作成名義の文書として完成され、裁判所に提出されます。

いいます）は、「訴訟提起後に、当事者自身が、係争事実に関して作成した文書であっても、それがために、当然に、証拠能力をもたぬものではない。裁判所は自由の心証をもって、かかる書類の形式的、実質的証拠力を判断して、これを事実認定の資料とすることができる」と判示しました。昭和24年最高裁判決が対象とした文書は当事者の一方が他方に宛てて差し出した内容証明郵便ですが、陳述書も射程におさめるものであり、これが確定判例の立場になっています。[76]

　しかし、陳述書の記載をもって主尋問に代える扱いは、口頭主義に抵触する、事実審裁判官が陳述者の陳述態度を確認することができないため、直接主義の観点からも問題があるなどと指摘されています。さらに、証人尋問が予定されていない第三者の陳述を記載した陳述書が提出され採用されることがあり、相手方の反対尋問権が保障されない点に問題があるとの指摘を受けています。[77]このような指摘は、それぞれ至極もっともなものです。

　したがって、陳述書が証拠として提出された場合において、陳述書の提出者側が人証の申請をしないときは、相手方の訴訟代理人は、陳述書の内容を理解し分析したうえで、反対尋問権を行使すべきであるかどうかを検討し、[78]反対尋問権を行使すべきであると判断した場合には、相手方として人証の申請をする必要があります。このように、相手方の訴訟代理人は、責問権を放棄してよいかどうかを意識して検討する癖をつけることが肝要です。

　また、事実審裁判所は、安易に人証の申請をしない者の陳述書の提出を許すべきではなく、特に、相手方の反対尋問権の保障の観点を常に意識して、相手方の意見を聴取する作業を怠ってはいけません。

　さらに、ネット時代の到来とともに、さまざまな情報の入手が容易になっ

76　最三小判昭和32・7・9民集11巻7号1203頁。

77　長谷部由起子『民事訴訟法〔第3版〕』（岩波書店・2020年）228頁を参照。

78　陳述書の内容それ自体が信用性に乏しいので反対尋問の必要がないという場合や、陳述書の内容について陳述者を反対尋問するのではなく、別の客観的証拠を提出する方が効果的であるという場合には、相手方として人証の申請をする必要がないということになります。

た結果、作成者すら特定されることなく、信用性も著しく低い文書が民事訴訟の証拠として提出される場面に出くわすことが稀でなくなりました。このような文書は、そもそも反対尋問を実施することが性質上不可能なものです。わが国の民事訴訟において証拠能力のない証拠はないという理屈が浸透しすぎた結果であるのか、書証（文書の証拠調べ）の実務が一般的に弛緩している結果であるのか、その原因を特定するのは難しいのですが、事実審裁判所における証拠調べと呼べるのかどうかさえ危うい状況が出現するに至っています。

　法律実務家としては、証拠能力、反対尋問権の保障といった法律用語を民事訴訟法の教科書レベルの問題として抽象的に理解するのではなく、毎日の実践の中で真剣に向き合う必要があります。

Ⅱ　供述の信用性の検討方法

　上記Ⅰに整理したような人証の特色を前提にして、どのように供述の信用性を検討したらよいのかを考えることにしましょう。

1　供述の真偽の裏付けとなる証拠の提出

　第1に考えられるのは、証人の証言または当事者の供述の真偽の裏付けとなる証拠を提出するという方法です。

　例えば、個人商店主Xが元従業員Yを被告として、YがXの預金通帳と銀行取引印を無断で持ち出して銀行から預金の払出しを受けたと主張して、損害賠償請求訴訟を提起したとします。Yが被告本人として出廷し、「自分は、当該預金が引き出された日時は配送の仕事をしており、A銀行B支店の窓口には行っていない」と供述しました。このような場合に、XがA銀行の協力を得て、その日時にB支店で払出しをしているYの姿を撮影した防犯カメラの映像を証拠として提出することができれば、Yの供述が嘘で

あることを証明することができます。逆に、Yが自らの供述が真実であることを証明する別の証拠を提出するというのもあり得ることです。

　いずれにしても、この場合は、供述の真偽の裏付けとなる証拠はそれ自体として証明力の高いもの（その例としては、相手方の争いようのないビデオカメラ映像、写真、録音テープ等を挙げることができます）でなければなりません。そうでないと、裏付けとなるべき証拠の信用性がさらに争いになり、堂々めぐりになってしまいます。

　しかし、民事訴訟では、供述の真偽の裏付けとなるこのような証拠をどのような事件でも提出することができるというわけにはいきません。第1章Ⅳ2（12頁）において、刑事訴訟との比較でこの点を説明しておきましたので、参照してください。

2　人証の供述時の状況の検討

　人証の供述時の挙動——証人が言葉を濁したとか、顔を赤らめたとかいったもの——も、当該供述の信用性を検討する資料とすることができます。ただし、これを供述の信用性検討の資料とするには、かなり細かい吟味が必要になります。例えば、証人が言葉を濁したといっても、質問が漠然としたものであったために証言内容もそれに相応したものになる場合もあるでしょうし、質問された事柄についての記憶が薄れていたために証言もそうなったという場合もあるでしょう。結局、証人が言葉を濁したといっても、その原因を吟味しないと当該証人の要証事実についての証言の信用性を判断するための資料とすることはできません。

　しかし、例えば、ある証人が主尋問に対しては質問の趣旨に沿った明確な証言を淀みなくするのに、反対尋問に対してはできるだけ証言を回避するように試みるばかりか、回答内容も主尋問に対するものと比較するとあいまいであるといった場合には、主尋問側の当事者に対する何らかの配慮から主尋問に迎合した証言をした疑念を生じさせますから、主尋問に答えてした要証

事実についての証言を簡単に信用するわけにはいかないということになります。

人証の供述時の挙動という要素を、供述の信用性の判断資料としてあまり大きく評価することはできないというのはそのとおりですが、実際の事件では、他の要素とも相まって、上記のように意味のある場合もありますから[79]、特に反対尋問の準備はこの点を意識してする必要があります。

3　動かない事実および経験則との整合性の検討

このようにみてきますと、民事裁判において供述の信用性を検討するのに、当該供述の外部にそのための資料を求めるという方法には限界があり、結局のところ、当該供述の内容そのものを資料とするという方法をとらざるを得ないということになります。

供述の真偽が問題になるのは、対立する供述が存在する場合が多いのですが、対立する供述のどちらが信用できるだろうかと漠然と比較してみても、結論を出すことはできません。なぜなら、第1章Ⅳ3（13頁）および4（18頁）に詳述したとおり、民事裁判における事実認定には、通常人が「高度の蓋然性」ありという心証を得ることを要し、「相当程度の蓋然性」で足りるものではないからです。すなわち、一方の供述のほうが分がよさそうだと考えることができたとしても、その供述が真実である「高度の蓋然性」ありとの心証を得ることができない限り、他方の供述を排斥するというわけにはいかないのです[80]。

そうしますと、単に対立する供述同士を比較するというのではなく、各供述に当該事件において動かない事実および経験則を突き合わせて、各供述がこれらと整合するかどうかを検討するという作業をすることが必要になります[81]。

79　起案の手引・65頁を参照。

80　賀集唱「民事裁判における事実認定をめぐる諸問題」民訴雑誌16号57頁を参照。

　ここで、「動かない事実」というのは、成立に争いがないか真正な成立が
認められる文書によって確実に認められる事実や当事者間に争いのない事実
をいいます。問題になっている要証事実以外の要件事実（主要事実）ばかり
でなく、間接事実を含みます。実際には、むしろ間接事実であることのほう
が多いと思います。

　「経験則」という言葉は、これまでの説明の中に何回も登場しています。
ここで、項を改めて経験則についてやや詳しくみておくことにしましょう。

Ⅲ　経験則の機能

1　経験則の意義

　経験則とは、一般に、「経験から帰納される事物に関する知識や法則であ
り、論理則と同じような役割を事実認定（および法規の解釈）で演ずるが、
一般常識的なものから高度に専門科学的なものまで広い幅がある」と説明さ
れます。[82]

　そして、最高裁は、旧民事訴訟法の下において、経験則違反の事実認定に
つき、法令違反として上告理由になるとしていましたが、平成10年1月1日
に施行された新民事訴訟法の下においても、その318条1項の「法令」には
経験則が含まれ、原判決に経験則違反の事実認定がある場合には、これを理
由として上告受理の申立てをすることができると解されており[83]、後にみると
おり、現にそのような運用がされています。

　民事訴訟における事実問題の重要性に鑑み、事実審裁判所による経験則違

81　石井良三『民事法廷覚え書』（一粒社・1962年）109頁、起案の手引・65頁、賀集・前掲（注
　　80）58頁以下、伊藤・60頁以下を参照。

82　高橋（下）・31頁を参照。

83　法務省民事局参事官室編『一問一答新民事訴訟法』（商事法務研究会・1996年）355頁、近藤崇
　　晴「上告と上告受理の申立て」自由と正義2001年3月号61頁を参照。

反の事実認定が原判決の結論に影響を及ぼしている場合には法律審である上告審のコントロールを受けるという運用は大切にしたいものです。

　第1章Ⅺ3(2)(3)（64頁以下）では、経験則が法律行為の解釈の基準として機能する場面を取り扱いましたが、ここでは、経験則が事実認定に際して有する機能の主要なものをみておきたいと思います。その第1が供述の信用性の判断資料としての機能であり、第2が間接事実から主要事実（要件事実）を推認する機能です。まず、供述の信用性の判断資料としての機能についてみてみることにします。

2　供述の信用性の判断資料としての機能

　前記Ⅱ3において、対立する供述の信用性を判断する方法として、各供述に当該事件において動かない事実および経験則を突き合わせて、各供述がこれらと整合するかどうかを検討するという作業の説明をしました。経験則は、当該事件における動かない事実とならんで、対立する供述の信用性を判断する「よすが」になるものです。それでは、経験則のこのような機能を簡単な設例によって検討してみることにしましょう。[84]

(1)　本設例の概要

①　Ｘは、その所有建物に抵当権設定登記を経由しているＹに対し、抵当権設定登記の抹消登記手続を求めた。その理由は、Ｘは、Ｙから、平成15年3月20日に弁済期を同年6月20日として300万円を借り受け、その担保として本件建物に抵当権を設定したが、平成16年1月10日にこの300万円と遅延損害金とを返したというものである。

②　これに対し、Ｙは、Ｘから平成16年1月10日に受け取ったのは300万円のみである。しかも、それは本件貸金の弁済としてではなく、平

84　この事例は、田尾桃二「事実認定の諸問題について」司法研修所論集92号39頁に紹介されている実際の事件を参考にして、事案の内容に修正を加えたものです。

成15年10月10日に弁済期を平成16年1月10日として貸し渡した300万
円の貸金の弁済としてであるから、本件抵当権の被担保債権は消滅し
ていないと主張した。

③　弁済の具体的方法につき、Xは、「Aに対して300万円を貸し付け
た担保としてA名義の定期預金証書を預かっていたところ、平成16
年1月10日がその満期であったので、X、Y、Aが喫茶店に集合した
うえ、Aが銀行に行って預金の払戻しを受けてそれをXに交付し、
Xがそれに遅延損害金を付加してYに交付した」と主張した。

④　これに対し、Yは、「平成15年10月10日にXに300万円を貸し付け
た際、その担保としてXからA名義の定期預金証書を預かっていた
ところ、平成16年1月10日がその満期であったので、定期預金証書を
持って喫茶店に行きXに証書を渡して待っていたら、Xが300万円を
持ってきた。Aとは会ったことがない」と主張した。

本件の概要を図示すると、以下のとおりです。

[関係図]

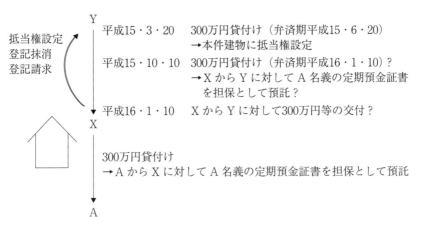

(2)　本設例における主張の構造と争点の所在

　Ｘは、所有権に基づく妨害排除請求権としての抵当権設定登記抹消登記
請求権を訴訟物として選択したものと考えられます。その請求原因事実は、
以下のとおりです。

> ⑦　Ｘは、本件建物を所有している。
> ⑦　Ｙ名義の本件抵当権設定登記が存在する。

　Ｙは、この請求原因に対し、登記保持権原の抗弁[85]を主張しています。

> ⓐ　Ｙは、Ｘに対し、平成15年3月20日、弁済期を同年6月20日とし
> 　て300万円を貸し付けた。
> ⓘ　ＸとＹとは、平成15年3月20日、ⓐの債権を担保するため本件建
> 　物に抵当権を設定する旨の契約を締結した。
> Ⓤ　Ｘは、ⓘの当時、本件建物を所有していた。
> ⓔ　請求原因⑦の登記は、ⓘの抵当権設定契約に基づく。

　Ｘは、この抗弁に対し、再抗弁として弁済による被担保債権消滅の主張
をしています。

> ⓥ　Ｘは、Ｙに対し、平成16年1月10日、300万円およびこれに対する
> 　平成15年6月21日以降平成16年1月10日まで年5分の割合による遅延
> 　損害金[86]を交付した。
> ⓔ　ⓥの金員の交付は、抗弁ⓐの債権についてされた。

　この再抗弁事実の整理は、最二小判昭和30・7・15民集9巻9号1058頁の
立場によったものです。すなわち、弁済を主張する当事者において具体的な

---

[85]　登記保持権原の抗弁の要件事実については、紛争類型別の要件事実・73頁以下を参照。
[86]　改正前民法419条1項本文の規定により、金銭債務については特約がなくても法定利率年5分
　（改正前民法404条）の割合による遅延損害金の支払債務が発生しますから、弁済期後の弁済の場
　合には、元本金額の給付のみを主張するのでは主張自体失当となります。

弁済充当関係を主張・立証すべきであるとの立場です。この立場によりますと、平成16年1月10日に受領した300万円は平成15年10月10日に貸し渡した貸金に対する弁済であるとのYの主張は、再抗弁㊅の積極否認事実の主張ということになります。[87]

　この設例では、請求原因事実と抗弁事実には争いがなく、もっぱら弁済の再抗弁事実を認定することができるかどうかが争点になっています。すなわち、争点は、XからYに対していくらの金員が交付されたか、当該金員が本件債権（平成15年3月20日の貸金債権）についての弁済としてされたかどうかにあります。

　そして、この弁済の成否は、結局のところ、YのXに対する貸金債権が2本あるのか1本しかないのかにかかっています。

(3)　本設例の証拠の状況

　貸金の契約書または弁済についての領収書があれば認定にそう困難はないのでしょうが、本設例では、抵当権設定関係の文書しかありません。このように直接証拠となる文書が乏しいために起きる紛争は、現在でも決して少なくありません。

　Xは、前記(1)③のとおり供述しました。

　また、AがX申請の証人として出頭し、「平成16年1月10日に喫茶店でXとYに会い、自分が銀行から300万円の払戻しを受け、それをXに交付した。定期預金証書は、当日、Xから返却を受けたと思う」と証言しました。

　他方、Yは、前記(1)④のとおり供述し、加えて、第1回目の300万円の貸金の弁済が遅滞していたのに、第2回目の300万円を貸し付けた理由を問われて、「Xから、第1回目の300万円については自宅に抵当権を設定してあるし、第2回目分については、A名義の定期預金証書を担保として預けるから頼むと懇願されたので、気の毒に思い貸してしまった」と供述しました。

87　弁済の要件事実については、紛争類型別の要件事実・9頁を参照。

⑷　本設例で検討すべき具体的問題点と経験則

　前記⑵で説明したように、本事例における唯一の争点である弁済の再抗弁の成否は、主にＹのＸに対する貸金債権が２本あるのか１本しかないのかにかかっています。

　この事実認定上の争点をより具体化しますと、第１回目の300万円の貸金の弁済が遅滞していたのに、さらに300万円を貸し付けるということが世の中で通常起きることかどうかというところに行き着きます。

　この事実認定上の争点に関して存在する経験則としては、「第１回目の貸金の弁済が遅滞しているのにさらに貸し付けることは、世の中でそう頻繁に起きるものではない」というものであるといってよいでしょう。

　しかし、この経験則には、「第１回目の貸金の弁済が確実にされるものと貸主において考え得る客観的根拠があり、かつ、これから貸し付ける貸金の弁済も確実にされるものと貸主において考え得る客観的根拠がある場合は、例外としてさらに貸し付けるということも起こり得る」という例外となる経験則が付随しています。

　そうしますと、再度の貸付けの成否をめぐる事実認定上の焦点は、上記のような例外的事情が本事例において存在していたかどうかにあります。そして、第１回目の貸金については本件建物に抵当権が設定されていたことに争いがないのですから、本件建物の外にＹの主張する第２回目の貸金300万円に相応する担保が差し入れられたのかどうか、すなわち、ＸはＹに対して平成15年10月10日ころＡ名義の定期預金証書を預託したかどうか、がさらに絞り込まれた事実認定上の争点ということになります。

　そして、これは、Ａ名義の定期預金証書を平成16年１月10日の時点で保管していたのがＸであるのかＹであるのかによって決することができますから、この点が事実認定上の究極の争点になります。なぜなら、Ａ名義の定期預金証書を同日保管していたのがＸである場合には、Ａ名義の定期預金債権を平成15年３月20日の貸金債務の弁済原資として用いたと考えるのが

合理的でしょう。これに対し、A 名義の定期預金証書を同日保管していたのが Y である場合には、X が Y に対して本件建物とは別に定期預金債権を担保に提供していたと考えるのが合理的であるからです。

　結局、X と Y とが喫茶店で落ち合った理由が、A 名義の定期預金証書を Y が保管していたため、これを Y から受け取る必要があったという心証を得ることができた場合には、X から Y に対し、本件建物とは別に相応の担保が差し入れられていたという事実を認定することができるのですから、経験則の例外となる事実関係を認定することができるということになり、X の再抗弁事実は認定するに由ないことが明らかになります。

　以上の争点の構造を整理して図示すると、以下のとおりになります。

主要事実レベルの争点	X が Y に対して平成16年 1 月10日にした金員の給付は、平成15年 3 月20日の貸付金債権についてのものか

↓

間接事実レベルの争点（積極否認事実の存在可能性）	Y が X に対して平成15年10月10日に再度300万円を貸し付けた可能性はあるか

↓

再間接事実レベルの争点	X は Y に対して平成15年10月10日ころ A 名義の定期預金証書を預託したか

↓

再々間接事実レベルの争点	Y は A 名義の定期預金の満期である平成16年 1 月10日当時 A 名義の定期預金証書を保管していたか

(5)　「経験則とその例外」という見方が重要であること

　このようにみてきますと、民事裁判における事実認定は、極めて論理的な作業であることがわかります。本設例についてみますと、両当事者の間接事実レベルでの争い方を正確に把握することによって、主要事実レベルの争点である再抗弁事実の成否が、A 名義の定期預金証書が平成16年 1 月10日以前に X から Y に対して交付されていたかどうかという点の事実認定に集約

されることを洞察することができなければ、正しい事実認定に到達することはできません。

　そして、当事者またはその訴訟代理人としては、本事案において、Xの依拠する経験則が「第1回目の貸金の弁済が遅滞しているのにさらに貸し付けることは、世の中でそう頻繁に起きるものではない」というものであり、Yの依拠する（例外となる）経験則が「第1回目の貸金の弁済が確実にされるものと貸主において考え得る客観的根拠があり、かつ、これから貸し付ける貸金の弁済も確実にされるものと貸主において考え得る客観的根拠がある場合は、例外としてさらに貸し付けるということも起こり得る」というものであることを、理解して立証にあたることが必要になります。

　なお、本事案における例外となる経験則は、上記のような内容のものですが、事案によっては、別の内容のものであることもあります。例外は、1つとは限りません。[88]

　すなわち、訴訟代理人としては、以下の点を明確に意識して主張・立証にあたることが必要ですし、裁判官としては、訴訟代理人がそのようにしているかどうかを常に注意していることが必要です。

①　当該事件における要証事実の証明に用いられる経験則の内容を明確化する。

②　①の経験則は、主要事実レベルの争点の認定のための経験則であるとは限らない。間接事実レベルの争点の認定のための経験則であることが往々にしてある。

③　一口に経験則といっても、確度の高いもの（例外の少ないもの）と確度のそれほど高くないもの（例外の比較的に多いもの）とがある。

④　確度の高い経験則であっても、必ずその例外となる経験則があるので、

88　例えば、「XとYとの間に、Xの2度目の依頼をYがむげに拒絶することのできない特殊な人間的関係がある」という例外となる経験則もあるでしょう。「仏の顔も3度まで」といいます。すなわち、本文の設例における原則としての経験則は、確度のそう高いとはいえないもの（例外の比較的に多いもの）ということができます。

当該事件における例外となる経験則の内容を明確化する。

Ⅳ　裁判例にみる供述の信用性の検討

　上記Ⅲでは、設例によって供述の信用性を経験則との整合性という観点から検証するという作業の説明をしました。次に、最近の裁判例を素材にして、事実認定の過程でどのように経験則を使用するのかの実際をみてみることにします。

　まず、直接証拠である供述を排斥して反対事実を認定した事案を、次に、直接証拠である供述を信用してこれに沿う事実を認定した事案を取り上げ、それぞれにつき、どのような内容の経験則をどのような方法で適用することによって正しい事実認定に到達することができるかまたは正しい事実認定に裁判官を導くことができるかを検討することにしましょう。

1　直接証拠である供述を排斥して反対事実を認定することと経験則

⑴　事案の概要

　最一小判平成16・2・26判時1853号90頁は、直接証拠である供述を排斥して反対事実を認定することと経験則との関係を検討するのにふさわしい判例です。その事案の概要は、以下のとおりです。

> ①　平成 7 年 3 月 1 日に死亡した A の二女 X_1 と三女 X_2 は、A の養子
> 　　Y を被告として、公証人 B 作成に係る A の平成 5 年 6 月 2 日付け公
> 　　正証書遺言（A の所有するすべての財産を Y に相続させる旨の遺言）が
> 　　無効であることの確認を求めた。X_1・X_2 は、その理由として、(i)本
> 　　件公正証書の A の署名が本人のものでない、(ii)本件公正証書には X_2
> 　　がその原本を閲覧した平成 8 年 4 月22日まで公証人 B の署名押印が

なかった、という2点を主張した。

② 第一審は、X₁・X₂の主張する2点はいずれも理由がなく、本件公正証書は適式に作成されたものと認めることができるとして、X₁・X₂の請求を棄却した。これに対し、原審（控訴審）は、上記①(ⅱ)の主張を認めて、X₁・X₂の請求を認容した。

③ 原審の確定した事実関係の概要および証拠の状況は、以下のとおり。

ⓐ Aは、平成5年6月2日、証人2名とともに公証役場に赴き、公証人Bに対し、本件公正証書の作成を嘱託した。公証人Bは、同日、同役場において、遺言内容をAおよび証人に読み聞かせて承認を受け、本件公正証書の原本の所定の欄に同人らの署名押印を得た。そして、公証人Bは、同日、本件公正証書の正本（5年正本）および謄本（5年謄本）を各1通ずつ作成し、これらをAに交付した。

ⓑ 本件公正証書の原本（甲第9号証（以下、「甲9」という））：本件訴訟に証拠として提出された時点において、公証人の署名欄（第1署名欄）には、公証人Bの毛筆による署名および押印がされており、また、上記ⓐの正本交付についての公証人の署名欄（第2署名欄）にも、公証人Bの毛筆による署名および押印がされている。本件公正証書の原本には、そのほかにも外観上不自然な点はない。

5年正本（甲第4号証（以下、「甲4」という））：第1署名欄該当部分には、公証人Bの記名と押印表示がされており、正本認証についての公証人の署名欄には、公証人Bの毛筆による署名および押印がされている。

5年謄本（乙第8号証（以下、「乙8」という））：第1署名欄該当部分には、公証人Bの記名と押印表示がされており、謄本認証についての公証人の署名欄には、公証人Bの毛筆による署名および押印がされている。

ⓒ　公証人Bは、平成8年4月22日、X₂の申請に基づき、本件公正証書の謄本（8年謄本）を1通作成し、これをX₂に交付した。

ⓓ　8年謄本（甲第2号証（以下、「甲2」という））：第1署名欄該当部分には、公証人Bの記名と押印表示がされており、謄本認証についての公証人の署名欄には、公証人Bの毛筆による署名および押印がされている。

ⓔ　本件公正証書の原本の作成状況等につき、第一審において公証人Bの書面尋問[89]および証人尋問が行われ、原審において公証人Bの下で執務していた主任書記Cの陳述書が提出されたが、その内容は、いずれも、本件公正証書の作成日に、公証人Bが原本の第1署名欄に署名押印したというものである。

ⓕ　公証人Bの書面尋問と証人尋問の各結果および書記Cの陳述書は、本件公正証書の原本のコピーを切り貼りして8年謄本を作成した旨を述べるものであるが、同原本のコピーの切り取り方について食い違いがある。

④　原審は、X₁・X₂の請求を認容した。その理由の大筋は、(i)8年謄本の作成方法について、上記③ⓕの食い違いがある、(ii)公証人Bの証言等による8年謄本の作成方法は、8年謄本の外観と整合しない、(iii)公証人Bは8年謄本の作成方法につき書記Cから聞き取ったところを証言したのであるが、その証言の信用性が疑わしいから、公証人Bの証言の難点を回避するために作成提出された書記Cの陳述書も信用することができない、(iv)したがって、公証人Bの証言等および書記Cの陳述書のうち、本件公正証書の作成日にその原本に公証人Bの署名押印がされたとの趣旨をいう部分は、信用することができない、(v)8年謄本と本件公正証書の原本の細部の状態等を参酌すると、

---

[89]　旧民訴法の簡易裁判所での書面尋問の制度（旧民訴法358条ノ3）を、新民訴法が一般に認めることとしたもの。民訴法205条、民事訴訟規則124条を参照。

　　8年謄本は、本件公正証書の原本の第1署名欄に署名押印がない状態
　で複写し、公証人Bがその余の署名等をして完成させたものと推認
　するほかない、(ⅵ)結局、本件公正証書の原本は、少なくとも8年謄本
　の作成された平成8年4月22日まで公証人の署名押印を欠くものであ
　ったから、本件遺言は、民法960条、969条の方式を欠き無効である。

　本件の概要を図示すると、以下のとおりです。

[関係図]

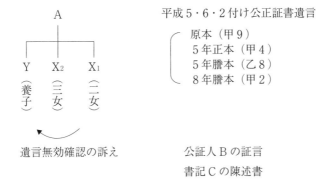

（2）　最高裁の判断

　最高裁は、以下のとおり判示して、原審の認定判断には、判決に影響を及
ぼすことが明らかな経験則違反または採証法則違反の違法があるとして、原
判決を破棄し、さらに審理を尽くさせるため、本件を原審に差し戻しました。

　①　8年謄本を作成する具体的な方法の細部（本件公正証書の原本のコピ
　　ーの切り取り方）について、公証人Bの証言等および書記Cの陳述書
　　の記載に食い違いがあるものの、8年謄本の作成方法の主要な部分に
　　ついては、一致している。
　⑪　本件公正証書の原本の各葉上部欄外に公証人Bの印による契印が

されているにもかかわらず、第1署名欄の署名押印のみがされておら
ず、また、第1署名欄が空欄であるにもかかわらず、この部分の記載
に続けて行を詰めて記載されるべき部分の印字がされていたというの
は、通常の書類作成手順に照らして不自然である。

⑪　本件公正証書の原本が作成された平成5年6月2日には、その原本
に基づいて5年正本および5年謄本が作成され、同日、Aに交付さ
れたが、公証人Bは、その5年正本および5年謄本の正本または謄
本認証についての公証人の署名欄に署名押印しているのに、その原本
の第1署名欄には署名押印せず、8年謄本の作成時である平成8年4
月22日まで放置していたとは、通常考えがたい。

⑫　記録によると、大阪法務局は、毎年9月に公証原本の検閲等の公証
事務の監査を行っており、本件役場においても、平成5年9月1日に
同年8月31日までの1年分の嘱託事件について抽出調査による検閲が
行われたが、その際、署名押印漏れの不当事例や誤りの指摘を受けな
かったことがうかがわれる。[90]

⑬　記録によると、8年謄本は、本件公正証書の原本の閲覧を申し出た
X₁・X₂に対し、公証人Bが原本を閲覧させたうえで作成したもので
あるところ、その際、X₁・X₂から原本に公証人の署名押印がないと
の指摘がされた形跡がないことがうかがわれる。

⑭　以上の諸点に鑑みると、8年謄本を作成する具体的な方法の細部
（本件公正証書の原本のコピーの切り取り方）について、公証人Bの証
言等および書記Cの陳述書の記載に食い違いがあること等の事情を
基に、公務員が職務上作成した公文書たる本件公正証書の原本につい
て、それが作成された時点はもとより、8年謄本が作成された時点に
おいても、公証人Bの署名押印がなかったと認定することは、他に

90　本文⑫⑬における「うかがわれる」という表現の意義については、本章（注32）および（第1
章Ⅺ注64）を参照。

> これを首肯するに足りる特段の事情の存しない限り、経験則または採
> 証法則に反するものというべきである。

(3)　遺言無効確認の訴えにおける主張・立証の構造

X₁・X₂は、本件公正証書によるＡの遺言の無効の確認を求めました。遺言無効確認の訴えは、形式的には過去の法律行為の確認を求めるものですが、「遺言が有効であるとすれば、それから生ずべき現在の特定の法律関係が存在しないことの確認を求めるものと解される場合であって、原告がかかる確認を求めるにつき法律上の利益を有するときは、適法として許容される」というのが現在の判例の立場です[91]。

そこで、X₁・X₂としては、請求原因事実として、①確認の対象となる遺言を特定するとともに、当該遺言に民法上の法律行為が含まれていることを主張し、かつ、②確認を求めることについて法律上の利益を有することを主張すべきことになります[92]。本件においては、以下の㋐が上記①の主張、㋑および㋒が上記②の主張です。

> ㋐　Ａにつき、公証人Ｂ作成の平成5年6月2日付け本件公正証書遺言（Ａの所有するすべての財産をＹに相続させることを内容とする）が存する。
> ㋑　Ａは、平成7年3月1日に死亡した。
> ㋒　X₁・X₂はＡの子であり、ＹはＡの養子であるところ、X₁・X₂とＹとの間に本件公正証書遺言の有効性について争いがある[93]。

---

[91]　最三小判昭和47・2・15民集26巻1号30頁。

[92]　公正証書遺言の無効確認を求める訴えにおいて、民法969条の規定する方式に違反することを主張する場合、訴状の「請求の原因」欄に同条のいずれの号に掲げる方式に違反するかを特定して主張するのが通常です。広島地呉支判平成元・8・31判時1349号110頁はこれを請求原因事実とし、また、東京地判昭和56・1・28判時1008号167頁はこれを再抗弁事実として摘示していますが、厳密には、いずれも誤りです。本文中に説明したとおり、方式違反の点は原告の主張・立証責任に属する事実ではなく、適式に公正証書が作成されたことを被告が抗弁事実として主張・立証する責任を負うのです。

これに対し、Ｙは、民法969条の規定に従って本件公正証書遺言が適式に
されたことを抗弁として主張する必要があります。

　　㋐　Ａは、公証人Ｂに対し、平成 5 年 6 月 2 日、Ａの所有するすべて
　　　の財産をＹに相続させる旨口授した。

　　㋑　Ａが㋐の遺言をするに際し、証人 2 人が立ち会った。

　　㋒　公証人Ｂは、Ａの口述を筆記し、これをＡおよび証人に読み聞か
　　　せ、または閲覧させた。

　　㋓　Ａおよび証人は、㋒の筆記の正確なことを承認した後、各自これ
　　　に署名し押印した。

　　㋔　公証人Ｂは、その証書が㋐ないし㋓のとおり作成したものである
　　　旨を付記して、これに署名し押印した。

　この抗弁に対する再抗弁として、遺言者が遺言当時意思無能力であったこ
とや、証人に民法974条の規定する欠格事由の存すること等を主張すること
ができますが、本件ではそのような主張はされていません。

　さて、本件の原審は、本件公正証書の原本に公証人Ｂの署名押印がなか
ったと認定し、また、最高裁は、この認定を取り上げて、経験則または採証
法則に反すると判断したため、「本件公正証書の原本に公証人Ｂの署名押印
がなかったこと」が主張・立証命題であるかのようにみえますが、実はそう
ではありません。

　上記に整理したとおり、「本件公正証書の原本に公証人Ｂの署名押印がな
かった」という事実は、抗弁事実㋔の反対事実です。すなわち、X₁・X₂と
しては、「公証人Ｂが本件公正証書の原本に署名押印した」という抗弁事実
㋔の一部を成す事実について真偽不明の状態にもち込むことができればよか

93　遺言無効確認訴訟につき、相続人全員が当事者となるべき固有必要的共同訴訟と解する立場に
　　立つと、「㋒ X₁・X₂ はＡの子、ＹはＡの養子であり、他にＡの相続人はいないところ、……」
　　と主張することになります。

ったのです。ところが、原審は、抗弁事実㋕を認めるに足りないというのではなく、それを超えて抗弁事実㋕の反対事実を認めることができるとしたのです。[94]

(4) 本件における争点と証拠の構造

前記(3)から明らかなように、本件における主要な争点は、抗弁事実㋕（なかんずく、本件公正証書の原本への公証人Ｂの署名押印）の有無にあります。[95]

この争点につき、本件公正証書の原本への公証人Ｂの署名押印を肯定する直接証拠として、公証人Ｂの書面尋問と証人尋問の各結果および書記Ｃの陳述書が存在します。これらは、いずれも本件公正証書原本の作成者本人またはその現場を目撃した第三者の供述であり、直接証拠の典型例の１つです。反対の直接証拠は全く存在しません。[96]

それでは、間接証拠（補助証拠）はどうでしょうか。公証人Ｂの署名押印を肯定する方向に働く間接証拠（補助証拠）としては、前記(2)ⅱないしⅴに挙げられているものがそれに当たります。否定する方向に働く間接証拠（補助証拠）としては、かろうじて前記(2)ⅰに挙げられているもの（８年謄本を作成する際の本件公正証書の原本のコピーの切り取り方について、公証人Ｂの証言等および書記Ｃの陳述書の記載に食い違いがあること）がそれに当たります。

以上の争点と証拠の構造を整理して図示すると、以下のようになります。

---

94 原審のしたこのような認定は、一般に「かえって認定」とよばれているものですが、起案の手引・68頁では、「通常このような事実の認定は必要ではないのみならず、認定を誤る危険が伴いがちであるから、初心者は避けた方が無難である」とされています。

95 前記(1)①のとおり、X₁・X₂は、抗弁事実㋑の一部をも否認して争いました。しかし、上記(1)③ⓐのとおり、原審も簡単に抗弁事実㋑を認定しました。

96 X₂が「平成８年４月22日に本件公正証書の原本を閲覧した時点で、本件公正証書の原本には公証人Ｂの署名押印がなかった」と供述したとすれば、反対の直接証拠というべきでしょう。本最高裁判決および上告代理人による上告受理申立理由をみる限りでは、X₂はこのような供述をしなかったようです。

主要事実レベルの争点	・公証人Bは平成5年6月2日に本件公正証書の原本に署名押印したか

↓

直接証拠の有無	・肯定する証拠（公証人Bの書面尋問と証人尋問の各結果および書記Cの陳述書）あり ・否定する証拠なし

↓

間接証拠（補助証拠）の有無	・肯定方向に働く証拠（前記(2)⑪ないし⑰参照）あり ・否定方向に働く証拠（前記(2)①参照）あり

(5)　最高裁の採用した経験則

　前記(2)⑪ないし⑰を検討してみますと、本件における究極の争点（公証人Bは平成5年6月2日に本件公正証書の原本に署名押印したかどうか）についての直接証拠である公証人Bの書面尋問と証人尋問の各結果および書記Cの陳述書の信用性を判断するために、次のとおりの手順を踏んでいることがわかります。

　すなわち、最高裁は、①本件公正証書の原本が作成された平成5年6月2日から8年謄本が作成された平成8年4月22日までに生起した一連の社会的事象をいくつかの段階に区分したうえ、②各段階について抽出した経験則をそこでの事実に適用して各段階における確率を計算し、③そのようにして求められた複数の確率を乗ずることによって、上記の直接証拠の信用性を判別するという過程を経ています。

　最高裁の使用した複数の経験則を列挙してみますと、以下のとおりです。

①　公証人が公正証書原本の各葉上部欄外に契印をした場合には、その第1署名欄にも署名押印をするのが公正証書原本の作成手順として通常である。

②　公正証書の一定部分の記載に続けて行を詰めて記載されるべき部分の印字がされた場合には、当該一定部分の記載がされていたのが公正証書

原本の作成手順として通常である。

③　公正証書原本の作成日に当該原本に基づいてその正本と謄本とが作成された場合において、公証人がその正本と謄本の正本または謄本認証についての公証人の署名欄に署名押印したときは、当該原本の第1署名欄にも署名押印をするのが通常である。

④　法務局による公証原本検閲の公証事務の監査が行われた場合において、監査対象となった公証事務に誤りや不当な扱いがあったときは、その旨の指摘を受けるのが通常である。

⑤　相続人の一部の者が相続の開始後公正証書原本の閲覧をした場合において、当該原本の第1署名欄に公証人の署名押印がないことを認識したときは、その旨の指摘をするのが通常である。

このように5つの経験則を本件事案に適用したうえで確率計算をしてみますと、公証人Bの証言等および書記Cの陳述書の記載に8年謄本を作成する具体的な方法の細部について食い違いがあるということのみから、公証人Bが平成5年6月2日に本件公正証書の原本に署名押印したという上記各証拠の信用性を否定するのが合理的でないことが明らかになります。まして、食い違いがあることを理由にして反対事実の認定をするというのは、あまりにも大胆な飛躍しすぎの認定というほかないでしょう[98]。

原審がこのような誤った事実認定に陥った最大の原因は、本件における事実認定上の争点を、8年謄本を作成する具体的な方法（本件公正証書原本の

97　そもそも、公証人Bの証言等や書記Cの陳述書に食い違いがあることがそれ程に不自然なことであるのかの検討も必要です。公証人Bにとって、8年謄本の作成は自ら経験した事実ではありません。また、書記Cにとって、8年謄本の作成は自ら経験した事実ではありますが、陳述時までに相当の期間が経過していますし、公正証書遺言謄本の作成は日常業務の一部ですから、何らかの契機がない限り、当時の他の同種の業務から識別して記憶しているということもないというのが通常でしょう。本節Ⅰ2（135頁）を参照。

98　ただし、公証人Bの証言等や書記Cの陳述書の述べる方法によっては、8年謄本を作成することが客観的に不可能であるというのであれば、もちろん話は別です。本件は、そのような場合ではありません。

コピーの切り取り方）のみに限定してしまったところにあります。そして、この１点に視野を狭窄させてしまった結果、複数の経験則を適用することによって合理的な認定に到達するという事実認定の基礎を忘れてしまったものと思われます。

2　直接証拠である供述を信用して事実を認定することと経験則

(1)　事案の概要

最一小判平成14・6・13[99]は、直接証拠である供述を信用してこれに沿う事実を認定することと経験則との関係を検討するのにふさわしい判例です。その事案の概要は、以下のとおりです。

---

① 　X社（信用保証業者）は、Bに対し、Bとの間で締結した保証委託契約に基づき、後記③ⓖの代位弁済金と遅延損害金の支払を求めるとともに、Bの負う求償債務をその父Aが連帯保証したと主張して、Aの相続人である妻Y₁および子Y₂ないしY₄に対し、後記③ⓖの代位弁済金の各相続分相当額と遅延損害金の支払を求める本件訴訟を提起した。本件訴訟の争点は、右連帯保証契約の成否とその範囲いかんにある。

② 　第一審は、X社の請求をすべて認容した。これに対し、原審（控訴審）は、AはBの負う求償債務のうち３億円の範囲で連帯保証したと認定し、Y₁について１億5000万円、Y₂ないしY₄について各3750万円とこれらに対する遅延損害金の支払を求める限度で認容し、その余を棄却した。

③ 　原審の確定した事実関係の概要および証拠の状況は、以下のとおり。
　　ⓐ 　A（奈良県内の町長）の長男B（大阪市内の歯科開業医）は、C銀

行から、平成元年10月4日、住宅ローン7億円を同年11月から平成
21年9月まで毎月末日限り502万5895円を支払うとの約定で借り受
けた。住宅ローンの使途は、その申込書上、自宅取得費用合計8億
円余（兵庫県P市の高級住宅地の土地の価格7億円余、建物建築費1億
円余）とされていた。

ⓑ　平成元年9月5日、Bは、X社に対し、BのC銀行に対する本
件住宅ローン債務の保証を委託し、X社はこれを受託した。X社
は、C銀行に対し、同日、本件住宅ローン債務の保証をした。

ⓒ　Bは、X社に対し、平成元年9月5日ころ、「借入金額7億円」
と記載した本件保証委託契約書（甲第22号証（以下「甲22」という））
を差し入れた。

ⓓ　Bは、平成元年10月4日ころ、父Aに対し、本件住宅ローン債
務が上記ⓐの自宅土地建物を取得するためのものである旨を告げて、
X社に対する求償債務の保証を依頼し、X社から交付されていた
保証書の用紙を渡した。X社は、そのころ、Bから、連帯保証人欄
にAの住所・氏名が記載され、Aの意思によって押捺されたAの
実印による印影のあるX社宛ての本件保証書（甲第23号証（以下
「甲23」という））を受領した。その際、X社は、Aに対し、保証意
思の確認をしなかった。

ⓔ　本件保証書には、「保証人は本人が別に差し入れた1年9月5日
付保証委託契約の各条項のほか下記条項を承認のうえ、次の債務に
ついて本人と連帯して債務履行の責めを負います」と記載され、
「債務の内容」として、「本人のC銀行からの金　　円の住宅ロー
ンの借入につき、貴社が1年9月5日付保証委託契約に基づき本人
のために支払保証されたことに関して本人が貴社に負担することの
あるべき求償債務」と、「保証債務の範囲」として、「上記元金のほ
か、利息、損害金等これに付帯する債務を含む」と記載されていた。

⑥　A は、平成 9 年 1 月16日に死亡し、妻である Y₁ および子である
B・Y₂・Y₃・Y₄ がその相続人である。

⑧　X 社は、C 銀行に対し、平成10年10月 5 日、本件住宅ローン債務
の残元金等合計 9 億円余を代位弁済した。

⑪　B は、第一審において、被告本人として出廷し、「父 A に対し、
P 市に家を買うので 3 億ぐらいの保証をしてもらえないかと言って、
保証書を見せた」と供述した。

④　原審の上記②の認定は、上記③⑪の B の供述のみによるものであ
る。

本件の概要を図示すると、以下のとおりです。

[関係図]

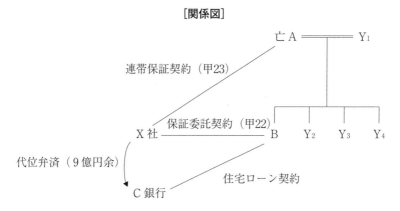

連帯保証契約（甲23）

保証委託契約（甲22）

X 社　　　　　　　　　　　　B　　Y₂　　Y₃　　Y₄

代位弁済（ 9 億円余）

C 銀行

住宅ローン契約

(2)　最高裁の判断

最高裁は、以下のとおり判示して、原審の認定判断には、判決に影響を及
ぼすことが明らかな経験則違反または採証法則違反の違法があるとして、原
判決中 X 社の敗訴部分を破棄し、さらに審理を尽くさせるため、同部分を
原審に差し戻しました。

①　A は、自らの意思で本件保証書の連帯保証人欄に捺印したもので

あるところ、本件保証書には、債務の内容として、「本人のＣ銀行からの金　　　円の住宅ローンの借入につき、貴社が１年９月５日付保証委託契約に基づき本人のために支払保証されたことに関して本人が貴社に負担することのあるべき求償債務」と記載されており、住宅ローンの借入金額欄が空白となっているものの、保証委託契約の日付によって被保証債務の特定に欠けるところはない。

ⅱ　本件保証委託契約書には、借入金として７億円と記載されていた。

ⅲ　Ａは当時地方公共団体の長を務めていた者であり、その地位に照らせば、連帯保証の趣旨を理解していたことはもとより、当時の経済情勢の下における阪神圏の地価についても、少なくとも一般に報道されていた程度の知見は有していたものというべきで、Ｂが取得しようとする財産の総額が３億円を大きく上回ることは十分に予見することができたというべきである。

ⅳ　上記ⅰⅱⅲを考え併せると、書証の記載以上にＢの本人尋問の結果を信頼すべき特段の事情がない限り、本件保証書および本件保証委託契約書の記載を尊重すべきである。[100]

ⅴ　Ｂの供述は、単に「父Ａに対し、Ｐ市に家を買うので３億ぐらいの保証をしてもらえないかと言って、保証書を見せた」というにとどまり、これを裏付けるべき証拠は何ら存在しないこと等を考慮すれば、Ｂの供述のみに基づき、本件保証書および本件保証委託契約書の記載に反して、保証の範囲を３億円であると認定することは経験則ないし採証法則に反する。

100　最高裁は、ここで、要旨「書証の記載およびその体裁から、特段の事情のない限り、その記載どおりの事実を認めるべきである場合に、なんら首肯するに足る理由を示すことなくその書証を排斥するのは、理由不備の違法を免れない」とした最一小判昭和32・10・31民集11巻10号1779頁を参照しています。この判例の事案は、上記に引用した判決要旨を超えて興味ある問題を提供していますので、後に詳しく取り上げることにしたいと思います。

(3) 本件における争点と証拠の構造

前記(1)①のとおり、本件訴訟の争点は、本件連帯保証契約の成否とその範囲いかんというものであり、一見したところ簡明なものです。

この争点につき、本件連帯保証契約の成立を肯定する直接証拠として、本件保証書（甲23）が存在します。本件保証書は、Aによる保証の申込みまたは承諾の意思表示のみが記載されたいわゆる「差入れ契約書」[101]であり、X社による承諾の意思表示は記載されてはいません。したがって、契約書としての処分証書ということはできませんが、Aの保証の申込みまたは承諾の意思表示が記載されていますので、その範囲における処分証書ということになります。

そうしますと、処分証書である本件保証書の成立の真正が確定されたときは、AがX社に対して本件保証の申込みまたは承諾の意思表示をしたという事実は動かないことになります[102]。そして、上記(2)①のとおり、Aは自らの意思で本件保証書の連帯保証人欄に捺印したというのですから、民訴法228条4項の推定が働き、本件保証書全体が真正に成立したものと推定されることになります。すなわち、本件保証書中には、債務の内容について「本人のC銀行からの金　　円の住宅ローンの借入につき、貴社が1年9月5日付保証委託契約に基づき本人のために支払保証されたことに関して本人が貴社に負担することのあるべき求償債務」という記載部分がありますから、この記載部分もまた真正に成立したものと推定されます。この記載部分が真正に成立したということになりますと、本件保証書の債務の内容欄にBがC銀行から借り入れた住宅ローンの金額は記入されていませんが、最高裁が上記(2)①に判示するとおり、被保証債務が「BのC銀行に対する住宅ローンの借入金について平成元年9月5日付けのBとの間の保証委託契約に基づき、X社がC銀行に対して保証契約の履行として代位弁済したことによ

---

101 「差入れ契約書」につき、田中・法律文書作成305頁を参照。
102 本章第1節Ⅸ1（114頁）および2（116頁）を参照。

ってBの負担すべき求償債務」であることは明らかですから、本件保証書
中の記載によって被保証債務は十分特定されているということができます。
むしろ、BがC銀行から借り入れた住宅ローンの金額が記入されていない
ことによって、Aは「X社がC銀行に対して保証契約の履行として代位弁
済したことによってBの負担すべき求償債務のすべてをBと連帯して保証
する」旨の意思表示をしたものと解釈されます。

　そこで、Yらとしては、上記の記載部分がAの意思に基づいて記載され
たのではない可能性があることを立証する必要が生じました。[103]

　この立証（反証）として、Bは、被告本人として出頭し、前記(2)ⓥのとお
りの供述をしたのです。

　このように検討してきますと、本件における事実認定上のポイントは、B
の供述によって民訴法228条4項の推定を揺るがすことができているかどう
かにあることが明らかになります。

(4)　原審の認定判断の問題点

　原審は、「父Aに対し、P市に家を買うので3億ぐらいの保証をしてもら
えないかと言って、保証書を見せた」というBの供述が前記(3)の反証とし
て十分であるというにとどまらず、Bのこの供述に依拠して、「Aは本件求
償債務のうち3億円の範囲で連帯保証したものである」としました。そこで、
このような原審の認定判断の問題点を検討してみることにしましょう。

　第1に検討すべきは、Bの供述が反証として十分であるかどうかの問題で
す。[104]この問題の背後には、Bの供述の信用性いかんの問題が控えています。

　最高裁の判断は、Bの供述の信用性いかんの問題についてのものと理解す
ることができます。最高裁は、原審の認定を経験則違反ないし採証法則違反
と判断したのですが、そこで使われた経験則を次に整理しておくことにしま
しょう。

103　本章第1節Ⅵ3（83頁）を参照。
104　この点につき、本章第1節Ⅵ4（85頁）を参照。

①　地方公共団体の長を務めているほどの者は、連帯保証契約という法律行為の趣旨（法的性質と内容）を理解しているのが通常である。

②　連帯保証の意思表示を文書（保証書）によってしようとする者は、保証書の債務の内容欄の記載内容を理解したうえで自らの捺印をするのが通常である。

③　上記②の場合、保証書の債務の内容欄に被保証債務の特定のために保証委託契約書等の他の文書が引用されているときは、当該他の文書の内容を理解したうえで自らの捺印をするのが通常である。

④　保証の依頼をしてきた者が保証金額の範囲を限定する説明をした場合において、その金額がその者の必要資金額との間に懸隔のあることが容易に判明するときは、懸隔の理由についてのさらなる説明を求め、保証書中に保証金額の範囲を限定する旨の記載をするなどの措置をとるのが通常である。[105]

これら①ないし④の経験則を前提にしますと、それぞれの経験則の例外に当たる事情をＹらにおいて立証する必要が生じていたのであり、その各例外事情の証明に成功しなくては、Ｂの供述を信用することができない筋合いです。最高裁が、前記(2)ⓥにおいて、「これ（Ｂの供述）を裏付けるべき証拠は何ら存在せず」と述べているのは、上記のような経験則の例外に当たる事情を証明する証拠が全くないとの趣旨をいうものです。

以上のとおり、Ｂの供述そのものが信用するに由ないものですから、結局、Ｂの供述は民訴法228条４項の推定を揺るがす反証として機能しないことも明らかということになります。

---

[105]　この経験則を使う前提には、「Ａが保証の範囲につきＢから３億円であるとの説明を受けた場合には、Ａは、Ｐ市内に土地を購入しその土地上に自宅を新築するというＢの資金使途からして、３億円ではＢの必要資金額を大きく下回ることを十分に認識し得た」という事実認定があります。そして、この事実認定は、「奈良県内の町長を務めているほどの者は、当時の阪神圏の地価につき、少なくとも一般に報道されていた程度の知見を有しているのが通常である」という経験則が使われた結果によるものです。このように、経験則は、様々なレベルにおける事実認定に使用されます。

　第２に検討すべきは、Ｂの供述を信用し得るものと仮定した場合であって
も、「３億円の範囲での保証契約が成立した」という結論を導くことができ
るかどうかについてです。

　本件保証書には「Ｂの負担する求償債務のうち３億円の範囲で保証する」
とのＡの意思表示が記載されているわけではありませんし、そのようなＡ
の意思表示がＸ社に口頭で伝達されたという事実も認定されていませんか
ら、Ｘ社とＡとの間で「Ｂの負担する求償債務のうち３億円の範囲で保証
する」という内容の意思表示が合致したという事実認定をすることは不可能
というほかありません。

　そうしますと、Ｙらとしては、Ｂの供述を前提とした何らかの主張を考案
しなければならないということになります。

　１つには、「表示上の錯誤」と構成して抗弁を主張することが考えられま
す。[106]実際には、Ｙらは表示上の錯誤の主張・立証をしませんでしたが、試
みに抗弁事実を整理してみますと、以下のようにものになります。

　㋐　Ｘ社に対して保証の申込みの意思表示をした際のＡの真意は、３
　　億円の範囲で保証するというものであった。
　㋑　保証の上限額が３億円であると考えていなければ、ＡはＸ社に対
　　して保証の申込みの意思表示をしなかった。

　㋐は、請求原因事実として主張された表示行為の際の真意（内心）を主張
するものであり、請求原因事実として主張された表示行為と㋐とを比較する
ことによって、錯誤（表示と真意との間に食い違いがあること）が明らかにな
ります。

　また、改正前民法95条本文によると、当該意思表示が無効になるのは法律

---

[106]　表示上の錯誤の例としては、売買契約の代金額として U.S.$（米ドル）と記載すべきところ、
　　誤って£（ポンド）と記載してしまったというような誤記を挙げるのが一般的です。差し当たり、
　　四宮＝能見・248頁を参照。

行為の要素に錯誤があった場合のみですから、この点を主張することが必要です。そして、「要素の錯誤」というためには、①当該事項についての錯誤がなかったなら、表意者が当該意思表示をしなかったという関係（因果関係）があること、および②当該事項についての錯誤が一般取引の通念に照らして重要であること（重要性の評価根拠事実）、の２つが必要であると理解されています。[107]　あは、保証の上限額についての錯誤であることを主張することにより、上記②の重要性の評価根拠事実の主張にもなっています。

　⒤は、上記①の因果関係の主張です。

　このように抗弁事実の整理をしてみますと、「表示上の錯誤」の主張として構成すること自体は不可能ではありません。

　しかし、本件は、Ａが自らの意思で捺印した本件保証書の債務の内容欄に保証の上限額を記載せず、本件保証書の提出を委託したＢに対して保証の上限額を記載するよう指示したこともないという事案ですから、文書によって保証の申込みの意思表示をする者として重大な過失があったとの再抗弁が主張されることが必至でしょう。[108]

　ほかには、心裡留保と構成して抗弁を主張することが考えられます。その抗弁事実は、以下のようになります。㋒-１と㋒-２とは選択的なものですが、Ｙらはいずれをも主張・立証してはいません。

　㋐　Ｘ社に対して保証の申込みの意思表示をした際のＡの真意は、３
　　億円の範囲で保証するというものであった。

　㋒-１　Ｘ社は、㋐のＡの真意を知っていた。

　㋒-２　Ｘ社が㋐のＡの真意を知らなかったとしても、それに過失（そ
　　の評価根拠事実）があった。

107　改正民法95条１項柱書は、本文の理解を明文化したものです。

108　改正前民法95条ただし書（改正民法95条３項を参照）は、錯誤の抗弁に対する再抗弁になります。「事実摘示記載例集」（起案の手引所収）41頁を参照。

　このように検討してきますと、Bの供述を信用し得るものと仮定しても、弁論主義の観点からして、原審の認定判断（Aは３億円の範囲で連帯保証したというもの）には問題があります。少なくとも、Yらに抗弁の主張をするのかどうかを明らかにするよう釈明し、きちんと主張と立証とを整理をしたうえで判決すべきです。

　また、右の「表示上の錯誤」の抗弁が提出されてこれを認定することができ、かつ「重大な過失」の再抗弁に理由がないものと仮定しても、原審のように「３億円の範囲での保証契約が成立した」という結論を導くことができるかどうかは、問題です。本件保証の申込みまたは承諾の意思表示が錯誤のゆえに無効になるのであれば、本件保証契約全体が無効になる筋合いです。[109]「３億円の範囲での保証契約が成立した」という結論を導くためには、かなり技巧的な法律論が必要になるものと思われます。

109　Aが保証の上限額を３億円とする保証の申込みの意思表示をした場合には、X社としてはBからの本件保証委託契約の申込みの意思表示に対して承諾の意思表示をすることはなく、Aからの保証の申込みの意思表示に対して承諾の意思表示をすることもまたなかったものと思われます。

第 3 章
間接証拠による事実認定

第1節　間接証拠による事実認定の構造

Ⅰ　直接証明と間接証明

1　はじめに

　直接証拠による事実認定については、第2章で詳しく検討しましたので、そのおおよそを理解することができたものと思います。

　そこで、次に、間接証拠による事実認定について検討することにしましょう。間接証拠による事実認定についての検討は、そのまま経験則の第2の機能（間接事実から主要事実を推認する機能）[1]を検討することにほかなりません。

　これまで表題や本文中に「直接証拠」や「間接証拠」または「本証」や「反証」といった用語を使ってきましたが[2]、ここで改めてこれらの用語の定義を確認したうえで、先に進むことにしたいと思います。

2　直接証拠と間接証拠

(1)　直接証拠と直接証明

　主要事実（要件事実）を直接に証明する証拠を「直接証拠」といいます。これまでに扱ったものとしては、契約書、遺言書、保証書、公正証書の作成をした公証人の供述とそれを現認した書記の陳述書等を挙げることができます。

　直接証拠の有する証拠力（証明力）によって主要事実を証明することを「直接証明」といいます。

　1　第2章第2節Ⅲ1（146頁）を参照。
　2　第2章第1節Ⅵ（81頁）、Ⅶ（87頁）、Ⅷ（97頁）、第2節Ⅲ（146頁）、Ⅳ（154頁）等を参照。

(2)　間接証拠と間接証明

　間接事実を証明する証拠を「間接証拠」といいます。主要事実（要件事実）Ａの間接事実として a1、a2、a3 を挙げることができるとした場合に、これらの各間接事実を証明する証拠が間接証拠です。文書と供述を含む様々な証拠方法があります。

　間接証拠の有する証拠力（証明力）によって間接事実を認定し、そのようにして認定された間接事実を総合することによって主要事実を認定することを「推認」といいます。「推認」とは、「推理して認定する」の意です。

　この推認の過程で使われるのが経験則です。この過程を図示すると、次のようになります。

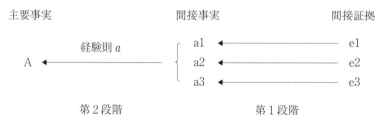

　このように間接証拠による事実認定においては、「間接証拠による間接事実の認定」という第１段階と、「間接事実を総合しての主要事実の推認」という第２段階の２つの過程を経ることになります。この証明のプロセス全体を「間接証明」といいます。

(3)　直接証拠の有する証拠力（証明力）吟味の過程における間接証拠の役割

　それでは、結果として直接証明が成立する場合（直接証拠によって主要事実を認定することができる場合）に、間接証明ないし間接証拠はどのような意味をもっているのでしょうか。

　直接証拠が存する場合の間接証拠は、直接証拠の有する証拠力（証明力）を吟味する資料（補助証拠）として機能します。すなわち、この場合には、

間接証拠から認定される間接事実は、補助事実（証拠能力や証拠力にかかわる事実）として機能することになります。

　相手方が直接証拠の有する証拠力（証明力）を争う場合に、このようなことが問題になります。第2章第2節Ⅳ1（154頁）の事例は、まさにこの問題を扱ったものです。同1⑷の「本件における争点と証拠の構造」（161頁）を復習してみてください。この事例は、煎じ詰めると、第2章で取り上げたように、「直接証拠による事実認定」の問題なのですが、直接証拠の存する訴訟においても、補助事実として機能する間接事実の吟味を経て初めて直接証拠の証拠力（証明力）を判断することができるのであり、このような吟味を経ないで直接証拠に安易によりかかることができないことがよくわかると思います。極めて基本的な技術ないし心得といってよいものですが、裁判官であれ当事者またはその訴訟代理人であれ、常にこの点を意識して事実認定または立証にあたることが必要です。[3]

　また、直接証拠の有する証拠力（証明力）いかんが主要な争点になった事件においては、判決書の理由説示においても、上記のような事実認定の過程をわかりやすく記載すべきであり、そうすることによって司法は市民からの信頼を獲得することができるのだと思われます。[4]

3　本証と反証

　立証責任を負担する当事者の提出する証拠または同当事者のする立証活動を本証といい、相手方のそれを反証といいます。

　第1章Ⅳ（11頁）に説明したように、本証の場合は要証事実について「高

3　賀集唱「事実上の推定における心証の程度」民訴雑誌14号48頁は、「直接証拠による事実認定といっても、一筋縄では行かないのであって、以上のように慎重な証明力の吟味・検討を経て生き残ったもののみが、ようやく、直接証明に役立ちうる。補助事実、とくに補助事実として機能する間接事実の補強・裏付けのないまま、直接証拠をたやすく信用してしまうのは危険である。直接証拠による事実認定といっても、その証明力の吟味の過程において、間接事実から要証事実が推認できるかどうかの点の検討を忘れてはならないし、また、現に検討されているのである」と明快に指摘しています。

度の蓋然性」の証明度が要求されますが、反証の場合は要証事実について「真偽不明」の状態にもち込むことで目的を達します。

Ⅱ　間接証明の構造とこれを争う方法

　間接証拠によって主要事実を認定するためには、「間接証拠による間接事実の認定」という第1段階と、「間接事実を総合しての主要事実の推認」という第2段階の2つの過程を経ることが必要であることは、上記Ⅰ2⑵に説明したとおりです。

　間接証明はこのような2段階構造を成していますから、これを争う方法もその各段階に応じて存在しています。

1　第1段階における争い方

　まず、「間接証拠による間接事実の認定」という第1段階における争い方は、主要事実Aの間接事実であるa1、a2、a3の存在について、裁判官の心証を動揺させるに足りる立証活動を行うというものです。これは、間接事実であるa1、a2、a3に対する反証です。経験則αを適用することができるための必要最小限の間接事実がa1、a2、a3の3つであると仮定しますと、相手方としては、a1、a2、a3のいずれかの間接事実の認定を妨げることができれば、経験則αを適用する前提を崩すことができ、目的を達することにな

4　起案の手引・79〜80頁では、「要証事実である主要事実について、これを認めるに足りる直接証拠があるときは、右直接証拠のみを挙げて、端的に事実を認定する。……そのような直接証拠のほかに間接証拠があり、それによって認定された間接事実から主要事実を推認できる場合でも、間接証拠やそれによって認定される間接事実を示す必要はない。もっとも、間接証拠によって認定される間接事実（補助事実）が直接証拠の証拠価値を高め、その結果要証事実を認めるに足りるものとなるときには、間接証拠や間接事実をも示すのが妥当であろう」とされていますが、この説明は理由説示の十分条件をいうものではないと理解すべきです。第2章第2節Ⅳ1⑵（157頁）で取り上げた最一小判平成16・2・26判時1853号90頁の判断を参考にして、事実審裁判所の理由説示として十分なものを考えてみてください。

ります。例えば、相手方が間接事実 a3 の反証に成功した場合には、事実審裁判所の認定することのできた間接事実 a1、a2 のみでは、主要事実 A を推認するのに不十分であるということになります。[5]

2 第2段階における争い方──いわゆる間接反証──

次に、「間接事実を総合しての主要事実の推認」という第2段階における争い方は、間接事実 a1、a2、a3 と両立し、かつその事実が認められれば経験則 a の適用を妨げることのできるような経験則 a の例外となる別の間接事実 b1 を証明するという立証活動を行うというものです。

この場合には、間接事実 a1、a2、a3 が認定されたとしても、経験則 a の例外となる事情があることを立証することによって経験則 a の適用を妨げようとするのですから、一般に、この例外となる事情に当たる具体的事実である b1 は、「高度の蓋然性（すなわち、本証）」の程度にまで証明することが必要であると考えられています。[6]ただし、究極の争点である主要事実との関係でみますと、相手方としては「主要事実 A が存在しないこと」を証明する必要があるわけではありませんから、間接事実 b1 を証明することはあくまでも反証活動の一環なのです。

裁判実務では、このような経験則の例外となる事情を指して「特段の事情」とよぶことがあります。[7]また、相手方のするこのような立証活動を説明するために、講学上「間接反証」という用語が使われてきました。

---

5 このような場合の理由説示の方法につき、起案の手引・84〜85頁は、「1個ないし数個の間接事実が認められるが、それだけでは要証事実を推認するのに不十分な場合には、『(証拠)によれば、……の事実が認められるけれども、上記認定の事実によっては被告主張の事実を推認するに足りず、他に被告主張の事実を認めるに足りる証拠はない。』のようにする」と解説しています。

6 差し当たり、賀集・前掲（注3）46頁、起案の手引・85頁を参照。なお、経験則の例外となる事情の立証として反証の程度で足りる場合が全くないのかどうかについては、後に検討することにします。

7 ただし、「特段の事情」という用語は、裁判例上、「経験則の例外となる事情」の意味にのみ使われているのではありません。「1つの法原則の適用の例外となる場合」の意味に使われることもしばしばです。すなわち、後者においては、法律論の中で使われます。

Ⅲ　経験則を獲得していることの重要性

第2章第2節Ⅲ（146頁）において説明したように、経験則は様々な機能を有しています。特に、事実認定は経験則に始まり経験則に終るといってもよいものですから、裁判官であれ当事者またはその訴訟代理人であれ、日々の仕事と研鑽を通して経験則を獲得していることが決定的に重要です[8]。

そこで、経験則獲得の重要性について、実際の事例を通して検討してみることにしましょう。

1　代理権授与についての経験則が問題になった事例

最三小判平成11・7・13[9]の事案は、夫の事業関係の銀行取引を任されていた妻が、取引銀行以外の者から夫の事業用つなぎ資金を借り受ける代理権を有していたかどうかが事実認定上の争点となったものです。

⑴　事案の概要

最三小判平成11・7・13の事案の概要は、以下のとおりです。

> ①　平成元年ころ、Xは電気水道工事業を営んでいたが、Xが現場作業に従事し、Xの妻Aが経理等の事務に従事するという形で行われており、Xは、経理や金銭出納等の事務全般について大半をAに任せ切りにしていた。

---

[8]　この人間社会に存在する経験則を網羅的に体系化するまたはもう少し限定するとしてわが国のある時代の（ある地域における、ある業界における）経験則を体系化するという作業をするのは、膨大な労力を要する割には効果の程度に疑問があると思われます。むしろ、当該事案を前提として適用されるべき経験則を意識して探求するとともに、その経験則の例外となる事情としてどういうものが考えられるか、その経験則は確度の高いものなのか例外の多いものなのか、その経験則の例外の例外となる事情としてどういうものが考えられるかといった具合に、当該事案において問題となる経験則に即してその原則と例外の構造を正しく認識するというのが最も重要であろうと思われます。ただし、伊藤・85頁以下は、「経験則の体系化の重要性」を説いています。

[9]　生野考司「最高裁民事破棄判決等の実情(2)──平成11年度──」判時1708号41頁を参照。

② 　Aは、Xから、Xに代わってY銀行と取引する権限を包括的に与えられており、Xの実印、銀行取引印、預金通帳、手形小切手帳等を必要になるつど持ち出して使用し、X名義の銀行口座から払戻しを受けたり、手形貸付けを受けたりしていた。

③ 　Aは、平成元年12月初めころ、Xの代理人としてY銀行に対し、Xの資金繰りの関係から融資してくれるよう求めたが、直ちに融資を受けることはできなかった。そこで、Y銀行の従業員でXとの取引の担当者であったBが、同月11日から25日までの間に3回にわたって、つなぎ資金として合計400万円を個人的に無利息で貸し付けた。

④ 　Bは、平成元年12月27日、Aの承諾の下にXの預金口座から400万円の払戻しを受け、これを③の貸金合計400万円の返済金とした。

⑤ 　Xは、「BがXの預金口座から400万円の払戻しを受けた行為は、Xに対する不法行為である」と主張して、Bの使用者であるY銀行に対し、民法715条に基づき損害賠償を求めて本件訴訟を提起した。

本件の概要を図示すると、以下のとおりです。

[関係図]

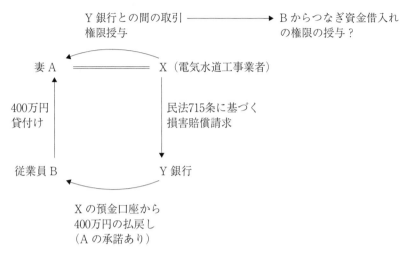

Y銀行との間の取引　────────→　Bからつなぎ資金借入れ
権限授与　　　　　　　　　　　　　　　の権限の授与？

妻A ═══════════ X（電気水道工事業者）

400万円
貸付け

民法715条に基づく
損害賠償請求

従業員B　　　　　　　　　　Y銀行

Xの預金口座から
400万円の払戻し
（Aの承諾あり）

(2)　原審の判断

　第一審はXの請求を棄却しましたが、原審（控訴審）は、第一審判決を破棄してXの請求を認容しました。その判断は、次のとおりです。

---

①　Aは、Xを代理してBから金員を借り受ける権限をXから与えられていなかったと認められる。

ⅱ　したがって、BとAとの間の金員貸付けの効果がXに帰属する余地はない。

ⅲ　Bは、Aの承諾を受けても、Xに無断でXの預金口座から金員を引き出して、Aに交付した貸金の返済金とすることは許されない。

ⅳ　したがって、BがしたXの預金口座からの400万円の引出しは、Xに対する不法行為を構成し、右不法行為は、Bの分掌していたY銀行の職務との関連で行われたものとみることができるから、Y銀行はXに対し、民法715条により、上記損害を賠償する義務がある。

---

(3) 最高裁の判断

　最高裁は、以下のとおり、原審の認定判断には経験則の適用を誤った違法があるとして、原判決のうちＹ銀行敗訴部分を破棄したうえ、第一審判決を正当として是認すべきであるとして、Ｘの控訴を棄却しました。

---

　① 　Ｘは、前記(1)①のとおり、その経営する事業の経理や金銭の出納等の事務全般を妻Ａに任せ切りにし、事業の資金繰りの必要に応じて取引銀行であるＹ銀行から融資を受けるなどの権限を包括的にＡに与えていた。

　ⅱ 　本件の合計400万円の貸金は、ＸがＹ銀行から緊急の融資を受ける必要が生じた際、時間的にすぐには融資を受けられない事情があったため、Ｙ銀行から融資を受けられるようになるまでのつなぎ資金として、取引の担当者であったＹ銀行の従業員Ｂ個人からＡがＸの代理人として無利息で短期間借り受けたものである。

　ⅲ 　事業運営の過程では、取引銀行から融資を受けるのが間に合わないため、取引銀行以外から一時的に借受けをして急場をしのぐ必要が生じることも起こり得るところである。

　ⅳ 　取引銀行から融資を受けるなど資金繰りを含めて事業の経理全般をＡに任せ切りにしていたＸとしては、本件のような緊急の借受けをし、さらにその弁済をすることもＡに委ねていたものというべきである。

　ⅴ 　そうすると、Ｘの代理人であるＡに金員を貸し付けたＢが、Ａの承諾の下にＸの預金口座から右貸付けの弁済に充てるための金員の払戻しを受けたとしても、それは不法行為を構成するものとはいえない。

---

(4) 本件における主張・立証の構造と経験則の位置づけ

　Ｘは、Ｙ銀行に対する不法行為（民法715条）に基づく損害賠償請求権を

訴訟物として選択しました。その請求原因事実の概要は、以下のとおりです。

⑦　Ｘは、Ｙ銀行に対し、平成元年12月27日、少なくとも400万円の預金債権を有していた。

⑦　Ｂは、平成元年12月27日、Ｘの預金口座から400万円の払戻しを受け、Ｘの有していた⑦の預金債権を喪失させた。[10]

⑨　Ｙ銀行は、⑦の当時、Ｂを従業員として雇用しており、Ｂによる⑦の行為は、Ｙ銀行の分掌上Ｘの担当者としての職務に関連してされたものである。

これに対し、Ｙ銀行は、Ｂに払戻しを受ける正当な権限があったとの抗弁を主張しました。その抗弁事実は、次のように整理することができます。

ⓐ　Ｘは、Ａに対し、遅くとも平成元年12月初めころには、Ｘの営む電気水道工事業の遂行に要する経理上の包括的代理権（緊急の借受けをし、さらにその弁済をする代理権を含む）を授与していた。

ⓘ　Ａは、Ｘの営む電気水道工事業の遂行に要する資金400万円の緊急貸付けに応じてくれたＢに対し、同貸付けの弁済に充てるため、⑦の払戻しに先立って、Ｘの預金口座から400万円の払戻しを受ける権限を授与した。[11]

このように整理してみますと、本件における主要な争点は、Ｙ銀行の主張する抗弁事実ⓐの存否にあることがわかります。

10　ＢがＸの預金口座から400万円の払戻しを受けたというだけでは、ＸのＹ銀行に対する預金債権が消滅することはありません。したがって、Ｂの行為によってＸが預金債権400万円を喪失するという損害を被ったというためには、厳密には、Ｂに対する弁済が民法478条にいう「債権の準占有者に対してした弁済」に当たること（すなわち、民法478条の要件事実のすべて）を主張・立証することが必要になります。本件では、この点が積極的に争われてはいないようなので、本文のような簡略な形で摘示しています。

11　ⓘの事実のうちこの部分は、ＡのＢに対する権限の授与がⓐの包括的代理権に基づくものであることを明らかにするためのものです。

　そして、最三小判平成11・7・13の判決文によりますと、⑥についての判断が原審と最高裁とで分かれた理由は、本件における具体的事実関係の認定に相違があったからではなく、経験則の理解に相違があったからであることが明らかです。

　すなわち、原審は、「前記(3)①の事実が存在しても、経験則上、XがAに対して授与していたのは、Xの営む事業に関して取引銀行から貸付けを受け、その弁済をするという範囲の権限にとどまり、いかに緊急を要するものとはいえ、取引銀行でない個人から貸付けを受け、その弁済をするという権限までは含まれていなかった」と判断したのです。

　これに対し、最高裁は、「前記(3)①の事実が存在する場合には、同⑪の事情（事業運営の過程では、取引銀行から融資を受けるのが間に合わないため、取引銀行以外の者から一時的に借受けをして急場をしのぐ必要が生じることも起こり得るという事情）をも加えてみると、経験則上、XがAに対して授与していたのは、Xの営む事業に関して取引銀行から貸付けを受け、その弁済をするという範囲の権限にとどまらず、緊急を要するときには、取引銀行以外の者（個人を含む）から貸付けを受け、その弁済をするという権限までもが含まれていた」と判断したわけです。

　平常時に事業上の経理や金銭の出納等の事務全般を妻Aに任せ切りにして包括的に権限を授与しているXが、緊急時においてこれらの事務を自らまたは妻Aに対して具体的な指示をして個別に処理するというのは、平常時に任せ切りにしている事務の内容に照らしてみますと、合理的であるとも現実的に可能であるとも思われません。最高裁の判断が経験則の適用として素直なものというべきでしょう。[12]

12　原審のような認定判断を正当というためには、Xにおいて、本文のⅢ1(3)①と両立する事実であって、「いかに緊急を要するものとはいえ、取引銀行でない者から貸付けを受け、その弁済をするという権限までは授与していなかったこと」を示す具体的事実（間接事実）を証明する必要があるものと思われます。

2　贈与契約の締結を証する念書の成立についての経験則が問題になった事例

次に、最三小判平成11・3・9[13]の事案を素材として、文書の成立の真正に関する事実認定についての事例をみてみることにしましょう。私文書の成立の真正については第2章第1節Ⅳ（77頁）およびⅤ（78頁）を、私文書中の印影が作成名義人の印章によるものであるかどうかを確定することの重要性については第2章1節Ⅷ2（98頁）を、それぞれ参照してください。

⑴　事案の概要

最三小判平成11・3・9の事案の概要は、以下のとおりです。

---

① 　X₁および有限会社 X₂ は、Y₁ および Y₂ に対し、A 名義の X₂ の600口の社員持分（本件持分）が X₁ の所有に属することの確認を求めて本件訴訟を提起した。

② 　開業医であった A は、平成3年5月11日に死亡したが、その相続人は、妻 Y₁、長男 X₁ および次男 Y₂ である。

③ 　X₂ は、X₁ の開業する病院の管理運営を目的として昭和58年9月6日に設立された資本金3200万円、出資総数640口の有限会社である。

④ 　A は、父としての情愛から、長男 X₁ の開業を援助するため、有限会社 X₂ に3000万円を出資して本件持分を取得した。ほかに Y₁ が10口、Y₂ が20口、X₁ の妻が10口を有している。

⑤ 　X₁・X₂ は、X₁ が A から本件持分の贈与を受けた（本件贈与契約）と主張し、A 作成名義の昭和63年12月20日付け X₁ 宛ての「念書」と題する文書（本件念書）を証拠として提出した。本件念書には、「私儀 A は自らの意思により有限会社 X₂ の持分600口を X₁ に贈与し、今後有限会社 X₂ に対する一切の権利を放棄する事をここに確約す

13　生野・前掲（注9）38頁を参照。

る」と記載されている。Aの作成名義部分は、記名と「A」の押印と
から成っており、この押印部分以外はすべてワードプロセッサで作成
されている。

⑥　Y₁・Y₂が本件念書の成立の真正を争ったため、この点が本件訴訟
の主要な争点になった。

本件の概要を図示すると、以下のとおりです。

[関係図]

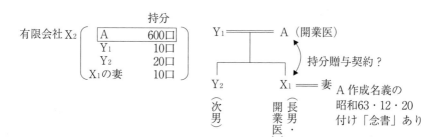

(2)　原審の判断

第一審は、本件念書の成立の真正を否定して本件贈与契約締結の事実を認
めず、X₁・X₂の請求を棄却しました。しかし、原審（控訴審）は、本件念
書の成立の真正を肯定して本件贈与契約締結の事実を認め、X₁・X₂の請求
を認容しました。その判断の概要は、以下のとおりです。

①　昭和63年12月当時Aが入院していた病院の庶務課勤務の職員Mは、
同月19日、婦長からAの相談にのってほしいと言われて病室に赴い
たところ、Aから、字が書きにくいからとして文書作成を依頼され
たため、口頭で告げられた内容を書き取り、帰宅後高校の同級生から
借りていたワードプロセッサを用いて本件念書を作成し、翌20日に病
室でAに手渡したところ、Aはその場で同人名下に自ら押印したと

証言する。

ⅱ　上記(1)③④の事実からすると、A が当時まだ親子の仲が悪くなっていなかった X₁ に対して本件持分を贈与することは不自然なことではない。

ⅲ　上記①の証人 M の証言は、具体的で詳細であって特に不自然な点は見当たらず、証人 M が X₁ のために虚偽の証言をするような事情もうかがえない。また、上記ⅱの点をも考慮すると、証人 M の証言を信用することができる。

ⅳ　よって、証人 M の証言により、本件念書は A の意思に基づいて作成されたものと認めるのが相当である。

(3)　最高裁の判断

最高裁は、証人 M の証言にのみ依拠して本件念書の成立を認めた原審の認定は経験則に反するものであるとしたうえ、本件贈与契約締結の事実を認めて X₁・X₂ の請求を認容した原審の認定判断には、経験則、採証法則に違背した違法があるとして、原判決を破棄したうえ、本件を原審に差し戻しました。その判断の概要は、以下のとおりです。

①　本件念書は、その内容部分も A の氏名部分もすべてワードプロセッサで作成されて印刷されているものであって、A の自署による部分はない。また、本件記録によれば、その名下の印影はいわゆる三文判によるものであることがうかがわれ、A が使用していた印章によ

14　本最高裁判決は、「本件記録によれば、……がうかがわれる」、または「本件記録によっても、……をうかがわせる証拠はない」との説示方法を多用しています。最高裁は法律審ですから、最高裁が独自に自ら事実認定をすることは許されません。したがって、「うかがわれる」として説示される事実は、原判決を破棄するのに必要不可欠な事実として認定しているわけではなく、原審の事実認定が経験則に反することを容易に理解し得るようにするとともに、差戻審の審理判断に資するという目的で説示しているものと考えることができます。むしろ、最高裁がこのような説示方法を多用している場合には、事実認定についての原審の検討が不十分であると最高裁が考えていることを示唆するものと理解すべきでしょう。

って顕出された印影であることを証するに足りる証拠はない。したがって、本件念書はA作成名義ではあるものの、その外観からは真正な成立を認めることができない。

ⅱ　本件記録によれば、Aは、昭和63年10月にかかとを複雑骨折したため入院し、同年12月末ころには退院したことがうかがわれ、本件記録に照らしても、退院間近の12月19日ころに、Aの右手が不自由であったか、または自ら字を書くことが不可能な状態にあったなどの理由により、自らが書面を作成するのに支障があったことをうかがわせる証拠はない。

ⅲ　証人Mは、本件念書は、Aから依頼された当日、自宅においてワードプロセッサとプリンターとを用いて、口授された内容の文書を作成し印刷した旨供述しているが、本件記録によれば、本件念書の作成に用いられたワードプロセッサとプリンターは、昭和63年12月当時であれば、会計事務所等向けの機種として販売されていた相当高価なデスクトップ型のワードプロセッサと重量のあるレーザープリンターであって、当時、個人が自宅で用いるようなものではなかったことがうかがわれる。

ⅳ　そうすると、Mが自宅で本件念書を作成することができたのかどうか疑問が生ずるのであるが、証人Mは、たまたま友人から借りたと供述するものの、貸主である友人の職業、借りるに至った事情、借りた機械の概要、使用目的等、右疑問を払しょくするに足りる諸事情については明らかにしておらず、本件記録によっても、他に右の疑問を払しょくするに足りる証拠は全く存しない。

ⅴ　証人Mの供述によれば、Aは、わざわざ、入院中のしかも退院間近であると認識していたと推測される時期に、知り合いでもない単なる入院先の病院職員に記載内容を口授し、そのメモを持ち帰らせて本件念書を作成させたというのであるが、本件念書の内容等に照らせば、

入院先の病院職員に作成を依頼することは考えがたく、右供述内容は不自然というべきである。

⑥　本件記録によっても、Aが、入院中に突然病院職員に依頼してまで、今後有限会社 X₂ に対する一切の権利を放棄することを確約するとまで記載した本件念書を作成する必要が生じた理由等をうかがわせる証拠は見当たらない。

⑦　以上のとおりの本件念書の体裁や証人 M の供述内容に照らせば、A 名義の本件念書の成立については種々の疑問が生ずるところ、その疑問を払しょくするに足りる立証がないのに、証人 M の供述のみに依拠して本件念書の成立を認めた原審の認定は、経験則に反するものといわなければならない。

(4) 本件における主張・立証の構造と経験則の位置づけ

本件訴訟の訴訟物は、X₁ の本件持分権です。その請求原因事実を整理すると、次のようになります。

⑦　A は、昭和63年12月20日当時、本件持分（有限会社 X₂ の600口の社員持分）の権利者であった。

⑦　A と X₁ とは、昭和63年12月20日、X₁ に対して本件持分を贈与する旨の契約を締結した。

⑨　Y₁・Y₂ は、X₁ が本件持分の権利者であることを争っている。[15]

Y₁・Y₂ が請求原因事実⑦を否認したため、X₁・X₂ は、これを証明するため、本件念書を提出しました。本件訴訟の主要事実レベルにおける争点は、請求原因事実⑦の成否にあります。本件念書は、A の X₁ に対する本件持分贈与の申込みが記載された文書であり、処分証書に当たります。本件念書の

15　この事実は、本案についての請求原因事実ではなく、本案前の事項である確認の利益があることを示す事実です。便宜上、本案の請求原因事実に並べて摘示しました。

成立の真正が認定された場合には、これを X₁ が保管していて証拠として提出したこと等を勘案すると、X₁ が当時承諾の意思表示をしたと認定することができるでしょうから、ほぼ自動的に A と X₁ との間の本件持分贈与契約の締結が認定されることになります。結局、本件訴訟の実質上の争点は、本件念書の成立の真正いかんという補助事実の成否ということになります。

　そして、前記(3)①のとおり、本件念書の A の名下の三文判による印影が A の使用していた印章によって顕出されたものであることを示す証拠がなく、いわゆる二段の推定[16]によることができなかったため、X₁・X₂ は、昭和63年12月当時 A が入院していた病院の職員 M を証人として申請し、裁判所もこれを採用したのです。そうしますと、本件念書の成立の真正いかんは、証人 M の供述の信用性いかんにかかることになります。

　この構造を図示すると、以下のようになります。

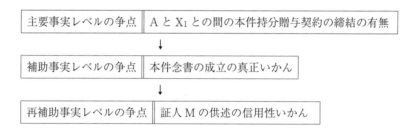

　最三小判平成11・3・9は、複数の経験則を使用して、証人 M の供述の信用性を検討しています。最高裁が使用した経験則を整理すると、以下のとおりです。

　①　本件念書のような性質・内容の処分証書を作成する場合において、自ら字を書くことが不可能な状態にないときは、自ら作成するのが通常である。

　②　本件念書の作成に用いられたワードプロセッサとプリンターは、昭和

16　いわゆる二段の推定については、第2章第1節Ⅴ（78頁）を参照。

63年12月当時、通常、個人が自宅で用いるようなものではない。

③　本件念書のような性質・内容の処分証書を作成する場合、通常、入院して初めて知った病院職員に内容を口授し、そのメモを持ち帰らせて同職員の自宅で作成させるようなことをしない。当該患者が退院間近であると認識していたときは、なおさらである。

　証人Ｍの供述を信用し、本件念書の成立の真正を認めるという事実誤認を原審が犯してしまった原因は、最高裁がしたように複数の経験則を意識して使用することによって、証人Ｍによる供述内容の現実の世の中での起こりやすさまたは起こりにくさについての確率計算をすることなく、その供述内容に特に不自然な点があるかどうかという漠然とした形でしか同証人Ｍの供述を検討しなかったところにあります。

　これらの判例は、日々の仕事の中で経験則を獲得すべく努力すること、そのようにして獲得した経験則を意識して活用することが、正しい事実認定のためにいかに重要であるかを再認識させてくれます。

第2節　いわゆる間接反証の成否

I　間接反証という考え方の有用性

1　はじめに

　本章第1節 I 2(2)（177頁）において、間接証明は、「間接証拠による間接事実の認定」という第1段階と、「間接事実を総合しての主要事実の推認」という第2段階の2つのプロセスを経ることを説明し、また、同第1節 II 1（179頁）および2（180頁）において、第1および第2の各段階における争い方の概要を説明しました。

　主要事実（要件事実）A の認定をめぐる間接証明の第2段階における争い方は、一般に「間接反証」とよばれるものですが、これは、間接事実 a1、a2、a3 と両立し、かつその事実が認められれば経験則 a の適用を妨げることのできるような経験則 a の例外となる別の間接事実 b1 を証明するという立証活動をいいます。

　この過程を図示すると、次のようになります。

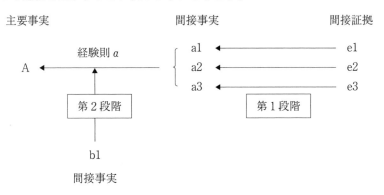

2　間接反証という概念は無用か

　本書では、このような事実認定のプロセスの説明概念として「間接反証」という用語を使用しています。間接反証をめぐって活発な議論が交わされた結果、最近では、間接反証という概念は無用であると説く学説も見受けられます。[17] この間接反証をめぐる議論は、本来間接反証の問題でないものを間接反証の問題としてとらえていたことを明らかにするなど一定の成果を挙げました。

　そして、現在では、間接反証をめぐる議論の焦点は、間接反証事実について常に証明（本証）を要するのかどうかという点に絞られてきています。[18] 一般論としては、当該事件において用いられている経験則 a の例外の多さの程

17　高橋（上）・553～556頁を参照。

18　伊藤・108～112頁を参照。

度、間接事実 a1、a2、a3 の証明度の高さの程度等によっては、間接事実 b1
が証明（本証）の程度に至らない場合であっても、主要事実 A を推認する
ことができないという心証の状態になるというのも全く考えられないではあ
りません。

　しかし、実際の事件において主要事実 A を推認することができないとい
う事態が起きたとして、その理由としては、以下に挙げるように様々なもの
を想定することができます。

①　第 1 段階における証明の失敗

　　経験則 *a* を適用することができるための必要最小限の間接事実が a1、
　a2、a3 の 3 つであると仮定して、a1、a2、a3 のいずれかの間接事実の
　証明が不十分な場合。

②　第 2 段階における証明の成功

　　経験則 *a* の例外となる間接事実 b1 の証明に成功した場合。

③　経験則 *a* の適用の前提の理解の誤り

　　間接事実 a1、a2、a3 の 3 つがあれば経験則 *a* を適用することができ
　ると考えていたが、この理解が誤っていて、実は、これら 3 つの間接事
　実では十分ではなく、さらに間接事実 a4 が必要であることが判明した
　場合。そして、必要な間接事実 a4 が間接事実 b1 の反対事実であると
　いうこと（すなわち、経験則 *a* を適用するためには、間接事実 a1、a2、a3
　および −（マイナス）b1 の 4 つが必要であるということ）もあるでしょう。

④　③に当たらないのに、間接事実 b1 の証明（本証）に成功しないまま、
　間接事実 a1、a2、a3 の 3 つから主要事実 A の推認を妨害することに成
　功した場合。

　これら①から④の場合のうち、事実認定の実際において、④に当たる場合
が頻繁に出現するというのであれば、「間接反証」という用語を使用して事
実認定のプロセスを説明するのは有害であるということになりますが、「理
屈の世界では④に当たる場合の出現可能性を否定することはできない」とい

195

う程度のことであるなら、そのような事態もあり得ることを頭の片隅におい
て事実認定にあたることで足りるでしょう。

3　経験則適用の前提事実および例外事実の意識的探求の重要性

　当事者またはその訴訟代理人が間接事実を証明し（裁判官がそれを認定し）、
その証明（認定）された間接事実によって主要事実を認定（推認）するとい
う作業は、事実審裁判所において日常的にされていることです。また、それ
とは別の間接事実を証明し（裁判官がそれを認定し）、その証明（認定）され
た別の間接事実によって主要事実の証明を妨げる（裁判官の主要事実について
の心証形成を揺るがせる）という作業も、事実審裁判所において日常的にさ
れていることです。

　裁判官が正しい事実認定をする、あるいは当事者またはその訴訟代理人が
裁判官を正しい事実認定に導くという観点からしますと、具体的事件におけ
る事実認定の過程を「どんぶり勘定」的に認識するのではなく、常に構造的
に把握していることが必要です。そして、間接反証という概念は、事実認定
のプロセスを構造的に把握するための道具として有用なものです。

　民事裁判における事実認定は、裁判官が当該事件の審理に現れた資料を基
に自由な判断で心証を形成することを認める「自由心証主義」によってされ
るうえ、判決書上に心証形成過程の詳細が明らかにされることが少ないこと
もあって、第三者による客観的な批判や論評が難しい実情にありますが、事
実認定のプロセスを構造的に理解し分析することによって、民事裁判におけ
る事実認定も、相当程度に客観的に批判・論評することが可能になることが
期待されます。

　そして、間接事実によって主要事実を認定するという作業をするうえで最
も重要であるのは、①経験則 a を適用するために必要な間接事実が a1、a2、
a3 で十分であるのか、それでは足りず a4（－（マイナス）b1）も必要である

のか、②経験則 a 適用の例外となる事実としてどのようなものが考えられるのか、を意識的に探求することです。

　理屈の世界では、上記2④の場合の出現可能性を否定することはできませんが、これに当たると思われる事案に直面したときは、むしろ、同③の場合に当たるのではないかを疑ってみることが必要です。すなわち、間接事実 b1 の証明（本証）に成功しなかったのに、間接事実 a1、a2、a3 の 3 つから主要事実 A の推認を妨害することに成功したというのではなく、そもそも経験則 a を適用するためには、間接事実 a1、a2、a3 だけでは不十分であって、－（マイナス）b1 が必要であったのではないかという点を吟味する必要があります。実際には③の場合に当たるケースが多くあると思われますので、間接反証という概念が有害であるとか無用であるということはできないと考えられます。[19]

Ⅱ　間接事実による主要事実の推認の成否 ──経験則適用の前提問題──

1　経験則を適用するために前提となる間接事実

　間接事実を総合して主要事実を推認しようとするときにまず問題になるのは、当該事件において認定することのできた間接事実 a1、a2、a3 が、経験則 a を適用するために前提となる間接事実として十分であるかどうかという点です。

　実際の事例によって、この点を検討してみることにしましょう。

---

[19]　青山善充教授は、「その理論の有用性はなお失われていない、というべきである」といわれる（中野貞一郎＝松浦馨＝鈴木正裕『新民事訴訟法講義〔第3版〕』（有斐閣・2018年）413頁）。

2　売買契約の締結の認定が問題になった事例

(1)　事案の概要

売買契約の締結の認定が問題になった最一小判平成16・12・16[20]の事案の概要は、以下のとおりです。

Ｘは、本件土地の所有権に基づき、本件土地につき賃借権設定仮登記を経由しているＹに対し、その抹消登記手続を求めて本件訴訟を提起しました。

原審（控訴審）の確定した事実関係の概要は、次のとおりです。

---

① 　ＸとＹは、いずれも平成8年1月25日に死亡したＡの子である。

② 　Ａは、Ｂに対し、昭和53年10月11日付け不動産売買委託契約書によって、本件店舗の敷地の買収を委託した。本件土地は、その敷地の一部である。

③ 　本件土地を含む本件店舗の敷地は、Ａ個人の資金によって取得された可能性が高い。

④ 　昭和53年12月25日、本件土地につき、Ｙを権利者とする賃借権設定仮登記が経由された。

⑤ 　本件店舗は、昭和54年12月ころに営業を開始し、当初はＡが個人で経営していたが、昭和62年2月ころからＸが代表取締役である株式会社Ｃが経営するようになった。本件土地の固定資産税は、株式会社Ｃが経営を引き継ぐまでは、Ａが支払っていた。

⑥ 　昭和56年3月28日、本件土地につき、登記名義人であったＤからＸに対し、昭和54年10月30日売買を原因とする所有権移転登記がされ、Ｘが本件土地の登記名義人となった。

20　松並重雄＝阪本勝「最高裁民事破棄判決等の実情(1)──平成16年度──」判時1895号40頁を参照。

本件の概要を図示すると、以下のとおりです。

[関係図]

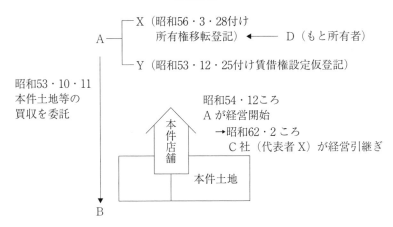

(2)　Xの主張した所有権取得原因事実

Xの主張した請求原因事実は、次の3種のものです。違いは、本件土地の所有権取得原因事実にあります。

〈請求原因①〉

> ㋐　Dが本件土地をもと所有していた。
> ㋑　Aは、Dから本件土地を買い受けた。[21]
> ㋒　Xは、Aから本件土地の贈与を受けた。
> ㋓　本件土地にY名義の賃借権設定仮登記が存する。

〈請求原因②〉

> ㋐　Dが本件土地をもと所有していた。

21　売買契約の成立を主張するためには、目的物が確定していることと代金額または代金額の決定方法が確定していることが必要ですが（紛争類型別の要件事実・2頁を参照）、松並ほか・前掲（注20）40頁からは、代金額に係る主張が明らかでないので、本文のとおりの摘示にとどめました。

　　⑦　Aは、Dから本件土地を買い受けた。[22]

　　⑦'　Xは、平成8年1月25日に死亡したAの子である。

　　㋓　本件土地にY名義の賃借権設定仮登記が存する。

〈請求原因③〉

　　㋐　Dが本件土地をもと所有していた。

　　㋑'　株式会社Cは、Dから本件土地を買い受けた。[23]

　　㋒"　Xは、株式会社Cから本件土地の贈与を受けた。

　　㋓　本件土地にY名義の賃借権設定仮登記が存する。

(3)　原審の判断

　原審（控訴審）は、第一審と同様、Aまたは株式会社Cのいずれも本件土地を買い受けたとは認められない（すなわち、請求原因①・②の㋑、同③の㋑'の事実のいずれもが認められない）と判断し、Xの請求を棄却すべきものとしました。

(4)　最高裁の判断

　最高裁は、以下のとおり、原審の認定判断は経験則に違反するものであるとしました。

　　①　上記(1)の事実関係——すなわち、ⓐAは、Bに対し、本件土地を含む本件店舗敷地の買収を委託した、ⓑ本件土地を含む本件店舗の敷地は、A個人の資金によって取得された可能性が高い、ⓒ本件店舗は、昭和54年12月ころの営業開始時から昭和62年2月ころの株式会社Cへの経営引継ぎ時まで、Aが個人で経営していた、ⓓ本件土地の固定資産税は、本件店舗の株式会社Cへの経営引継ぎ時までは、Aが支払っていた——によれば、特段の事情が存しない限り、Aが本件

22　同上（注21）参照。
23　同上（注21）参照。

200

土地を買い受け、その所有権を取得したものとみるべきである。

ⅱ　しかるに、原審は、特段の事情を認定することなく、Ａが本件土地を買い受けてその所有権を取得したものとは認められないとの認定判断[24]をしたものであり、原審のこの認定判断は経験則に違反するものというべきである。

(5)　本件における主張・立証の構造と最高裁が使用した経験則

本件における事実認定上の争点は、前記(2)に整理した請求原因①・②の⑦、または同③の⑦'の事実の成否——すなわち、「Ａまたは株式会社Ｃは、もと所有者Ｄから本件土地を買い受けたか」——にあります。

もと所有者ＤとＡまたは株式会社Ｃとの間の売買契約書が存在し、その成立の真正に争いがないかこれを認定し得る場合には、この争点についての認定は難しいものではありません。この場合は、直接証拠である処分証書による事実認定ということになります。

次に、不動産登記簿に記載されている事項についての事実上の推定力を認めるというのが最高裁判例の立場であると一般に理解されています[25]。もと所有者ＤからＡまたは株式会社Ｃに対する所有権移転登記がされている場合には、この事実上の推定力によってほぼ間違いのない認定をすることができたと考えられます。この場合は、不動産登記簿という間接証拠によってその記載事項という間接事実（登記原因として一定日の売買契約が、所有名義人としてＡまたは株式会社Ｃが、それぞれ記載されているという事実）を認定し、当該間接事実から主要事実（もと所有者であるＤと現在の所有名義人Ａまたは株式会社Ｃとの間で、登記原因欄に記載されている契約が締結されたという事実）

24　最高裁が「認定判断」という用語を使用する場合は、事実認定を「認定」といい、法律判断を「判断」といっていると読んでまず間違いがありません。したがって、本件についてみますと、「Ａが本件土地を買い受けたとは認められない」との事実認定部分を「認定」といい、「その結果、Ａが本件土地の所有権を取得したとはいえない」との法律判断部分を「判断」といい、これらの認定判断が誤ったものであると判示しているのです。

25　最三小判昭和46・6・29判時635号110頁を参照。

を推認するという2段階の過程を経ているのですが、現在ではかなりの程度に定型化された推認の過程であるということができます。

　本件では、直接証拠である売買契約書やもと所有者DからAまたは株式会社Cに対する所有権移転登記がされていないため、「Aまたは株式会社Cは、もと所有者Dから本件土地を買い受けたか」という事実認定上の争点の認定がやや困難なものになったわけです。そして、昭和53年12月25日にYを権利者とする賃借権設定仮登記が経由されたという事実（上記(1)④の事実）の存在が、さらに認定を混乱させる要因になったものと思われます。

　このようなことを念頭において、最高裁が本件において使用した経験則を整理すると、次のようになります。

①　ある者が他人に対して土地の買収を委託した場合、当該委託者が土地の買主となることが通常である。

②　ある者が土地の買収に要する資金を負担した場合、当該資金負担者が土地の買主となることが通常である。

③　ある土地が店舗の敷地として使用されていた場合において、敷地の使用に関する契約が結ばれていないときは、当該店舗の経営者が敷地の所有者であることが通常である。

④　ある者が土地の固定資産税を支払っていた場合、当該支払者が土地の所有者であることが通常である。

(6)　誤りのない事実認定をするために

　誤りのない事実認定をするためには、このように土地の売買に関する経験則を整理したうえで、それぞれの経験則についてどのような例外事情があり得るのか、例外事情の起こりやすさの程度を具体的に検討することが必要です。

　例えば、上記の②、④について考えてみますと、土地の買収資金または固定資産税支払資金がAの預金から支出されたことが明らかな場合であっても、それがFに対して貸し付けられたことが証明されたとき（A・F間の金

銭消費貸借契約書が典型的な証拠方法です）は、Ａから貸付けを受けたＦが当該土地の売買契約上の買主になったと考えられますから、実質的な資金の出所と土地の買主とが食い違う例外の１つに当たるということになります。

　それぞれの経験則について例外事情となり得る候補を列挙したうえで、当該事件においてそのような例外事情が認められるかどうかを検討するという作業をすることが必要になります。

　本件では、被告Ｙにおいて上記①ないし④の各経験則について例外事情を主張し立証する必要が生じていたのですが、原審の確定した事実関係の中には、そのような例外事情（本最高裁判決のいう「特段の事情」）は認定されていません。

　例外事情となり得る候補としては、昭和56年３月28日に昭和54年10月30日売買を原因としてＤからＸに対する所有権移転登記がされたこと（上記(1)⑥の事実）、および昭和53年12月25日にＹを権利者とする賃借権設定仮登記がされたこと（上記(1)④の事実）を挙げることができます。しかし、前者は、本件土地の所有権がＤ→Ａ→Ｘと移転したとの請求原因事実と矛盾するものではありません（すなわち、Ｄ・Ａ・Ｘのいずれにも異議がなかったため、中間省略登記をすることも実際にはよくあります）し、後者も、この賃借権設定仮登記がされるに至った経緯を明らかにしないでは、例外事情に当たるということはできません。

　それにもかかわらず、原審は、もと所有者ＤとＡとの間の本件土地の売買契約の締結を認定することができないとしたのですが、その原因は、本件事案に即して、土地の売買に関する経験則を上記(5)のように整理したうえで、その各例外事情が存在するかどうかを検討するという作業をしなかった——その結果、もと所有者Ｄからの買主がＡ以外の者であるという例外の起こる確率計算をしなかった——ため、前記(4)①ⓐないしⓓの間接事実が「Ｄ・Ａ間の売買」という主要事実を推認するのに十分であるとの理解に到達しなかったところにあるものと思われます。

本件最高裁判例も、正しい事実認定のために、どんぶり勘定の心証形成では足りず、論理的な作業が必須であることを示しているといってよいと思います。

Ⅲ　推認を妨げる特段の事情の成否
——間接反証の問題——

1　推認を妨げるために必要となる間接事実

次に問題になるのは、当該事件において認定することのできた間接事実a1、a2、a3が経験則 a を適用するために前提となる間接事実として十分であるとして、間接事実 a1、a2、a3 から主要事実 A への推認を妨げるために必要な間接事実 b1 は何かという点です。

実際の事例によって、この点を検討してみることにしましょう。

2　賃借権の贈与の認定が問題になった事例

(1)　事案の概要

賃借権の贈与の認定が問題となった最三小判平成10・12・18[26]の事案の概要は、以下のとおりです。

この事件は、原審（控訴審）の判断に使用貸借契約の解釈の誤りがあるかどうかが争われるとともに、土地賃借権の贈与の有無の認定に経験則違反の違法があるかどうかが争われたものですが、ここでは、後者のみを取り上げて検討することにします。

① 本件建物は、所有者 A によってその生前妻 B に贈与され、その後 B の死亡によりその養子である Y1 が相続した結果、現在 Y1 がこれ

26　河邉義典「最高裁民事破棄判決等の実情（中）——平成10年度——」判時1680号11頁を参照。

を所有している。本件建物は、現在 Y₂ が所有する本件土地上に存在

している。

② 　本件土地は、従前、当時の所有者 C から A が建物所有目的で賃借

していたが、A の死亡後、B が C から買い受け、B の死亡により Y₂

が相続し所有している。

③ 　X ら 3 名は、A の死亡とともに相続により本件土地の賃借権が X

らを含む相続人に承継されたと主張して、Y₁・Y₂ に対し、本件土地

につき各90分の11の割合で建物所有目的の賃借権を有することの確認

を求めた。

④ 　争点は、本件建物が A から B に贈与されるのに伴って、本件土地

の賃借権も A から B に贈与されたのか、贈与されずに A の相続財産

であったのか（そうであれば、X らを含む A の相続人が本件土地の賃借

権を相続したことになる）にある。

本件の概要を図示すると、以下のとおりです。

[関係図]

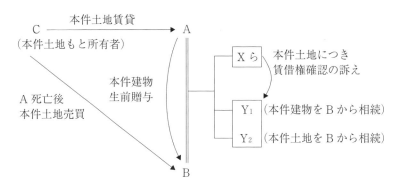

(2)　原審の判断

原審は、第一審と同様、X らの請求を認容しました。その判断の概要は、

以下のとおりです。

---

① 　Ａは、本件土地の賃貸人Ｃに対し、賃借権を譲渡したことを告げ
ておらず、本件建物の贈与後も本件土地の賃料をＡの名で支払って
いた。

⑪ 　贈与税の課税の対象が本件建物のみであって、本件土地の賃借権が
含まれていなかった。

⑫ 　よって、本件土地の賃借権がＡからＢに贈与されたと認めること
はできない。

---

(3) 最高裁の判断

　最高裁は、以下のとおり、原審の認定には経験則違反ひいては審理不尽の
違法があるとして、原判決を破棄したうえ、さらに審理を尽くさせるため本
件を原審に差し戻しました。

---

① 　建物の所有権は、その敷地の利用権を伴わなければその効力を全う
することができないものであるから、賃借地上にある建物につき贈与
契約が締結された場合には、特段の事情のない限り、それと同時にそ
の敷地の賃借権をも贈与したものと推認すべきである。

⑪ 　原審の挙げた上記(2)①、⑪の事情は、次の@ⓑⓒの各点を考慮する
と、それのみでは直ちに上記①の推認を妨げるに足りる特段の事情と
はいえない。

@ 　土地賃借権を譲渡した場合であっても、その使用方法に変更がな
いときは、賃借権の譲渡を賃貸人に告げず、贈与税の申告にあたっ
て賃借権を贈与の対象から除いて申告をする可能性がある。

ⓑ 　記録によると、Ａ死亡後、本件建物にはＢが１人で居住し、本
件土地の賃貸人に対する賃料の支払もＢが単独で行い、Ｘらを含
むＡの他の相続人は上記賃貸借関係につき、何ら関与していない
ことがうかがわれる。

ⓒ　前記(1)②のとおり、Bが単独で賃貸人であるCから本件土地を
購入した。

ⅲ　したがって、他に特段の事情を認定することなく、本件土地の賃借
権のBへの贈与を認めなかった原審の認定には、経験則違反ひいて
は審理不尽の違法がある。

(4)　本件における主張・立証の構造

Xらは、各90分の11の割合による本件土地賃借権（建物所有目的）の確認
を求めています。その請求原因事実の概要は、以下のようになります。[27]

㋐　Aは、Cとの間で、建物所有目的で本件土地を借り受ける旨の賃貸
借契約を締結した。

㋑　Aは死亡し、その相続人であるXらの法定相続分は各90分の11の
割合である。

㋒　Y₁・Y₂は、Xらが各90分の11の割合によって本件土地の賃借権を
有することを争っている。

上記の請求原因事実には争いがなく、Y₁・Y₂は、Aが賃借権を喪失した
との抗弁を主張しました。その抗弁事実は、次のように整理することができ
ます。

㋐　Aは、生前、Bとの間で、本件土地の賃借権をBに贈与する旨の
契約を締結した。

本件における争点が、Y₁・Y₂の主張する抗弁事実㋐の存否にあることは
明らかです。

27　河邉・前掲（注26）11頁からは、賃貸借契約の期間や賃料、Aの相続関係の詳細が明らかで
ないので、本文のとおりの摘示にとどめました。

(5)　間接反証の成否の検討

　Y₁・Y₂ は、抗弁事実㋐についての直接証拠が存在しないため、抗弁事実²⁸㋐についての間接事実として本件土地上に存する本件建物の贈与契約締結の事実を主張し、これを証する証拠を間接証拠として提出したのです。そして、最高裁が上記(3)①で説示しているのがこの間接事実と抗弁事実㋐とをつなぐ経験則の内容です。

　抗弁事実㋐についての判断が原審と最高裁とで分かれたのは、上記(3)①の経験則を前提として、上記(2)①⑪の事実をもって間接反証事実として十分であるかどうかについての理解に相違があったところにその理由があります。

　すなわち、原審は、「賃借地上の建物が贈与されたのに、敷地賃借権が贈与されたことを当該土地の賃貸人に告知せず、かつ、贈与税の申告に際して建物のみならず敷地賃借権をもその対象としないという事情は、建物の贈与に伴って敷地賃借権が贈与されるのが通常であるとの経験則の適用を排除する例外事情（いわゆる特段の事情）として十分である」と考えたのです。

　これに対し、本件判決において、最高裁が発しているメッセージを整理すると、以下のようになります。

① 賃借地上の建物が贈与される場合には、それと同時に敷地賃借権が贈与されるのが通常である。

② 賃借地上の建物が贈与され、それと同時に敷地賃借権が贈与されたのに、敷地賃借権が贈与されたことを当該土地の賃貸人に告知しないこと、または、贈与税の申告に際して建物のみをその対象とし、敷地賃借権をその対象としないということは、世の中では比較的頻繁に起きることである。

③ すなわち、当該土地の使用方法に変更がない場合には、敷地賃借権の贈与の事実を土地賃貸人に告げないことも往々にして起こり得るところ、

28　本件土地の賃借権の贈与契約書が存しないことはもちろん、贈与契約の当事者である A と B のいずれもが死亡していて、証言することができない状態になっています。

本件は、土地の使用方法に変更がない場合（本件土地を本件建物の敷地と
して使用し続けるのであり、本件建物の居住者にも変化がない）である。ま
た、贈与の対象についての記載が正確とはいえない贈与税の申告という
のも往々にして起こり得る。要するに、それぞれの事実につき、それが
起きた理由ないし背景を究明しないでは、建物の贈与に伴って敷地賃借
権が贈与されるのが通常であるとの経験則の例外事情（いわゆる特段の
事情）として十分であるということはできない。

④　加えて、Bを除くAの相続人の誰も（Xらを含む）が、A死亡後、本
件土地賃借権を相続によって承継したことを前提とした行動をとってお
らず（前記(3)ⅱⓑがその具体的事実）、むしろ、本件土地賃借権を有する
ことを前提とするものと評価するに値する行動に出たのは、Bのみであ
る（前記(3)ⅱⓑⓒがその具体的事実）[29]。

⑤　結局、原審の挙げる上記②の2つの事実をもって特段の事情として十
分であるということはできない。

(6)　経験則と特段の事情

本件事例は、経験則と特段の事情との関係を考えるについて、非常に参考
になるものです。

まず、本最高裁判決から、「賃借地上の建物が贈与される場合には、それ
と同時に敷地賃借権が贈与されるのが通常である」という経験則は、例外の
極めて少ない経験則であることを認識することができます。すなわち、賃借
地上の建物の所有権と敷地賃借権の所在が分離することによほどの合理性と
必要性とが認められる場合にのみ例外となると考えてよいでしょう。

そうしますと、敷地賃借権が贈与された場合に、贈与者または受贈者のい

29　これらの事実は、本件建物の贈与という間接事実（a1）以外に、経験則適用の前提となる間接
事実として、A死亡後、本件建物にはBが1人で居住し、本件土地の賃貸人に対する賃料の支
払もBが単独で行い、Xらを含むAの他の相続人は右賃貸借関係に何ら関与していないという
間接事実（a2）、Bが単独で賃貸人であるCから本件土地を購入したという間接事実（a3）が存
することを指摘するものと理解すべきでしょう。

ずれかが贈与されたことを前提にして、なすべき行為のいくつかをしなかったというだけで特段の事情に当たると即断することはできないということになります。すなわち、通常人が何らかの理由によってなすべき行為をしないという事態も現実には起こり得るからです。

　原審は、敷地賃借権の贈与を前提にした場合に贈与者または受贈者においてなすべき行為の 2 つをしなかったという事実を認定することによって、経験則の例外事情ありと判断したものです。本最高裁判決は、現実の世界で通用している経験則の適用を問題にする以上、そのような形式的・表面的な考察では足りないということを再認識させる契機になるものと思われます。

　本件の主張・立証の構造を図示すると、以下のとおりです。

[主張・立証の構造図]

また、本最高裁判決は、本件事案における間接事実と経験則とを前提とする限り、特段の事情となるべき間接事実の立証としては本証の程度に達する

必要があるとの立場に立っていることがその判文上明らかであり、従来から[30]間接反証という用語によって説明されてきた問題の一場面として理解することができます。

第3節　補助事実としての機能

Ⅰ　はじめに

本章第1節Ⅰ2(3)（177頁）において、直接証拠が存する場合に、その直接証拠の有する証拠力（証明力）を吟味する資料として、間接証拠から認定される間接事実を利用するという説明をしました。これまでに検討した事例中にも、これに該当するものがいくつか含まれていましたが、ここで改めて2つの事例によって、直接証拠である供述または文書の信用性（証明力）を検討する場面で、経験則がどのように機能するかに着目して検討してみることにしましょう。

Ⅱ　直接証拠である供述の信用性の検討と経験則

1　弁済を肯定する証人の証言とこれを否定する当事者の供述の信用性が問題になった事例

最初に検討する最三小判平成7・5・30の事例は、弁済の抗弁の採否の判[31]断に際し、弁済の抗弁の立証責任を負う被告の申請に係る証人の証言とこれ

30　本文中に紹介したように、本最高裁判決は、「他に特段の事情を認定することなく、本件土地の賃借権のＢへの贈与を認めなかった原審の認定には、経験則違反ひいては審理不尽の違法がある」と説示しています。

31　井上繁規「最高裁民事破棄判決の実情(2)――平成7年度――」判時1554号19頁を参照。

を否定する原告本人の供述の信用性を吟味するという過程で、経験則が問題
になったものです。

(1) 事案の概要と証拠の状況

最三小判平成7・5・30の事案の概要と証拠の状況は、以下のとおりです。

---

① Xは、昭和60年1月10日、YからY所有の農地（本件土地）を買い
受け、Yに対してその代金全額を同年2月28日までに支払った。し
かし、Xは、本件土地の所有権移転登記を経由していなかったので、
これを利用して、農業公社から本件土地の購入資金名目で金員を借り
入れることを計画した。

② ①の農業公社からの金員借入れについては、農業公社がYから本
件土地を買い受けたうえ、これを同額でXに転売し、その転売代金
をもって貸付金とする方法がとられていた。そこで、Xは、Yとの
間で、農業公社からYに対して売買代金が支払われたときは、Yが
Xに対してこれを交付する旨の合意（本件合意）をした。

③ 農業公社は、Yに対し、昭和61年2月25日、本件土地の売買代金
として1191万8000円をYのZ農業協同組合（Z農協）の預金口座（本
件口座）に振り込む方法で支払った。

④ Xは、Yに対し、本件合意に基づき、③の1191万8000円の支払を
請求（本訴請求）した。本訴請求に対し、Yは、「Yは、本件口座に
振り込まれた金員を払い戻し、Z農協に依頼してXに同金員を交付
することによって弁済した」として弁済の抗弁を主張したうえ、「X
が弁済の事実を否定してY所有の不動産に仮差押えの執行をし本訴
を提起したことは、不法行為に当たる」と主張して、損害賠償を求め
る反訴を提起した。

⑤ Z農協の職員Aは、Yの妻の依頼により、Yの妻が払戻手続をし
た各現金を、そのつど直ちにXに手渡した旨の証言をし、また、Z

農協の他の職員らは、この様子を目撃した旨証言した。

⑥　これに対し、Xは、Z農協の職員Aから現金を受け取ったことは
ないと供述した。

⑦　YからXへの現金の授受を証する伝票、領収書等の文書は存在し
ない。

本件の概要を図示すると、以下のとおりです。

[関係図]

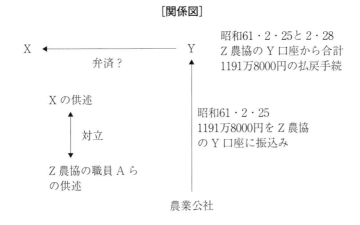

(2)　原審の判断

第一審は、Yの主張した弁済の抗弁を採用して本訴請求を棄却したうえ、
本訴請求が不当訴訟に当たるとの反訴請求を容認して、Xに対して慰謝料
50万円の支払を命じました。

これに対し、原審（控訴審）は、第一審判決を破棄して本訴請求を認容し、
反訴請求を棄却しました。その判断は、次のとおりです。

①　証拠によれば、Yの妻が、本件口座から、昭和61年2月25日に300
万円の、同月28日に891万8000円の各払戻手続をしたことが認められ
る。

⑪　金融機関の業務の正常な運営においては、金員の出入は常に帳簿、伝票等の書類に記載される。

⑫　Yの主張する弁済は、本来の農協の業務ではなく、Z農協が顧客に対するサービスとしてYの依頼を受け入れて、Yに代わってしたものではあるが、多額の現金の支払をする以上、本来の業務の正常な運営におけると同様に行われなければならない。

⑬　現金の支払を証する書類がないということは、現金の支払がないという推定を働かせる。

⑭　したがって、現金を受け取っていないというXの供述は信用することができる反面、Aらの各証言は信用することができない。

(3)　最高裁の判断

最高裁は、以下のとおり、原審の判断には採証法則違反等の違法があると[32]して、原判決を破棄して、本件を原審に差し戻しました。[33]

① 一般に、金員の授受に関する領収書等が存する場合には、実際にその授受があったものと事実上推定することができるが、その逆に、領収書等が存しないからといって、直ちに金員の授受がなかったものということはできない。

⑪　Z農協の職員としては、預金者の依頼によるとはいえ、払い戻した金員を当該預金者以外の者に手交するのであるから、自らその旨を証する文書をとっておくか、依頼者であるYに、受取人であるXから

---

[32] 最高裁は「採証法則に反する違法ないしは審理不尽、理由不備の違法がある」と判示していますが、下記(4)に説明するようにその実質は経験則違反の違法ありとしたものと理解することができます。

[33] 差戻し後の第二次控訴審は、本訴請求につき、控訴を棄却し、反訴請求につき、Xのした仮差押えおよび本訴提起が不法行為に当たると判断し、Xに対して慰謝料300万円と弁護士費用200万円の合計500万円の支払を命じました。そして、この第二次控訴審判決は、上告棄却により確定しました。

領収済みの念書等をとっておくことが、後の争いを防止する意味でも望ましいこととはいえる。

⑩　しかし、Ｚ農協の職員であるＡらの証言内容は、ＡはＸに対して各現金を交付したが、これらは、あらかじめＹの妻の請求により所定の手続を経たうえで本件口座から現金の払戻しをし、その場でＸにこれを交付したというのであり、事実、Ｚ農協は上記払戻しを証するためＹの預金払戻請求書をとっていることが記録上明らかである。

⑪　そうであるとすれば、この預金払戻しの手続としては完全であり、後は預金者であるＹとＸとの間の問題であるとし、預金の払戻金の交付のみでよしとしたＡらの処理にも無理からぬものがあるということができるのであって、Ｘの領収書等が存しないことのみからＡらの証言を信用できないものとすることはできない。

⑫　また、記録によると、Ｙは、弁済の抗弁事実を裏付ける事情として、Ｘが農業公社からの金員の借受人として金員が本件口座に振り込まれるべき時期を知っていたこと、Ｘが本件土地について昭和61年３月20日に所有権移転登記を経由し、同年５月20日には本件土地に抵当権を設定して農林漁業金融公庫から融資を受けるなどしていること、Ｘにおいてそのころまでには農業公社から金員が本件口座に振り込まれたことを知悉していたとみられるのに同年12月末までこれを問題にした形跡が全くないことなどを挙げて、Ｘが上記払戻金を受領していることは明らかであると主張していることがうかがわれる。

⑬　そうすると、領収書等が存しないことのみから農協職員であるＡらの証言をいずれも信用できないとし、また、Ｙの主張する上記⑫の事情等について審理判断することなく上記抗弁を排斥した原審の判断には、採証法則に反する違法ないしは審理不尽、理由不備の違法がある。

(4) 本件における主張・立証の構造および経験則の構造

Ｘは、上記(1)④のとおり、本件合意の履行を求めたということですから、準委任契約に基づく受任者の債務の履行請求権（民法656条、643条）を訴訟物として選択したものと思われます。その請求原因事実の概要は、以下のとおりです。

> ⑦　Ｙは、Ｘとの間で、昭和61年2月、Ｙが農業公社に対して本件土地を売ったこととし、同公社からＹに対して売買代金名目で交付される1191万8000円を受領し、これをＸに対して交付するとの事務を受託する旨の準委任契約を締結した。
>
> ⑦　Ｙは、農業公社から、昭和61年2月25日、本件土地の売買代金として1191万8000円を交付された。

Ｙは、これらの請求原因事実を認めて、弁済の抗弁を主張しました。その抗弁事実は、次のとおりです。

> ⑧　Ｙは、Ｘに対し、請求原因事実⑦の契約に基づく債務の履行として、昭和61年2月25日に300万円を、同月28日に891万8000円をそれぞれ交付した。

以上のように整理してみますと、本件訴訟の争点がＹの主張する抗弁事実⑧の成否にあることが明らかです。

ＹがＸ作成の領収書や念書等を保有していて、これらの報告文書を証拠[34]として提出することができれば、抗弁事実⑧の立証は容易だったのです。[35]しかし、Ｙは、領収書等を保有していなかったため、それに代わるものとしてＺ農協の職員であるＡらを証人として証拠申請し、Ｘは、反証として自らの本人尋問の申請をし、裁判所は、これらいずれの申請をも採用して取り

34　処分証書および報告文書の定義とその実例等については、第2章第1節Ⅱ（75頁）を参照。
35　後藤・135頁を参照。

調べたのです。

　そして、Ｘは、弁済を否定する主張および供述の信用性の裏付けとして、「債務者は、自らの債務を弁済（しかも相当程度に多額の金員の支払）するにあたっては、債権者から領収書等後日の証拠となる資料を取得するのが通常である」との経験則（経験則 a ）に依拠し、「領収書等がないことは、債務の弁済がないことを示している」と主張しました。原審の上記(2)の判断は、Ｘのこの主張を採用したものです。

　これに対し、Ｙは、経験則 a の存在を否定することはできないため、経験則 a の例外となる事情の存在を主張し、本件には例外事情が存すると主張したのです。上記(3)⒤および⒤は、Ｙのしたこの趣旨の主張として理解することができます。

　そのうえで、Ｙは、弁済したと述べる Z 農協の職員 A らの証言の信用性の裏付けとして、Ｘから領収書等をとらなかったことが不合理とはいえない理由として上記(3)⒤および⒤の各事実が存することを主張するとともに、弁済という主要事実を推認すべき間接事実として同⒱の各事実が存することを主張したのです。Ｙの依拠した弁済についての経験則を整理すると、以下のようになります。

①　Ｙとの間で請求原因㋐の準委任契約を締結して、農業公社からの借受金をＹ経由で受領することとしていたＸは、資金の借受人として重大な利害関係を有していたから、同借受金が本件口座に振り込まれる時期を知っているのが通常である。

②　本件土地の所有権がＹ→農業公社→Ｘとそれぞれ売買名目で移転することとされていた場合において、Ｘへの所有権移転登記が実現しているときは、農業公社からＹに対する売買代金の支払がされているのが通常である。

③　Ｘにおいて本件土地の所有権移転登記を昭和61年３月20日に経由したうえ、同年５月20日に本件土地に抵当権を設定して他から融資を受け

るなどしているときは、Xは、農業公社からYに対する売買代金の支
払がすでにされたことを遅くとも同年5月20日には了知しているのが通
常である。

④　Yとの間で請求原因⑦の準委任契約を締結して、農業公社からの借
受金をYを経由して受領することとしていたXとしては、農業公社か
らYに対する金員の支払がすでにされたことを了知した場合には、Y
に対して速やかに準委任契約の履行（すなわち、農業公社からYに対して
支払われた金員の交付）を請求するのが通常である。

⑤　農業公社からYに対する金員の支払をXが了知してから相当期間、
XとYとの間で、当該金員の交付に係る問題が生じなかった場合には、
YからXに対して金員が交付されているのが通常である（それにもかか
わらず、Xは、昭和61年12月末に至るまでこれを問題にしたことが全くない）。

　Yは、このように複数の経験則の存在を主張しているのですが、これら
の経験則は同一のレベルのものではありません。①②③の経験則は、「農業
公社からYに対する1191万8000円の支払がされた昭和61年2月25日ころに
は（遅くとも同年5月20日には）、Xがこの金員支払の事実を了知した」とい
う間接事実を認定するために利用することのできる経験則であり、④の経験
則は、「上記の金員支払の事実を了知したXは、Yに対して速やかに当該金
員の交付を請求した」という間接事実を認定するために利用することのでき
る経験則であり、⑤の経験則は、抗弁事実である「本件準委任契約の履行と
しての金員の交付（弁済）」を認定するために利用することのできる経験則
です。

　すなわち、①②③の経験則が④の経験則適用の前提となるものであり、さ
らに④の経験則が⑤の経験則適用の前提となっています。そして、最終的に
⑤の経験則を本件の事実関係（Xが昭和61年12月末に至るまで金員の不払を問
題にしたことがないこと）に適用して、弁済の主要事実を認定（推認）すると
いう構造を成しています。

218

　本件のＹは、弁済の受領者であるＸ作成に係る領収書という直接証拠を保有していなかったため、このように数段階にわたる複数の経験則を利用して、弁済の主要事実を推認することのできる間接事実を証明し、そのような間接事実をもって、対立する供述の一方であるＺ農協の職員Ａらの証言が信用に値するものであることを証明する（すなわち、証言の信用性についての補助事実とする）というやや複雑な証明の過程を経る必要があったのです。

　以上の主張・立証の構造を図示すると、概要以下のようになります。

[主張・立証の構造図]

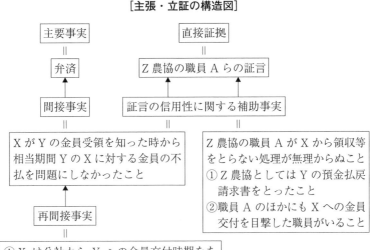

(5)　逆必ずしも真ならず

　本最高裁判決は、「逆必ずしも真ならず」の格言を想起させるものです。

　原審は、「金員の授受に関する領収書等が存する場合には、実際にその授受があったのが通常である」との経験則αの存在を前提として、その逆であ

る「金員の授受に関する領収書等が存しない場合には、その授受がなかった
のが通常である」との経験則−（マイナス）a が存在し、しかもこの経験則
−（マイナス）a が例外の極めて少ない経験則であると考えたようです。

　しかし、本件事案が示唆するように、経験則−（マイナス）a が存在する
ことを認めるとしても、この経験則には多くの例外が存在することを理解し[36]
ておくことが重要です。

　本件事案においても、Y からその作成に係る預金払戻請求書を提出させ
た Z 農協の職員が自らの職務の履行としてはそれで十分であると考え、払
い戻した金員をその場で X に交付した場合に、X から領収書を徴求しなか
ったとしても、それが農協の職員の事務処理方法として不自然であるとまで
いうことはできません。しかも、事実どおりの証言をすることが憚られるよ
うな特段の利害関係が当事者の一方との間であるとはいえない Z 農協の他
の職員もこれを目撃しているときにおいてはなおさらです。

　本最高裁判決は、ある経験則の存在を認めこれを適用するにあたり、その
例外の多さ（少なさ）をセットとして理解しておくことの重要性を再認識さ
せるものです。

2　弁済を証する領収書等の文書の信用性が問題になった事例

　次に検討する最三小判平成11・4・13の事例は、最初の事例と同様、弁済[37]
の成否が問題になったものです。最初の事例と異なるのは、第 1 に、当事者
の主張上、弁済の事実が抗弁事実ではなく請求原因事実の一部と関連するも
のであることであり、第 2 に、立証上その信用性が問題になった証拠が供述[38]
証拠ではなく領収書等の文書であることです。

36　後藤・135頁参照。本書第 2 章第 1 節 X で取り上げた事案も、金員の授受に関する領収書の存
　しないものです。

37　生野考司「最高裁民事破棄判決等の実情(2)——平成11年度——」判時1708号40頁を参照。

38　弁済の事実が請求原因事実そのものではないことにつき、後記(4)の「本件における主張・立証
　の構造と弁済の主張の位置づけ」を参照。

この事例では、以下に説明するように、弁済を証する証拠として数多くの文書が提出されたのですが、それでもその信用性について激しく争われました。単純な事実の認定が、現実の訴訟において深刻な争点になることがあるという実例としても興味深いものです。

(1)　事案の概要と証拠の状況

最三小判平成11・4・13の事案の概要と証拠の状況は、以下のとおりです。

①　Ｘは、Ｙの子会社Ａの開発製造したファクシミリ等の製品につき、Ｙにおいて販売可能であることを確認したうえで、海外顧客に売り込み、その注文を受けてＹに発注するという手順を踏んで、Ｙから当該製品を買い受けるという継続的売買取引をしていた。Ｘは、海外顧客Ｂの注文を受け、平成2年12月3日、Ｂとの間で、Ａの開発したファクシミリの新機種（本件モデル）について違約金特約の付された売買契約を締結したうえ、同月20日ころ、Ｙとの間で本件モデルを買い受ける旨の本件売買契約を締結した。ところが、Ｙは、その後、不採算を理由にファクシミリ部門からの撤退を決定し、平成3年2月、Ｘに対し、本件モデルを販売しない旨を通知した。そこで、Ｘは、Ｙに対し、本件売買契約の債務不履行に基づき、1億8000万円の損害賠償を求めて本件訴訟を提起した。

②　Ｘは、「Ｂから、Ｘ・Ｂ間の売買契約中の違約金特約に基づき違約金の支払を求められ、Ｂとの交渉の結果、平成3年8月26日、約定違約金の一部である1億8000万円を支払うことによって一切を解決する旨の和解契約を締結し、その後、Ｂが本件モデルの類似品の開発製造等を委託したＣに対してその費用の一部として右和解金と同額の支払をすることでこれを処理することとし、現実にＣに対して1億8000万円を支払ったから、Ｙの債務不履行によって同額の損害を被った」と主張しました。これに対し、Ｙは、Ｘの1億8000万円の支

　　払を争った。

③　Xは、上記の1億8000万円の支払につき、第一審では、その関連
　　会社であるDに信用状の開設を依頼させ、Cに対して6000万円ずつ
　　3回に分けて支払ったと主張したが、原審に至って、XがCに小切
　　手3通を振り出し、CがDにこれを裏書譲渡して現金化したと主張
　　した。

④　Xは、上記②③の主張を裏付ける証拠として、ⓐX・B間の和解契
　　約書（XがBに対して違約金1億8000万円を支払うことを内容とするも
　　の）、ⓑX・B・C間の合意書（Xがⓐの和解契約の履行としてCに対し
　　て1億8000万円を支払うことを内容とするもの）、ⓒDの依頼に基づく
　　Cに対する信用状開設通知、ⓓX振出の額面合計1億8000万円（円換
　　算）の3通の小切手、ⓔC名義の1億8000万円の領収書を提出した。
　　なお、これらの文書の成立は、Xの代表者尋問の結果と弁論の全趣
　　旨によって証明された。

⑤　そこで、上記④ⓐないしⓔの文書（本件各文書）の信用性（証明力）
　　が本件訴訟の主要な争点になった。

本件の概要を図示すると、以下のとおりです。

[関係図]

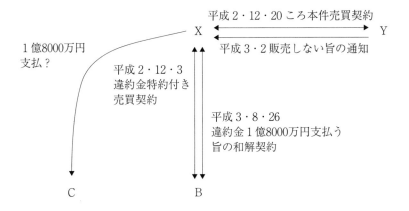

(2)　原審の判断

　第一審は、本件各文書の信用性（証明力）を肯定して X の B に対する和解金 1 億8000万円の支払の事実を認め、X の請求を認容しました。しかし、原審（控訴審）は、本件各文書の信用性（証明力）を否定して上記支払の事実を認められないとし、第一審判決を破棄して X の請求を棄却しました。その判断の概要は、以下のとおりです。

> ①　上記⑴③のとおり、和解金 1 億8000万円の支払方法についての X の主張とその立証が第一審と原審とでは異なるところ、X が第一審で当初から真実の立証をしなかった理由を理解しがたい。
>
> ⅱ　C に対して平成 3 年 9 月18日に信用状開設が通知されているところ、信用状開設を解消することなく小切手 3 通を振出交付するというのは、不自然、不合理である。
>
> ⅲ　小切手を交付した際に C から受領したという各領収書には、いずれも日本円で6000万円を受領した旨の記載があるが、上記領収書の金額と小切手の額面金額とが異なっている。

⑫　X が C に小切手を交付した際、または D が小切手を現金化した際、信用状に定められた支払条件の充足を確認したのかどうかが明らかでない。

⑬　Y の台北駐在員が X の主張とは異なる事実を供述しているところ、X が上記供述の信用性を争うために尋問を申請した C の代表者は予定した 4 回の証拠調べ期日に出頭しなかった。また、B が本件モデルの代わりに類似品の開発製造を C に委託した経緯等が明らかでないところ、B の代表者は予定した 3 回の証拠調べ期日に出頭しなかった。

(3)　最高裁の判断

　最高裁は、概要以下のとおり判断して、X の B に対する和解金 1 億8000万円の弁済の事実（弁済の具体的方法としては、X が C に対して支払うというもの）が認められないとした原審の認定判断には、経験則違反ないし採証法則違反の違法があるとし、原判決を破棄したうえ、本件を原審に差し戻しました。

①　X の主張を裏付ける書証[39]として、本件各文書（前記(1)④ⓐないしⓔの文書）が存在しており、その各成立も立証されているから、特段の事情がない限り、上記書証の記載のとおり X が C に 1 億8000万円を支払った事実が認定されるべきである。

②　原審は、本件各文書の存在にもかかわらず X が C に 1 億8000万円を支払った事実が認められないとする理由として、上記(2)⑩ないし⑬の理由を挙げる。

　　しかし、同⑩についてみると、本来の信用状による決済方法をとらず、別途小切手で決済をする場合において、先に信用状開設を解消するか後でこれを解消するかは当事者間の合意により決められるべき問

39　最高裁は、「書証」という用語を「証拠方法である文書」の意で使用しています。「書証」という用語の本来の意義と実務における慣用例については、第2章第1節Ⅰ（74頁）を参照。

題であるところ、先に信用状開設を解消すると受益者であるＣとしては小切手が決済されないリスクを負担することになるから、決済が終了するまでは信用状開設を解消しないことを合意したとしても、これが特に不自然、不合理であるということはできない。

　次に、同⑪についてみると、領収書の金額が円で表示されているのに対し、小切手の額面金額は米ドルに換算されており、そのために領収書と小切手の額面とが数額のうえで異なっているにすぎないことが明らかである。

　そのほか、同ⅰ⑰ⅴの点は、これ自体をもって上記書証の証明力を覆すに足りる事情とすることはできない。

⑫　したがって、同ⅰないしⅴの点のみをもって上記書証を排斥し、ＸがＣに１億8000万円を支払った事実が認められないとすることはできず、他に首肯するに足りる特段の事情について説示することなく、ＸがＣに１億8000万円を支払った事実が認められないとした原審の認定判断には、経験則違反ないし採証法則違反の違法がある。

(4)　本件における主張・立証の構造と弁済の主張の位置づけ

　本件訴訟の訴訟物は、本件売買契約の債務不履行（履行不能）に基づく損害賠償請求権です。その請求原因事実を整理すると、概要次のとおりになります。

㋐　ＸとＹとは、平成２年12月20日ころ、ＸがＹから本件モデルを相当額で買い受ける旨の契約を締結した。[40]

㋑　Ｙは、本件モデルを含むファクシミリの販売から撤退することを

---

[40]　本件売買契約は、不特定物（種類物）の売買ですから、目的物を種類と数量とによって特定し、代金額または代金額の確定方法を特定して、それぞれの合意の成立を主張する必要があります。本件ではこの点に争いがないものと考えられることを考慮し、生野・前掲（注37）40頁から判明する事実の範囲で、本文のような簡略な形で摘示しています。紛争類型別の要件事実・2〜3頁を参照。

決定し、平成 3 年 2 月、X に対し、本件モデルを販売しないことを
通知した。

㋒-1　X は、B との間で、平成 2 年12月 3 日、X が B に対して本件モ
デルを相当額で売り渡す旨の契約を締結した。

㋒-2　㋒-1 の売買契約には、X の債務不履行について所定の違約金
を支払う旨の特約が付されていた。

㋓　X は、B との間で、平成 3 年 8 月26日、㋒-2 の特約に基づく違約
金の支払をめぐる紛争につき、X が B に対して所定の違約金の一部
である 1 億8000万円を支払うことにより同紛争を解決する旨の和解契
約を締結した。

㋔　Y は、㋑の時点において、㋒-1 および㋒-2 を予見していたかま
たは予見し得た。[41]

右の請求原因事実の整理は、X・B 間の違約金特約付売買（転売）契約の
締結の事実が民法416条 2 項にいう「特別の事情」に当たり、その違約金の
支払をめぐる紛争について成立した和解契約において 1 億8000万円の違約金
支払義務を負担した事実が同項にいう「（特別の事情）によって生じた損害」
に当たるとの理解に立つものです。

Y の債務不履行（履行不能）に起因して X が転売先である B から所定の違
約金の支払を請求され、請求金額の一部の支払義務を負うことを認めてその
支払を約する和解契約を締結した場合には、X が B に対して違約金の支払
を了していなくても、X が B に対して負うことが確定した債務額について
損害が発生したものということができます。X が破綻に瀕していて違約金
を支払うことのできる財務状況になかったとか、もともと違約金支払の意思
がなかったという場合には、合意した違約金額について X に損害が発生し

41　債務者が、債務を履行不能とした当時、特別の事情を予見していたかまたは予見し得たことは、
　　債権者に主張・立証責任があります。大判大正13・5・27民集 3 巻232頁、最二小判昭和37・11・
　　16民集16巻11号2280頁を参照。

たとはいえないでしょうが、そのような事実関係は抗弁としてＹが主張すべきことになるというべきでしょう。このように考えますと、現実にその支払を了したことは、請求原因事実㋭の和解契約が成立したことの間接事実として位置づけられる事実であるということになります。[42]

　原判決は、前記(2)のとおり、ＸのＢに対する１億8000万円の支払の事実が認められないことを理由にして、Ｘの請求を棄却したのですが、上記のように考えることができるとすれば、そもそも原判決の判断には、最高裁の指摘する経験則違反ないし採証法則違反の違法の以前に、理由齟齬ないし理由不備の違法があるのではないかと思われます。

(5)　本件における経験則の意味と位置づけ

　前記(4)の請求原因事実の整理によりますと、本件訴訟の要件事実レベルにおける主要な争点は請求原因事実㋭の成否にあり、本件で問題とされたＸがＢに対して違約金の支払を了したかどうかの点は、請求原因事実㋭の間接事実ですから、違約金の支払に係る経験則は間接事実を認定するための経験則であるということになります。このように、本件は、間接事実レベルでの事実認定における経験則の適用が問題になったものであり、経験則の適用が主要事実に限らず様々なレベルの事実認定において必要であることを示す事例でもあります。

　そして、この最三小判平成11・4・13は、前記1の最三小判平成7・5・30の判示した「金員の授受に関する領収書等が存する場合には、実際にその授受があったものと事実上推定することができる」という経験則が例外の極めて少ないものであることを示唆するものでもあります。本件各文書——特に、Ｃ作成に係る１億8000万円を受領した旨の領収書——の存在にもかかわらずＸがＣに１億8000万円を交付した事実が認められない（その結果、ＸのＢに

42　請求原因事実㋭に対し、「当該和解契約は、虚偽表示である」等の瑕疵ある意思表示であるとの抗弁が主張されることも考えられます。そのような場合には、「当該和解契約の債務の履行として、ＸからＢに対して違約金が実際に支払われた」という事実は、上記の抗弁事実が存在しないことを示す間接事実にもなります。

対する1億8000万円の違約金弁済の事実が認められない）とした原判決は、X側の主張の整理や証人の確保について不備のあったことに目を奪われて、経験則とその例外について深く考察するという事実認定の基本がおろそかになってしまったものというべきでしょう。

　また、前記(3)⑪のとおり、原判決は、信用状を開設しての決済と小切手による決済とに関する経験則を正しく理解していなかったことが明らかです。裁判官も当事者またはその訴訟代理人も、紛争の発生するあらゆる分野における経験則を身に付けているわけではありませんから、知ったかぶりをしないでそのつどその分野の専門家の意見を聴取するなどして確認する姿勢を常に保持していることが必要です。

　今回取り上げた判例は、領収書等の存在と弁済の認定をめぐるものですが、直接証拠である供述または文書の信用性（証明力）を検討するという文脈において経験則がどのように機能するかをよく示すものということができます。

第 4 章
損害または
損害額の認定

I　損害の概念と損害額の推計

1　損害および損害額の概念

(1)　はじめに──損害論の重要性

　不法行為に基づく損害賠償請求においても債務不履行に基づく損害賠償請求においても、「損害の発生とその数額」は請求原因事実の一部になります。また、金銭請求に対し、損害賠償債権を自働債権として相殺の抗弁を主張する場面では、「損害の発生とその数額」は抗弁事実の一部になります。

　このように、民事訴訟において「損害の発生とその数額」を主張・立証の命題または事実認定の対象とすべき場合が頻繁に起きますから、法律実務家としては、その主張・立証または事実認定の方法を身に付けておく必要があります。

　「損害の発生とその数額」には他の主張・立証の命題または事実認定の対象にはない特徴がありますから、ここで、取り上げておくことにします。

　そして、わが国の損害賠償請求訴訟の審理の現場では、しばしば、責任論についての審理で疲れ果ててしまい、損害論についてはその主張と立証とを緻密に検討する余力をなくしてしまっているかのようにみえる事実審裁判官に出くわします。責任論についての審理・判断が適正に行われることが重要であることは言うまでもないのですが、私人の権利の救済にとって、損害論についての審理・判断が適正に行われることはそれに勝るとも劣らぬ重要性を有しています。損害論の重要性にもう少し多くの事実審裁判官が気づき、そのような認識が損害論についての審理・判断に反映される日が遠くない将来に到来することを期待しています。

(2)　損害とは利益状態の差をいう

　損害とは何をいうかを確認しておくことにしましょう。

ある１つの作為・不作為（不法行為では加害行為を、債務不履行では履行不能・履行遅滞・不完全履行に当たる作為・不作為を指します）がなかったと仮定した場合に想定される利益状態と当該作為・不作為によって現実に発生した利益状態との間の差をいうとするいわゆる「差額説」[1]が判例および通説[2]の立場です。

2　損害額を認定する方法

(1)　損害額＝想定される利益状態の金銭見積額−現実に発生した利益状態の金銭見積額

差額説の立場によると、損害額とは、上記の想定される利益状態と現実に発生した利益状態をそれぞれ金銭的に見積もった金額を出し、前者から後者の金額を控除して得られた差額を指すということになります。

物品販売をしている個人事業主が交通事故に遭遇してけがをし、３カ月にわたって店を閉めざるを得なかったというケースを想定してみましょう。

交通事故がなかったとした場合に想定される利益状態を金銭に見積もるという作業は、例えば過去３年間の同時期の売上金額（ａ円）という形で算出することができます。この場合、想定される利益状態を金銭に見積もった金額はａ円です。また、現実に発生した利益状態を金銭に見積もるという作業は、実際の売上金額——例えば、店を閉めたため店舗での売上金額はなかったものの、ネット販売による売上金額（ｂ円）があった——を確認することで算出することができます。この場合、現実に発生した利益状態を金銭に見積もった金額はｂ円です。その結果、損害額は、「ａ円−ｂ円」ということになります。

1　最一小判昭和39・1・28民集18巻１号136頁、最二小判昭和42・11・10民集21巻９号2352頁、最一小判昭和62・7・2民集41巻５号785頁。

2　加藤雅信『新民法大系Ⅴ　事務管理・不当利得・不法行為〔第２版〕』（有斐閣・2005年）258頁、窪田充見『不法行為法』（有斐閣・2007年）148頁を参照。

(2)　「推計」という方法——想定される利益状態を金銭に見積もるのが困難な場合

現実に発生した利益状態を金銭に見積もるという作業は、事柄の性質上、通常、それ程困難なものではありません。しかし、ある1つの作為・不作為がなかったと仮定した場合に想定される利益状態を金銭に見積もるという作業は、現実には存在しなかった事態を想定するという事柄の性質上、困難を伴う場合があることは否定することができません。

そこで、損害賠償請求訴訟の実務の中で、現実に存在する様々な指標を手掛かりにしてこれを推計するという方法が編み出されてきました。

3　最二小判平成元・12・8民集43巻11号1259頁（鶴岡灯油訴訟事件最高裁判決）

(1)　推計という認定方法

鶴岡灯油訴訟事件は、独占禁止法違反行為に起因する損害額の認定（当事者の立場からすると、損害額の主張・立証）方法が争われた事件です。同事件では、独占禁止法違反行為に起因する損害額（逸失利益）を推計する方法の1つである「前後理論」の適用[3]をめぐって、その適用の前提条件が満たされていることを当事者のいずれが主張・立証する責任を負うかが争われました。

前後理論とは、独占禁止法違反行為に起因する損害額を、違反行為直前または違反行為終了後の利益状態（価格または利益）と違反行為中の利益状態とを比較することによって推計する方法をいいます。

(2)　推計の前提条件の主張・立証責任についての最高裁の立場

鶴岡灯油訴訟事件では、消費者が、石油元売業者による石油製品価格の値上協定（価格協定）の締結によって、価格協定が継続していた期間に高い価

---

[3]　独占禁止法違反行為に起因する損害額（逸失利益）を推計する方法として、米国において、前後理論、ヤードスティック理論、マーケットシェア理論等の様々な考え方が提唱されています。詳細につき、田中豊『民事訴訟判例読み方の基本』（日本評論社・2017年）243〜245頁を参照。

格の灯油の購入を余儀なくされたため損害を被ったと主張して、石油元売業
者を被告として不法行為に基づく損害賠償請求をする訴訟において、価格協
定の実施直前の市場価格をもって価格協定がなかったと仮定した場合の想定
購入価格と推計し、消費者である原告が購入した価格との差額が損害額であ
ると認定することが相当であるかどうかが問題になりました。

　鶴岡灯油訴訟事件最高裁判決は、①想定購入価格の立証責任が最終消費者
にある、②これを前提にすると、直前価格が想定購入価格に相当すると主張
するのであれば、その推認が妥当する前提要件である事実——すなわち、価
格協定の実施当時から消費者が商品を購入する時点までの間に小売価格の形
成に影響を及ぼす経済的要因等にさしたる変動がないとの事実関係——は、
最終消費者において立証すべきことになる、③その点の立証ができないとき
は、上記②のように推認することは許されない、④したがって、その点の立
証ができないときは、直前価格のほか、総合検討による推計の基礎資料とな
る当該商品の価格形成上の特性および経済的変動の内容、程度その他の価格
形成要因をも消費者において主張・立証すべきことになる、と判断しました。

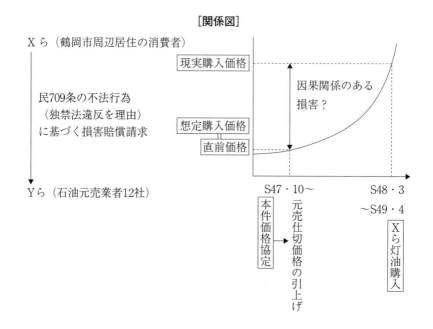

[関係図]

4　小括——推計という認定手法の一般性——

　前後理論の適用要件と表現すると特別な理屈の問題を議論しているかのように見えますが、損害および損害額の主張・立証責任は被害者が負うという原則からすれば、損害額を推計するという手法の根拠は経験則の存在に求めるほかないのです。したがって、推計の前提として、高度な蓋然性を有する経験則の存在が必要になるのは当然のことです。

　鶴岡灯油訴訟事件における加害行為は独占禁止法違反行為に係るものですが、そこで示した最高裁の判断は、独占禁止法違反行為であるかどうかにかかわるものではなく、損害賠償請求事件における損害および損害額の認定（主張・立証）一般に妥当するものです。すなわち、最高裁は、民法の基礎を再確認し、その訴訟過程における反映である主張・立証責任の基礎を再確認したのです。

234

　そして、最高裁は、一歩を進めて、加害行為に起因する損害・損害額の主張・立証が容易でない場合に、米国の独占禁止法訴訟で開発された前後理論を適用するにあたっての前提要件の主張・立証責任というやや細かな問題を取り上げ、伝統的な判例理論および学説の議論を基礎にして、結論を導いたものです。

　損害および損害額の認定（主張・立証）を検討するにあたって、常に立ち戻るべき判例であるといって過言ではありません。

　また、本判決後に新設された民訴法248条の規定を適用することが可能であるかという問題（すなわち、民訴法248条の規定に依拠することができない訴訟類型があるのではないかという問題）をも考えさせる契機をも有しています。

II　民訴法248条の規定による損害額の認定

1　損害額の認定と民訴法248条の新設

　債務不履行を理由とするものであれ不法行為を理由とするものであれ、損害賠償請求訴訟においては、被害者である原告が損害の発生のみならずその損害額についても証明責任を負い、請求認容判決をする受訴裁判所は損害の発生と損害額の双方を認定しなければならないと解され、民事訴訟の実務もそのように運用されています。[4]

　しかし、実際には、損害の発生は証明されたのに、その損害額の証明に困難を来す事案があります。そのようなものの典型例として、交通事故で死亡した幼児の逸失利益が挙げられます。最三小判昭和39・6・24民集18巻5号874頁は、「あらゆる証拠資料に基づき、経験則とその良識とを十分に活用して、できうる限り蓋然性のある額を算定するよう努め、ことに右蓋然性に疑

4　最二小判昭和28・11・20民集7巻11号1229頁。

いがもたれるときは、被害者にとって控えめな算定方法……を採用すること
にすれば、慰謝料制度に依存する場合に比較してより客観性のある額を算出
することができ、被害者側の救済に資する反面、不法行為者に過当な責任を
負わせることともならず、損失の公平な分担を究極の目的とする損害賠償制
度の理念にも沿う」と判示していました。

　民訴法248条は、平成10年1月1日に施行された現行民訴法に新設された
ものですが、このような判例の立場を明文化したものです。[5]

　民訴法248条は、「損害が生じたことが認められる場合において、損害の性
質上その額を立証することが極めて困難であるときは、裁判所は、口頭弁論
の全趣旨及び証拠調べの結果に基づき、相当な損害額を認定することができ
る」と規定しています。

2　民訴法248条の規定の性質と適用範囲

(1)　民訴法248条の規定の性質

　民訴法248条の規定の性質については、以下のとおり、3説に分かれて議
論が交わされています。しかし、近時は、規定の性質論よりも、同条を適用
してする損害額の認定の実質的基準をどのように設定するかが重要であると
いうところに議論が収束しつつあります。[6]

　立法担当者の説明および学説の通説は、[7]証明度軽減説（損害額という事実
の認定につき証明度の軽減を許容したものとする考え方）と呼ばれる考え方です。
ほかに、裁量説（損害額の認定につき裁判所の裁量を許容したものとする考え
方）、折衷説（損害額の認定につき証明度の軽減と裁判所の裁量との双方を許容し
たものとする考え方）と呼ばれる考え方があります。[8]

　民訴法248条が自由心証主義を規定する247条の直後に置かれていること、

5　法務省民事局参事官室編『一問一答新民事訴訟法』（商事法務研究会・1996年）287頁を参照。
6　伊藤滋夫「民事訴訟法248条の定める「相当な損害額の認定」（中）」判時1793号6頁、高橋
　（下）60頁を参照。
7　前掲（注5）287頁を参照。

前記1のとおり、条文の表現が「口頭弁論の全趣旨及び証拠調べの結果に基づき、相当な損害額を認定することができる」というものであって、通常の事実認定と同じ資料のみが「損害額の認定」の根拠となし得る旨を規定しているばかりか、「損害額の認定」が通常の事実認定と性質の異なる裁判所の「裁量」によるものと規定していると読むのが困難であること等を併せ考慮すると、規定の性質の解釈論としては証明度軽減説に説得力があります。[9]

なお、「裁量」という用語の使い方と内容の理解の仕方が論者によって相違があり、「証明度を下げた認定を許容した」と説明するか「裁量的判断を許容した」と説明するかによって、訴訟の実際においてどのような差異をもたらすのかについても、明らかではありません。

(2)　民訴法248条の規定の適用範囲

前記1のとおり、民訴法248条は、その適用要件につき「損害の性質上その額を立証することが極めて困難であるとき」と規定しています。

第1に、「損害の性質上」の要件につき、当該事案に特有の事情ではなく損害の有する客観的な性質をいうと解する客観説と[10]、具体的事案における立証の困難性をも含むと解する個別事案説とが対立しています。[11]

客観説は、損害の有する客観的な性質とはいえない例として、「他人によって自動車を毀損されたが、その後たまたまその自動車が第三者に盗まれたために、毀損の程度を修理業者に鑑定を依頼するなどして証明することができないとき」というものを挙げています。[12]これは、客観説と個別事案説との

8　民訴法248条をめぐる議論の状況全般につき、伊藤眞「損害賠償額の認定——民事訴訟法248条の意義——」原井龍一郎先生古稀祝賀『改革期の民事手続法』（法律文化社・2000年）52頁を参照。

9　伊藤滋夫「民事訴訟法248条の定める『相当な損害額の認定』（上）」判時1792号4〜5頁を参照。

10　前掲（注9）の伊藤滋夫・相当な損害額の認定（上）4頁、門口正人ほか編『民事証拠法大系①』（青林書院・2003年）312頁〔新谷晋司＝吉岡大地〕を参照。

11　賀集唱＝松本博之＝加藤新太郎編『基本法コンメンタール民事訴訟法②〔第3版〕』（日本評論社・2007年）279頁〔奈良次郎〕を参照。

12　前掲（注9）の伊藤滋夫・相当な損害額の認定（上）4頁を参照。

違いをイメージするのにわかりやすい事例ですが、民事訴訟の実際において損害額の立証が極めて困難である理由が損害の有する客観的な性質によるのか個別事案の性質によるのかを、一定程度の確かさをもって識別することが可能であるか、識別することにどれほどの意味があるかについては疑問なしとしません。後述3で取り上げる最三小判平成20・6・10判時2042号5頁は、個別事案説に立つことを前提にしているようにみえます。

　第2に、「その額を立証することが極めて困難」の要件が何を意味するのかは、「極めて」と「困難」という二重に規範的な用語をもって定められているため、条文自体が明快なものとはいえません。しかし、当事者によるできる限りの「立証」を前提としてもなお通常の証明度に達することが「極めて困難」と評価することができることを要件としているのであろうと読み取ることができます。

　そうすると、事案ごとに可能と考えられる立証努力を果たしたことを前提として、通常の立証が「極めて困難」といえるかどうかを判断すべきことをいうとの考え方が的確なものと思われます[13]。この考え方は、損害額の立証または認定にあたって、民訴法248条の規定に安易によりかかるべきではないという発想に基づくものです。

(3)　民訴法248条適用の具体例

　立法担当者は、前記1の交通事故で死亡した幼児の逸失利益のほかに慰謝料を適用例として挙げていました[14]。

　しかし、最一小判昭和56・10・8判時1023号47頁は、「慰藉料の額は、裁

13　畑郁夫「新民事訴訟法248条について——知的財産事件に適用される場合を念頭において——」原井龍一郎先生古稀祝賀『改革期の民事手続法』（法律文化社・2000年）509頁を参照。前掲（注11）の奈良278～279頁も同旨をいうものと思われます。もともと損害額の認定は、数学的な厳密さを要求されるものではなく、経験則と良識とに合致したできる限り蓋然性のある金額を認定するというものなのですから、損害の発生を認定することができるのに、通常の証明度を下げなければ損害額の立証と認定をすることが「極めて困難」と評価される事態が頻繁に起きることはないという前提をとるべきものと思われます。

14　前掲（注7）288頁を参照。

判所の裁量により公平の観念に従い諸般の事情を総合的に斟酌して定めるべきものであることは当裁判所の判例とするところ」と説示しているところからすると、慰謝料の額の判断は、事実の認定であることを前提として損害額の認定について規定する本条とはその性質を異にするから、本条の適用対象と解することはできないという多数説[15]の立場が本条の解釈論として適切であると思われます。

　しばしば民訴法248条の適用例として挙げられるのは、火災によって焼失した家財の損害額[16]です。これは、性質上証拠による証明になじまない慰謝料とは異なり、証拠による認定が本来的に可能であることは明らかであるところ、通常人に万一の場合に備えて所有する家財の種類、購入時期、購入価格等の記録を保存しておくよう求めることは合理的ではありませんし、それを理由に請求のすべてを棄却するというのは実体法秩序と整合しません。他に、有価証券報告書の虚偽記載が発覚して株価が下落したために被った損害に適用する判決[17]等が現れています。

　このように、損害額の認定には、現実損害を対象とする回顧型損害額認定（焼失家財、株価下落の損害額の認定がその例）と将来損害を対象とする予測型損害額認定（幼児の逸失利益の認定がその例）との2つの類型がありますが、民訴法248条はそのいずれにも適用されることになります。

3　損害額の認定の重要性

　前記Ⅰ1(1)に損害論の重要性について述べましたが、以下、最三小判平成20・6・10判時2042号5頁（採石権侵害事件最高裁判決）を素材にして、実際の訴訟における損害額の主張・立証および認定の重要性を検討することにし

15　前掲（注3）の伊藤眞・損害賠償額の認定57～61頁、（注9）の伊藤滋夫・相当な損害額の認定（中）3頁を参照。なお、伊藤眞・同59頁は、「大審院以来の判例は、……判決理由の中で自由な裁量に言及したものはあるが、自由心証に言及したものは見あたらない」と指摘しています。

16　東京地判平成11・8・31判時1687号39頁。

17　最三小判平成23・9・13民集65巻6号2511頁。

ましょう。

(1)　事案の概要

　最三小判平成20・6・10（以下「平成20年最高裁判決」といいます）の事案の概要は、以下のとおりです。

---

① 　採石業を営むX社は、平成7年7月20日当時、本件土地1および2（本件土地1および2を併せて「本件各土地」という）についての採石権を有していた。X社と同じく採石業を営むY₁社は、同日から同月27日ころまでの間、本件各土地の岩石を採取した。

② 　X社は、Y₁社を債務者として、平成7年7月27日、本件各土地における採石禁止等を求める仮処分を申し立てたが、同仮処分命令申立事件において、同年8月8日、和解（本件和解）が成立した。その内容は、概ね、(i)係争土地396m²のうち、本件土地2を含む北側の土地についてはX社に採石権があり、本件土地1を含む南側の土地についてはY₁社に採石権があることを確認する、(ii)(i)の合意は、本件和解成立時までに発生した採石権侵害等による互いの損害についての賠償請求を妨げるものではないことを確認する、というものであった。

③ 　しかし、Y₁社は、本件和解の後である平成8年4月2日、X社に採石権があることを確認した本件土地2において岩石を採取した。

④ 　X社は、Y₁社がその代表者であるY₂の指示により、本件和解前の平成7年7月20日ころ本件各土地において採石し、本件和解後の同年9月ころから平成8年4月ころまでの間本件土地2を含む北側の土地において採石したと主張し、不法行為を理由とし、Y₁社およびY₂に対し、連帯して損害賠償金を支払うよう求める訴訟を提起した。

［関係図］

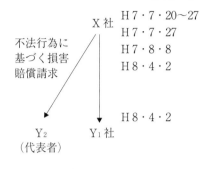

X社　H7・7・20～27　Y₁：L₁L₂で採石
　　　H7・7・27　　　X→Y₁　採石禁止等の仮処分申立て
　　　H8・4・8　　　X—Y₁　本件和解
　　　　　　　　　　　　　（L₂を含む甲地の採石権はX
　　　　　　　　　　　　　　に、L₁を含む乙地の採石権
　　　　　　　　　　　　　　はY₁に）
　　　H8・4・2　　　Y₁：L₂で採石

不法行為に
基づく損害
賠償請求

Y₂
（代表者）

Y₁社

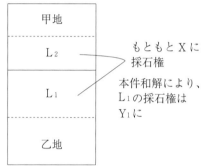

甲地

L₂　　もともとXに
　　　採石権

L₁　　本件和解により、
　　　L₁の採石権は
　　　Y₁に

乙地

(2)　原審の判断

第一審は、Xの主張をおおむね認め、2342万円余の限度でXの請求を認容しました。[18]

しかし、控訴審（原審）は、XのY₁社に対する損害賠償請求のうち、本件土地2の採石権侵害に基づく請求につき、本件和解前および本件和解後の採石行為による損害として547万0320円およびこれに対する遅延損害金の支払を求める限度で認容すべきものとしましたが、本件土地1の採石権侵害に基づく請求につき、以下のように述べて、これを棄却しました。[19]

①　Y₁社が本件土地1において本件和解前の平成7年7月20日から同
　　月27日ころまでの間に採石した量については、本件和解後、Y₁社が

18　長崎地壱岐支判平成12・3・9公刊物未登載。
19　福岡高判平成17・10・14公刊物未登載。

本件土地1を含む乙地につき採石権を取得し、実際に採石を行っており、Y₁社が本件和解前に採石した量と、本件和解後に採石した量とを区別し得る明確な基準を見出すことができない。

⑪　したがって、本件和解前の本件土地1についてのY₁社による採石権侵害に基づくXの損害の額はこれを算定することができない。

(3)　最高裁の判断

Xは、原審の上記(2)の判断について釈明権不行使の違法があると主張して、上告受理の申立てをしました。

最高裁は、以下のように、民訴法248条の規定に言及し、原判決を破棄したうえ、さらに審理を尽くさせるため本件を原審に差し戻しました。

> ⑦　前記事実関係によれば、Xは本件和解前には本件土地1についても採石権を有していたところ、Y₁社は、本件和解前の平成7年7月20日から同月27日ころまでの間に、本件土地1の岩石を採石したというのであるから、上記採石行為によりXに損害が発生したことは明らかである。
>
> ⑦　そして、Y₁社が上記採石行為により本件土地1において採石した量と、本件和解後にY₁社が採石権に基づき同土地において採石した量とを明確に区別することができず、損害額の立証が極めて困難であったとしても、民訴法248条により、口頭弁論の全趣旨及び証拠調べの結果に基づいて、相当な損害額が認定されなければならない。
>
> ⑦　そうすると、Y₁社の上記採石行為によってXに損害が発生したことを前提としながら、それにより生じた損害の額を算定することができないとして、Xの本件土地1の採石権侵害に基づく損害賠償請求を棄却した原審の上記判断には、判決に影響を及ぼすことが明らかな法令の違反がある。

⑷　平成20年最高裁判決の発するメッセージ

㋐　「その額を立証することが極めて困難であるとき」に当たるか

そもそも、最高裁は、本件事案が民訴法248条の規定にいう「その額を立証することが極めて困難であるとき」に当たると考えているのでしょうか。

上記⑶㋑のうちの「損害額の立証が極めて困難であったとしても」という表現からすると、「本件事案が民訴法248条の規定にいう『極めて困難』に当たるかどうかはともかく、原判決がいうように『極めて困難』に当たると仮定してみても」との趣旨をいうものと読むのが正確であると思われます[20]。すなわち、最高裁は、本件事案が民訴法248条にいう「その額を立証することが極めて困難であるとき」に当たるかどうかについての判断を示してはいないと考えられます。

前記2⑵で検討したように、民訴法248条にいう「極めて困難」とは、当事者によるできる限りの「立証」を前提としてもなお通常の証明度に達することが「極めて困難」と評価することができることを意味すると解するのが相当であるとすると、本件事案が民訴法248条の適用を予定する事案であるとするのは疑問であると考えられます。

なぜなら、Y1社による本件和解前の本件土地1における採石量は、採石行為の方法、本件土地1および2における各単位時間当たりの採石可能量、本件土地1および2における各単位面積当たりの採石可能量、本件和解前後の本件土地1における各採石日数、本件和解前後の本件土地2における各採石日数、本件土地1および2における実際の採石量等の事実が立証されれば、通常の事実審裁判所が通常の損害賠償請求訴訟においてしているレベルの蓋然性の損害額を認定することが十分可能であるからです。

現に、第一審は、損害額の認定をしています。もちろん、筆者は、第一審

20　本判決の判例批評は、いずれも、本件が民訴法248条の規定する要件を満たしているとの判断を本判決がしているものと読むようです。加藤新太郎・ジュリ1376号（平成20年度重判）152頁、三木浩一・私法判例リマークス39号（2009〈下〉）117頁を参照。

の損害額の認定が相当であると考えているのではありません。ただ、本件和解前後の採石量を区別する明確な基準を見出すことができないという理由をもって損害額の認定を簡単に諦め、これに係る損害賠償請求を棄却した原審の判断に大きな違和感を覚えざるを得ないのです。

　　　⑷　「損害の性質上」に当たるか

　まず、本件事案は、本件和解前（平成7年7月20日から同月27日ころまで）に本件土地1において Y₁ 社のした採石行為によって採石権者 X に発生した損害額の認定に関するものですから、回顧型損害額認定の1例です。

　次に、本件の採石権侵害に基づく損害額は、「採取された岩石の単価×その量」という算式によって認定することができるものであって、「採取された岩石の単価」も「その量」も客観的な性質から認定困難ということはできません。単に、本件和解前に本件土地1において採取した岩石と本件和解後に本件土地1および2において採取した岩石とが明確に区別して管理されていたわけではないといった事情で、本件和解前に本件土地1において採取した岩石の量を特定するのに困難を来しているというものです。結局、本件は、損害の有する客観的性質において損害額の立証が困難であるわけではなく、具体的状況のゆえに損害額の立証が困難になったという事案です。

　したがって、平成20年最高裁判決が本件に民訴法248条の規定を適用したと読む立場に立つのであれば、最高裁は、個別事案説に立ったものということになります。

　　　⑸　事実審裁判所には民訴法248条の規定を適用する義務があるか

　民訴法248条は「裁判所は、口頭弁論の全趣旨及び証拠調べの結果に基づき、相当な損害額を認定することができる」と規定しており、規定の文言上は裁判所の権限規定の体裁をとっています。

　ところが、平成20年最高裁判決は、前記(3)の⑦において、「民訴法248条により、口頭弁論の全趣旨及び証拠調べの結果に基づいて、相当な損害額が認定されなければならない」と説示しており、損害額の立証が極めて困難であ

るときは、事実審裁判所は常に必ず民訴法248条の規定の適用義務を負う旨を述べているようにもみえます。

　また、本判決に先立つ最三小判平成18・1・24判時1926号65頁（以下「平成18年最高裁判決」といいます）は、特許庁職員の過失により特許権を目的とする質権を取得することができなかったことを理由とする国家賠償請求事件において、「仮に損害額の立証が極めて困難であったとしても、民訴法248条により、口頭弁論の全趣旨及び証拠調べの結果に基づいて、相当な損害額が認定されなければならない」と判示しました。[21]

　しかし、平成18年最高裁判決も平成20年最高裁判決も、民訴法248条の規定の解釈を示した法理判例ではないし、損害額の立証が極めて困難であるときは、事実審裁判所は常に必ず民訴法248条の規定の適用義務を負うとの判断を示しているわけでもありません。[22]

　また、前記2(2)のとおり、民訴法248条は、被害者である原告を損害額の証明から一切解放することを規定しているわけではなく、損害の発生についての通常の証明をしたことを前提として、損害額について軽減されたレベルの証明をしたときに、事実審裁判所に、口頭弁論の全趣旨および証拠調べの結果を総合して、相当な（合理的な）損害額を認定する権限を付与したもの[23]ですから、平成20年最高裁判決が民訴法248条の規定する要件を満たす事件につき、被害者である原告は損害の発生さえ証明すればよく、損害額の証明責任を負わないといった考え方を採用したとみるのは、正確な判例の読み方[24]とはいえないと思われます。

21　平成18年最高裁判決につき、担当調査官は、「本判決が、損害の発生が認められるべきである以上損害額の立証が極めて困難であるとしても民事訴訟法248条により相当な損害額を認定しなければならないとした点は、最高裁として初めての説示であって、……本判決は重要な意義を有する」と解説しています。松並重雄・L&T32号105頁を参照。

22　この点の議論の詳細は、田中豊『民事訴訟判例読み方の基本』（日本評論社・2017年）271～272頁を参照。

23　梅本吉彦『民事訴訟法〔第4版〕』（信山社・2009年）798頁は同旨をいうものと思われる。

24　三木浩一・私法判例リマークス39号（2009年下）117頁を参照。

(エ)　**おわりに**

　これまで検討してきたように、平成20年最高裁判決は、民訴法248条の規定の解釈を示したものでないことは明らかなのですが、同条の適用をしたものといってよいかどうかという基本的な点すら判然としません。簡明な判例とはいえないのです。

　しかし、不法行為に基づく損害賠償請求訴訟において、損害の発生を認めながら損害額を認定することができないなどという事実審裁判所の判決は、判決に至る審理のあり方に大きな欠陥があることが多いのです。平成20年最高裁判決は、民訴法248条の適用を考慮しなかった点に法令違反の違法があるとして破棄した事例判例にすぎませんが、最高裁から事実審裁判所に対する強いメッセージを感じ取ることができます。

第 5 章

事実認定と
要件事実論

I　事実認定上の争点の設定

1　はじめに

　事実認定に関する諸問題を検討する過程で、請求原因→抗弁→再抗弁といった主張・立証の構造を分析する道具としての要件事実論を利用してきましたが、ここで、事実認定と要件事実論とがどのような関係に立っているのか、要件事実論が誤りのない事実認定のためにどのような役割を果しているのかといった事実認定の基本にかかわる問題を取り上げて検討しておくことにします。

　これは、事実認定論の総論に属する事項ですが、第2章から第4章までの検討を経て民事事件における事実認定をめぐる諸問題の概要を理解した本章で検討するのが適切であろうと思います。

2　民事訴訟における争点設定（争点形成）の原理

　民事訴訟は、原告が提示する一定の権利または法律関係（これを「訴訟物」といいます）の存否についての判断を求めて提起されます。私たち人間は権利または法律関係の存否を直接認識することはできませんから、訴訟上提示された権利または法律関係の存否は、「当該権利または法律関係を発生させる事由があったか」、「当該権利または法律関係の発生に障害となる事由があったか」、「当該権利または法律関係を消滅させる事由があったか」といった判断を経由して導き出されることになります。

　権利の発生、障害、消滅といった法律効果の発生を肯定してよいかどうかは、法の規定するそれぞれの法律効果の発生要件に当たる具体的事実が存するかどうかによって決せられます。法律効果の発生要件として法の規定する類型的事実を要件事実といい、個別の事件においてこの類型的事実に当たる

具体的事実を主要事実といいます。

　訴訟の当事者は、これら権利の発生、障害、消滅といった法律効果のうち、自らが依拠する法律効果の発生に必要な要件事実について主張・立証責任を負うものと解されており（このような考え方を「法律要件分類説」といいます）、現在のわが国の民事訴訟はこのような考え方に基づいて運営されています。[1]

　また、第1章Ⅱ2（3頁）に説明したように、現在のわが国の民事訴訟は、当事者が口頭弁論において陳述した主要事実のみを判決の基礎とすることができるという規律をその内容の一部とする「弁論主義」という原理・原則に基づいて運営されています。

3　争点設定（争点形成）における要件事実論の役割

　民事訴訟は上記2に整理したような原理によって運営されていますから、当事者またはその訴訟代理人としては、基本的には、当該事件について存在する証拠を整理し、それを自然で無理のない法律構成にまとめたうえで、訴訟上の主張として提示するという作業をする必要があります。ただし、既存の法律論によって目標とする結論に到達するのが難しい場合には、新しい法律論を案出する必要があります。いずれにしても、どのような法律構成によって目指す法律効果を導くか、その効果の発生のために必要不可欠な事実は何かを考え、裁判所に対して主張し立証するのは、当事者またはその訴訟代理人の役割です。

　しかし、当事者またはその訴訟代理人の誤解や不注意のために主張されるべき事実が主張されなかったり、提出されるべき証拠が提出されないという事態も、実際には起こります。このような場合に、当事者やその訴訟代理人の責任であるとして突き放すのではなく、「弁論主義の形式的適用による不合理を修正し、訴訟関係を明らかにし、できるだけ事案の真相をきわめるこ

1　以上につき、民事訴訟における要件事実・2～6頁を参照。

とによって、当事者間における紛争の真の解決をはかることを目的として」、
裁判官による「釈明」という制度（民訴法149条）が設けられています[2]。実際
にも、裁判官は、当事者またはその訴訟代理人による主張や立証について、
不明瞭を正す、不当を除去する、訴訟材料を補完させる、訴訟材料を新たに
提出させるといった様々な類型の釈明をしています[3]。

　当事者またはその訴訟代理人が当該事案の証拠に合致した主張をするため
にも、また裁判官が適切な釈明をするためにも、上記2の主張・立証責任の
構造を前提とした要件事実論を体得していることが必要です。そうでないと、
当該事案の真の争点とはいえない点を争点として認識し、そのために主張・
立証の目標設定を誤り、その結果、事実認定を誤り、当該紛争の真の解決に
到達することができないということになります。

　それでは、以上を実際の事案に即して検討してみることにしましょう。

II　争点設定（争点形成）の誤りと事実認定（証拠評価）の誤り

1　最一小判昭和32・10・31民集11巻10号1779頁の概要

　最一小判昭和32・10・31は、いわゆる報告文書と性格づけられる念書およ
び金銭出納帳につき、何ら首肯するに足りる理由を示すことなくこれらを排
斥してその記載内容と相容れない事実を認定した原判決に理由不備の違法が
あるとしたものとして有名な判例です。

　しかし、この最高裁判例をそのようなものとして位置づけるだけでは十分
ではありません。なぜなら、原審が誤った事実認定に陥った真の原因は争点

2　最一小判昭和45・6・11民集24巻6号516頁。
3　釈明の類型につき、奈良次郎「訴訟資料収集に関する裁判所の権限と責任」（新堂幸司ほか編
　『講座民事訴訟〔第4巻〕』（弘文堂・1985年））125頁を参照。

の設定を誤ったところにあるからです。正しい事実認定に基づく正しい判決に到達するためには、当該事件の事実関係を反映させた適切な争点設定が不可欠の前提となることを、この事例を通して検討してみることにします。

(1)　当事者の主張と証拠の概要

この事案における当事者の主張と証拠の概要は、以下のとおりです。

① 　Ｘは、Ｙ₁・Ｙ₂・Ｙ₃に対し、本件土地につき、Ｘの所有に属することの確認と所有権移転登記手続等（Ｙ₁に対して所有権移転登記手続、Ｙ₂・Ｙ₃に対して各所有権移転登記の抹消登記手続）とを求めて訴えを提起した。Ｙ₃が現在の所有名義人、Ｙ₂がその前主、Ｙ₁がその前々主である。

② 　Ｘは、Ｙ₁の先代Ａに対して本件土地の買受交渉を依頼した結果、本件土地の当時の所有者であったＢとの間で売買契約が成立したのであるから、Ｘが本件土地の買主であると主張した。これに対し、Ｙ₁らは、Ｘから借り入れた資金をもってＡがＢから本件土地を買い受けたのであるから、Ａが本件土地の買主であると主張した。昭和９年６月６日付けの売買契約書上、Ａが本件土地の買主として表示されている。

③ 　Ｘは、Ｂとの間の売買契約の買主がＸであることの間接事実として、ⓐＸが本件土地の売買代金400円を支出したこと、ⓑ本件売買契約成立後、売主Ｂの家督相続人Ｃが売買契約の成立を争い所有権移転登記手続に応じなかったため、Ｘは、売買契約書上買主と表示されていたＡに、Ｃを被告とする所有権移転登記手続請求の訴えを提起させ、その結果Ａ勝訴の判決を得たのであるが、この訴訟に要する費用もＸが負担したこと、ⓒ本件売買契約成立後、Ｘが本件土地を現実に使用収益してきており、ことに本件土地の一部をＤに賃貸していたこと、ⓓＤがＹ₃に対し昭和15年ころ本件土地の賃借権を譲

渡し、それ以来昭和27年3月ころまで、Y_3がXに対し賃料を支払っ
てきたこと等を主張した。

④　Xは、③の間接事実を証明する証拠として、甲第3号証（念書。本
件売買契約成立から約3年後の昭和12年5月20日付けの本件土地をDに賃
貸することについてのXからD宛てのもの。Aが代書人として作成したも
のであって、A自らがその旨の奥書と署名捺印をしている。また、本件土
地がXの所有である旨明記されている）、甲第7ないし9号証（Xの金
銭出納帳。本件土地の購入に要した費用として、「代金」・「登記料」・「訴訟
費用その他雑費」が何円何十何銭と極めて細かい端数付きの金額をもって
Aに対して支出されたことがそのつど記入されている）等を提出した。

⑤　Y_1らは、Xの主張を否認したうえ、AとCとの間の確定判決は、
AB間の売買を原因とする所有権移転登記手続請求事件についてA
が勝訴したものである等と主張した。

本件の概要を図示すると、以下のとおりです。

［関係図］

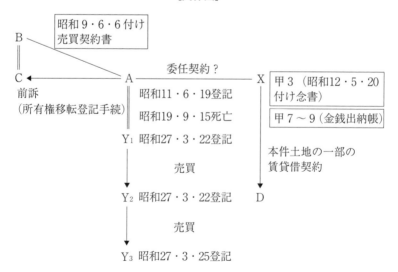

(2)　原審の争点設定（争点形成）と事実認定（証拠評価）

(ア)　原審の争点設定（争点形成）

　原審は、上記(1)のような当事者間の主張のやりとりを前提として、事実認定上の争点が「もと所有者Bから本件土地を買い受けたのは、XであったかAであったか」という点にあると理解しました。

(イ)　原判決の判断の構造

　原判決の判断は、以下のような構造のものです。

---

① 　本件土地の所有権移転登記がBの家督相続人であるCからAに対してされているという争いのない間接事実といくつかの証拠を総合すると、AがXほか1名から金員を借用し、昭和9年6月6日、代金400円を支払ってBから本件土地を買い受け、所有権を取得したと認められる。

② 　Bの死亡によりその家督相続をしたCが所有権移転登記手続に応じなかったため、AがCに対して提起した所有権移転登記手続請求訴訟において、Xは、AがBから本件土地を買い受けた旨を証言し、その証言が証拠の1つとなってA勝訴の判決が言い渡され、昭和11年6月19日に同確定判決に基づきCからAへの所有権移転登記がされた。

③ 　Y₁は、Aの昭和19年9月15日の死亡により家督相続をし、本件土地の所有権を取得したが、その所有権移転登記手続をせずにおき、売却の必要が生じた昭和27年3月22日に至ってY₁名義に所有権移転登記手続をし、同日Y₂に、同月25日Y₃に順次売買がされ、各所有権移転登記手続がされた。

④ 　よって、Xが本件土地を買い受けて所有権を取得したのではないものと認定することができる。

⑤ 　上記(1)④のXの主張に沿う甲第3号証および甲第7ないし9号証

> を含む証拠は、冒頭掲記の各証拠に徴し採用できない。

⑶ 最高裁の争点についての理解とその判断

㋐ 最高裁の争点についての理解

　最高裁は、次のようにXの主張を整理し、争点についての理解を明らかにしています。

---

① 本件記録に徴すると、Xは、以下の各事実を主張したことが明らかである。

　ⓐ Xは、本件土地の買入代金400円を出捐したほか現実にこれを使用収益しており、ことにその一部はこれをDに賃貸していた。

　ⓑ Xは、Y₁の先代Aに対し本件土地買取方の交渉を依頼したものであるところ、その売買契約成立後、その売主であるBが突如殺害され、その家督相続人であるCが右売買契約を否認しこれに基づく登記手続に応じなかったため、Xはやむをえず上記売買契約の証書面上の買主であったAをしてCに対し所有権移転登記手続請求の訴えを提起させ、その訴訟提起に要した費用もXが負担し、その結果A勝訴の判決を得た。

⑪ ①の各事実がX提出の証拠によって認められる場合には、本件土地はXが自らの出捐において買い取ったものであり、ただその買入方の交渉をAに依頼したものであるところ、Aはこれを奇貨として自己を買主名義とした売買契約証書を作成したにすぎないとの事実が認定し得るかもしれない。

㋑ 最高裁の判断

　最高裁は、次のように原判決の事実認定上の誤りを指摘したうえ、書証の

4　原判決のこの判示部分は、Xの主張事実を認定するに足りないというにとどまらず、Xの主張事実の反対事実すら認定することができるとの趣旨をいうものと理解することができます。

254

排斥について理由不備の違法があるとして、原判決を破棄して本件を原審に差し戻しました。

---

① 原審は、上記㋐ⅰ@および⑥の各事実について逐一思いをめぐらした形跡がない。

ⅱ 上記㋐ⅰ@および⑥の各事実についての立証資料とされた甲第3号証（昭和12年5月20日付け念書）は、その奥書の点に徴して反対事情の認められない限り、その記載内容を措信するのを当然とし、また、同じく甲第7ないし9号証（Ｘの金銭出納帳）は、その記載文面および体裁よりして特に反対事実の認められない限り、その記載どおりの事実を認めるのを当然とする。

ⅲ これらの書証をＸの指摘する人証と照合して考量すると、上記㋐ⅰ@および⑥の各事実が一応肯定されたであろうと認められるにもかかわらず、原判決はこれら書証について何ら首肯するに足る理由を示すことなく、ただ漫然とこれを採用できないとしたが、これは審理不尽であって、理由不備の欠陥が存するといわざるを得ない。

2　本件における争点設定（争点形成）の検討

(1)　はじめに

前記1(1)のとおり、Ｘは、本件訴訟において、本件土地の所有権確認と所有権移転登記手続等を請求していますから、本件土地のＸの所有権および所有権に基づく妨害排除請求権としての登記請求権を訴訟物として選択したものと考えるのが素直です。

そうすると、Ｘとしては、いずれの請求についても、Ｘが本件土地の所有権を取得したことの根拠となる事実を主張することが必要になります。そして、そのための法律構成として次の2つのものが考えられますが、本件において最も重要な問題は、証拠の状況に鑑みてそのうちのいずれの法律構成

を選択して事実主張をすべきかにあります。

(2)　第1の法律構成──もと所有者BからXに対して本件土地の所有権が直接移転したという法律構成──

　第1に、もと所有者BからXに対して本件土地の所有権が直接移転したという法律構成を挙げることができます。しかし、本件では、もと所有者Bとの間で売買契約の成立に向けて交渉をし、契約を締結するなどの行為をしたのはXでなくてAですから、Aの行為の効果がXに帰属するための理屈が必要になります。

　その理屈として、AがXの代理人であったと構成することが考えられます。この構成によるときは、Xは、民法99条1項の規定に従い、以下のように請求原因事実を主張・立証することになります。[5]

　㋐　Bは、本件土地をもと所有していた。

　㋑　Bは、Aとの間で、昭和9年6月6日、本件土地を代金400円で売買するとの契約を締結した。

　㋒　Xは、Aに対し、㋑の売買契約の締結に先立ってその代理権を授与した。

　㋓　㋑の売買契約の締結に際し、AはXのためにすることを示した。

　しかし、本件においては、前記1(1)②のとおり、売買契約書上買主として表示されていたのはAなのですから、㋓の事実（顕名）を立証することは困難です。

　そうすると、Xは、民法100条ただし書の規定に依拠して、㋓の事実に代えて、以下の㋓-1および㋓-2の各事実を主張・立証することが必要になります。[6]

5　民事訴訟における要件事実・68頁を参照。
6　民事訴訟における要件事実・72頁を参照。

> ㊁-1　㋑の売買契約の締結に際し、AはXのためにする意思を有して
> いた。
> ㊁-2　Bは、㊁-1を知っていたか知り得べきであった。

　しかし、㊁-1および㊁-2の事実は、いずれもAまたはBの内心の事実
または認識（の可能性）に係る事実ですから、これまたXが立証するにはか
なりの困難が伴います。

(3)　第2の法律構成――Aを経由してXに本件土地の所有権が移転し たという法律構成――

　売買契約書上Aが買主として表示されているうえ、原判決が認定する前
記1(2)(イ)の事実関係（Aが売主Bの家督相続人であるCに対して所有権移転登
記手続請求訴訟を提起し、その訴訟においてAがBから本件土地を買い受けた旨
のXの証言が証拠の1つとなってA勝訴の判決が言い渡され、その確定判決に基
づきCからAへの所有権移転登記がされたといった事実関係）の存する本件に
おいては、AをXの代理人として売買契約が成立した（その結果、BからX
に対して本件土地の所有権が直接移転した）という主張をし、裁判所にその主
張どおりの事実を認定させるにはかなりの無理があります。

　そこで、これらの事実関係によりよく整合する法律構成を考える必要があ
ります。

　それは、AをXから本件土地を買い受けることの委任を受けた者（受任
者）と位置づけるものです。すなわち、民法646条2項の規定に依拠して、
「Aは、Bとの間の売買契約によって本件土地の所有権をXの受任者として
自己の名をもって取得し、その所有権をXに移転した」と法律構成するの
です。

　大判大正4・10・16民録21輯1705頁は、土地買受けの委任を受けた者が所
有者である第三者との売買契約の締結前に委任者に対してあらかじめ所有権
移転の意思表示をしておくことができ、委任に際して委任者が買受代金に充

てるための金銭を受任者に交付した場合などには、委任と同時に受任者から委任者にあらかじめ所有権移転の意思表示をしたものと推定するのが相当であり、このような場合には、受任者が第三者との売買によって所有権を取得すると同時に、委任者は受任者から所有権を取得すると判示しています。

　この法律構成によった場合の請求原因事実は、以下のようになります。

---

⑦　Ｂは、本件土地をもと所有していた。

⑦　Ｂは、Ａとの間で、昭和９年６月６日、本件土地を代金400円で売買するとの契約を締結した。

⑦´　Ｘは、Ａとの間で、⑦の売買契約の締結に先立って、Ｘのために　Ａの名で本件土地を買い受ける事務を委任する旨の契約を締結した。

㋓　⑦´の委任契約の締結に際し、Ａは、Ｘに対し、本件土地の所有権を移転する旨の意思表示をした。

---

(4)　あるべき争点設定（争点形成）

　以上のように本件における証拠の状況を仔細に検討してみますと、本件の結論を決すべき争点は、第１の法律構成（代理構成）における前記(2)の請求原因事実⑦、㋓または㋓に代わる㋓-1、㋓-2にあるのではなく、第２の法律構成（委任構成）における⑦´、㋓にあること、すなわち「Ｘは、Ａとの間で、⑦の売買契約の締結に先立って、ＸのためにＡの名で本件土地を買い受ける事務を委任する旨の契約を締結したかどうか」および「委任契約の締結に際し、Ａは、Ｘに対し、本件土地の所有権を移転する旨の意思表示をしたかどうか」の各点にあることが明らかになってきます。

　ただし、第２の法律構成によると、本件土地の所有権は「Ｂ→Ａ→Ｘ」と移転したということになり、登記簿上この所有権移転系列のほかに「Ｂ→Ａ（Y1）→Y2→Y3」という所有権移転系列が存在するということになります。

　そうすると、Y1らによって「Y1→Y2→Y3」の順次の所有権移転原因事

実の成立が主張・立証されたときは、Xが本件訴訟提起の目的を達するためには、Xにおいてこれら順次の所有権移転原因に何らかの無効原因が存することまたはY₂・Y₃が背信的悪意者であることを主張・立証する必要が生ずることになります。したがって、その分Xの主張・立証上の負担は重くなりますが、Bから直接Xに本件土地の所有権が移転したことの根拠となる事実を立証することの困難さとは比べものになりません。

　なぜなら、本件においては、Y₃が昭和15年ころにDから本件土地賃借権の譲渡を受け、それ以来昭和27年3月ころまで、Y₃がXを本件土地の所有者と考えてその賃料を支払ってきたことに争いがありませんし、前記1⑵㈤⑩（253頁）のとおり、原判決の認定によると、Y₂は同月22日から25日までのわずか3日間のみ所有名義人であったというのですから、無効原因事実の主張・立証または背信的悪意者であることの主張・立証にそれ程の困難があるとは考えられないからです。

　前記1⑶㈠⑪（254頁）からすると、最高裁もまた、本件の争点を「本件土地のもと所有者Bとの間の売買契約の買主は、AかXか」という形で把握しているようにみえますが、このような争点の把握のままでは本件における証拠の状況を反映させた事実認定をするのは極めて困難です。

　それでは、この点を検証してみることにしましょう。

3　正しい事実認定（証拠評価）を目指して

⑴　もと所有者Bからの買主はXかAか

　本件において、「もと所有者Bとの間の売買契約における買主は、XかAか」という形で事実認定上の争点を設定すると、その答えが「Aである」になるのはごく自然の成り行きであり、それ自身としては正しい事実認定というほかありません。

　なぜなら、Bとの間の売買契約は書面によってされたものであるところ、その売買契約書上買主はAと表示されており、AがXの代理人である旨の

259

記載がないというのですから。

　そして、この売買契約書の外で、前記2(2)（256～257頁）㋣の事実（AがXのためにすることを示したこと）または㋣-1および㋣-2の各事実（AがXのためにする意思を有しており、かつBがこれを知っていたか知り得べきであったこと）が存在したことを証明し、裁判官にその旨の心証を得させることは著しく困難であるからです。

　すなわち、売買契約書の契約条項部分は処分証書であって、その成立の真正（形式的証拠力）が認められるときは、その作成者が記載どおりの法律行為（本件でいえば、売買契約の申込みと承諾）をしたことが直接証明されるのであり、契約書によって契約を締結する場合に、契約締結行為をした主体とは別の主体に契約による法的効果を帰属させようとするときは、その効果帰属主体を当該契約書上明らかにしないというのは通常考えられないことであるからです。結局、原判決の認定は、この範囲では当然のものなのです。

　前記2(4)（258頁）に説明したように、本件における真の争点は、その先にあるのです。すなわち、「Bとの間の売買契約における買主はAであるが、AはXの受任者として買主になったのではないか」が、まさに問われるべき争点です。

(2) 本件念書および金銭出納帳の検討

　甲第3号証（昭和12年5月20日付け念書）および甲第7ないし9号証（Xの金銭出納帳）は、作成者の経験や意見が記載されている報告文書です。

　報告文書の場合（特にそれが私文書のとき）には、その真正な成立（形式的証拠力）が認められるときであっても、その内容に作成者の主観や作為が混入する可能性があることから、その内容の真実性（実質的証拠力）を吟味するという作業を欠かすことができません。

　しかし、報告文書の中には、法規によってその系統的な作成が要求される

7　処分証書と報告文書については、第2章第1節Ⅱ（75頁）を参照。

8　同上（注7）参照。

もの（商業帳簿等）や、その性質上行為当時に当該行為に即して作成されるのが通常であるもの（領収書、納品書等）もあります。こういった文書は、報告文書であっても、原則として（特段の事情のない限り）高い信用性（実質的証拠力）が認められます。

まず、甲第 7 ないし 9 号証の金銭出納帳についてみますと、①日を追って系統的に作成された商業帳簿であって、②B からの本件土地の購入に要した費用、C に対する本件土地の所有権移転登記請求訴訟に要した費用、本件土地の所有権移転登記手続に要した費用等について、「代金」・「訴訟費用その他雑費」・「登記料」といった費目が明記され、費目ごとに何円何十何銭と極めて細かい端数付きの金額が A に対して支出されたことがそのつど記入されているものです。

本最高裁判決は、このような金銭出納帳につき、「その記載文面および体裁よりして特に反対事実の認むべきもののない限り、その記載どおりの事実を認むるのを当然と（する）」との判断を示しました。さらに、何円何十何銭と極めて細かい端数付きの金銭の支出が X の A に対する貸金であるとみるのは、経験則上困難であるというべきでしょう。

次に、甲第 3 号証の念書についてみますと、① A が代書人として作成したものであり、② B と A との間の本件土地の売買契約の約 3 年後に、X が D に対して本件土地を賃貸するに際して、X が D に宛てて地代等の取決めを確認することを目的として作成したものであって、③その内容の一部に本件土地が X の所有に属することを明確にする記載があるというものです。

本最高裁判決は、このような念書につき、「その奥書の点に徴し反対事情の認められない限り、その記載内容を措信するのを当然と（する）」との判断を示しました。当然のことながら、本最高裁判決は、「念書」というタイトルの文書一般について高い実質的証拠力ありとするものではありません。X と A または X と Y1・Y2・Y3 との間の紛争が起きるはるか前に、A が第三者に対し、しかも代書人として本件土地について X の有する権利を確認

すること等を内容とする文書を作成したという点に着目したものというべきです。

　本最高裁判決のこれらの判断は、報告文書の信用性（実質的証拠力）に関する原判決の事実認定に経験則違背があることを明らかにしたものと理解することができます。

　なお、証拠を排斥する理由を一々説示する必要がないというのが判例の原則的立場です。しかし、処分証書の成立の真正（形式的証拠力）を認めながらその信用性（実質的証拠力）を認めない場合または一般的に強い信用性（実質的証拠力）が存すると考えられる報告文書の成立の真正（形式的証拠力）を認めながらその記載内容と矛盾する事実を認定する場合には、上記の判例の原則は妥当せず、その例外として「首肯するに足りる理由」を判示する必要があります。本判決は、この点をも明らかにするものです。

(3)　A は X の受任者として買主になったのかという争点設定（争点形成）の意義

　上記(2)のように本件念書および金銭出納帳の成立（形式的証拠力）と信用性（実質的証拠力）を検討してきますと、B との間の売買契約の買主が X であることの間接事実として X が主張していた前記 1 (1)（251頁）③の各点──すなわち、ⓐX が本件土地の売買代金400円を支出したこと、ⓑ本件売買契約成立後、売主 B の家督相続人 C が売買契約の成立を争い所有権移転登記手続に応じなかったため、X は、売買契約書上買主と表示されていた A に、C を被告とする所有権移転登記手続請求の訴えを提起させ、その結果 A 勝訴の判決を得たのであるが、この訴訟に要する費用も X が負担したこと、ⓒ本件売買契約成立後、X が本件土地を現実に使用収益してきており、ことに本件土地の一部を D に賃貸していたこと等の事実──を、これらの報告文書によって認定することができることが明らかになります。

9　最三小判昭和32・6・11民集11巻 6 号1030頁、最二小判昭和38・6・21裁判集民66号615頁、最三小判昭和41・10・25裁判集民84号717頁を参照。

　また、これらの事実に加えて、本件念書が作成された昭和12年５月20日当時、A自身、本件土地がXの所有に属することを確認していたという事実も認定することができます。

　そして、Bとの間で昭和９年６月６日に本件土地の売買契約を締結したのはAであるとの認定事実を前提にしてみますと、これらの認定可能な事実は、前記２(3)の第２の法律構成によった場合の㋒'（XがAとの間で、本件土地の売買契約の締結に先立って、Aの名で本件土地を買い受ける事務を委任する旨の契約を締結したこと）および㋔（右委任契約の締結に際し、AがXに対して本件土地の所有権を移転する旨の意思表示をしたこと）の各請求原因事実を推認するための間接事実になっていると理解することができます。

　しかし、前述のとおり弁論主義という原理によって運営されているわが国の民事訴訟手続においては、当事者またはその訴訟代理人が上記の㋒'および㋔の各事実を主張しなければ、裁判所はこれらの事実を認定することができません。当事者またはその訴訟代理人が誤解または不注意でこれらの事実を主張しない場合には、裁判所としては、当事者に対して（本件の場合は、Xに対して）釈明権を行使して、これらの事実を主張・立証の命題とするよう促す必要があります。

　すなわち、第２の法律構成によって㋒'および㋔の各事実の存否が争点として明確に設定することができない限り、本最高裁判決の判断に従おうとしても、事実審裁判官としては、処分証書である売買契約書と報告文書である念書および金銭出納帳との間で行きつ戻りつするしかないことになります。

Ⅲ　事実認定と要件事実論

　本件を取り上げた意味は、その記載内容および体裁からみて原則としてその記載内容どおりの事実を認定すべき文書（本件念書および金銭出納帳）について、特段の事情を説示しないままこれらを排斥した違法があるとの結論を

導いた本最高裁判決そのものの論理を検討するところにあるのではありません。

　原判決は、処分証書である本件土地の売買契約書の記載内容どおりに、本件土地の売買契約がもと所有者Ｂと買主として表示され署名したＡとの間で成立したと認定したのであり、この点の事実認定に経験則違反等の違法はないのです。問題は、この事実認定と報告文書である本件念書および金銭出納帳の記載内容とをどのように整合的に理解し法律構成して、事実主張をし争点設定（争点形成）をするかにかかっているのです。

　結局、適切な事実認定（それによる適切な紛争の解決）は、要件事実論との間に有機的連携がとられて初めて可能になるものなのです。事実認定論は事実審裁判官のためにのみ存在するのではありません。争点設定（争点形成）と立証に第１次的責任を負う訴訟代理人が法律論・事実論両面にわたって研鑽を積み、当該事件の帰趨を決する争点を証拠に即して適切に形成することができて初めて正しい事実認定が可能になるのです。[10]

10　本章は、拙稿「念書・帳簿と所有の認定」伊藤＝加藤・142頁に基づき、これに加除修正を施して作成しました。

第 6 章

事実認定と
判決書における
表現方法

I　はじめに

　民事訴訟における事実認定の前提を成す原理・原則とはどういうものか、そのような原理・原則にのっとってどのように事実を立証し認定するかの実際を検討してきました。

　これまでの検討を通じて、事実の立証や認定が、当該事件を追行している当事者またはその訴訟代理人、当該事件を担当している裁判官の経験的直感に依存した作業に尽きるものでなく、要件事実論を必須の道具として、当該事件の法律論上および事実論上の問題を的確に分析し構造化して把握することによって初めて十全に達成することのできる論理的作業であることを理解していただけたものと期待しています。

　事実審裁判官がその担当する事件の判決書を作成するにあたって——すなわち、自らのした審理の跡を振り返りつつ心証形成の過程を文書化するにあたって——、当該事件に含まれている問題点を上記のように的確に分析し構造化して把握していて、それを的確に表現することができていれば、当該判決は、法律上の問題点のみならず事実認定上の問題点についても、客観的な批判や論評の対象とすることががかなりの程度に可能であろうと思われます。

　当事者またはその訴訟代理人としては、裁判官を当該事件において誤らせないようにするために、当該事件に含まれている問題点を同様に的確に分析し構造化して把握したうえ、それを主張として正確に表現し、かつ的確に立証しなければならないということになります。

　以上を念頭において、事実審裁判官が事実認定の過程と結果とを判決書中にどのように表現しているか、またはどのように表現すれば当事者またはその訴訟代理人としてその内容を理解しやすいかといった観点から、判決書中の事実認定についての表現方法を整理してみることにしましょう。これは、当事者またはその訴訟代理人として、自らの主張を表現するのにも役立つで

しょうし、リーガル・リサーチをしているときに自分の参照している判決文の述べるところを正確に理解する「よすが」にもなることと思います。

Ⅱ　認定と判断、認定と確定

1　認定と判断

本書では、これまで、「認定」という用語を使用する場合は、「事実認定」を意味するものとして用い、「判断」という用語を使用する場合は、「法律判断」——すなわち、法令の解釈と適用についての判断——を意味するものとして用いてきました。[1]

わが国の判決の中で、用語の使い方に最も注意を払っているのは最高裁判決といってよいと思われますが、「認定」と「判断」という用語についても、最高裁判決は基本的にこのような使い分けをしています。

そのような最高裁判決を挙げると枚挙に暇がないのですが、より具体的に理解しておくという観点から、実際の最高裁判決の判決文のいくつかにあたってみましょう。

(1)　最一小判昭和55・2・7民集34巻2号123頁

最一小判昭和55・2・7は、原判決が両当事者の主張しない所有権移転原因事実を認定したことにつき弁論主義違反の違法があると判断した著名な判例ですが、[2]その判決文は次のような構成になっています。

まず、原判決の認定と判断を以下のように要約しています。

1　日常用語として「認定」と「判断」をこのように使い分けることが、一般に定着しているとはいえません。例えば、日本経済新聞は、平成19年10月26日朝刊の記事中で「A裁判長は日経の株式譲渡ルールの正当性を認定し、元社員の訴えを退けた」と報じています。ここでの「認定し」を本文で説明している用語法で言い換え、その他の部分をそのまま生かして表現すると、「株式譲渡ルールの正当性を肯定する旨の判断をし」となります。

2　最一小判昭和55・2・7民集34巻2号123頁については、最判解民〔昭和55年度〕〔榎本恭博〕79頁を参照。

　　原審は、<u>証拠に基づいて、</u>本件土地は乙が甲から買い受けて所有権を取得したことを<u>認定し</u>、この点に関するＸらの主張を認めてＹ₁の反対主張を排斥したが、次いで、丙は乙から本件土地につき死因贈与を受け、乙の死亡によって右土地の所有権を取得し、その後丙の死亡に伴いＹ₁がこれを相続取得したものであると<u>認定し</u>、結局、右土地を乙から共同相続をしたと主張するＸらの請求は理由がないと<u>判示した</u>。

　最高裁は、当事者間に争いがあった（自白が成立しなかった）主要事実につき、事実審裁判所が証拠によって認定したものを、「証拠に基づいて、……認定し」と表現しています。

[関係図]

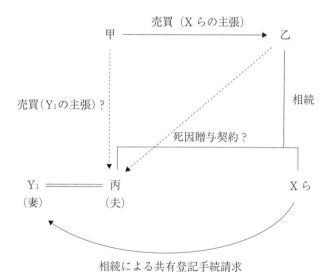

相続による共有登記手続請求

　この判決文から、原判決が証拠によって認定した事実は、以下の、Ｘらの所有権移転原因事実に係る請求原因事実である㋐㋑㋒㋓のうちの㋐、および所有権喪失の抗弁の抗弁事実㋑であることがわかります。また、請求原因

事実㋐についてのY₁の積極否認事実である「甲―丙　本件土地につき売買契約締結」という主張を排斥したこともわかります。請求原因事実のうち㋑㋒㋓の各事実（または権利）関係は、当事者間に争いがなかったということでしょう。

〈請求原因事実〉

㋐　甲―乙　本件土地につき売買契約締結
㋑　甲：本件土地もと所有
㋒　乙：㋐の後に死亡
㋓　Ｘら：乙の相続人

〈抗弁事実〉

㋐　乙―丙　本件土地につき死因贈与契約締結

　次に、原判決は、そのような事実の認定を前提とすると、本件土地を乙から共同相続したことをＸらの所有権取得原因とする請求原因事実を認定するに由ないので、「結局、Ｘらの請求は理由がない」とする法律の適用判断をしたのですが、最高裁は、この原判決の判示部分には「認定」の用語を使わず、「判示した」と表現しています。

　ところで、「判示」という用語は、事実の確定（認定を含む）か、法令の解釈適用かを問わず、広く「判決文中の説示（説明）」をいうものですから、法律の適用判断部分であることを明示するという観点からは、「判示した」というよりも「判断した」という用語法のほうが望ましいということができますが、広く使うことができて便利なことから、「判示した」と表現することもよくあります。いずれにしても、この判決文から、法令の解釈適用についての判断に対して「認定」という用語をあてないという態度は、十分にみてとることができます。

　そして、最高裁は、上記の判決文の後に、最高裁自身の判断を以下のよう

に要約しています。

> 　原審は、前記のとおり、Y₁が原審の口頭弁論において抗弁として主張しない丙が乙から本件土地の死因贈与を受けたとの事実を認定し、したがって、Xらは右土地の所有権を相続によって取得することができないとしてその請求を排斥しているのであって、右は明らかに弁論主義に違反するものといわなければならない。

　すなわち、最高裁は、当事者の誰もが主張しない抗弁事実⑥を証拠によって認定するのは弁論主義の第1の規律[3]に反するとの法律判断を示したのです。

(2)　最三小判平成12・3・14判時1708号106頁

　弁論主義が適用されず職権探知主義が適用される人事訴訟においても、「認定」と「判断」という用語法については相違がありません。これを、最三小判平成12・3・14の判決文に沿って確認しておきましょう。

　最三小判平成12・3・14は、まず、前提となる事実関係につき、以下のように「記録によって認められる事実関係」と表現して書き起こしています。ここで、最高裁が通常民事訴訟事件におけるように、「原審の確定した事実関係の概要は、次のとおりである」といった表現を用いなかったのは、職権探知主義が最高裁の審理においても適用されることから、最高裁自身が記録によって事実認定をしたことを示す表現をしているのです。

> 　本件は、Xが、戸籍上同人の嫡出子とされているYに対し、両者の間の親子関係不存在の確認を求める訴えを提起した事案である。記録によって認められる事実関係の概要は、次のとおりである。

　次に、原審のした法律判断（親子関係不存在の確認を求める訴えの適法性いかんについての判断）につき、以下のように要約しています。

3　弁論主義の第1の規律については、第1章Ⅱ（3頁）参照。

> 　原審は、<u>本件訴えの適法性につき次のとおり判断し</u>、第一審判決を取り消して事件を第一審に差し戻す旨の判決をした。

そのうえで、原審の判断に法令の解釈適用を誤った違法があるかどうかにつき、以下のように最高裁自身の判断を説示しています。

> 　しかしながら、<u>原審の右判断</u>は是認することができない。その理由は、次のとおりである。……
>
> 　そうすると、本件訴えは不適法なものであるといわざるを得ず、これと異なる<u>原審の判断には法令の解釈適用を誤った違法があり</u>、この違法は原判決の結論に影響を及ぼすことが明らかである。

2　認定と確定

　前記1⑴の最一小判昭和55・2・7の判決文からは、証拠によって<u>認定した事実</u>と自白が成立したために<u>事実審裁判所の事実認定権が剥奪された事実</u>とを明確に区別していることも、理解することができます。[4]

　最一小判昭和55・2・7の摘示する前記1⑴㋐および㋑の事実中には、自白が成立した事実は含まれていません。これに対し、自白が成立した事実と証拠によって認定した事実とが混在していて、それら双方を指していう必要がある場合には、「認定」という用語を使うわけにいかないので、双方を包含するものとして「確定」という用語を使うことになります。

　例えば、「<u>原審の確定した事実関係</u>の概要は、次のとおりである」などとして、自白が成立した事実と証拠によって認定した事実とを、いずれであるかを一々区別せずに時系列に沿って整理して摘示することがよくあります。

　また、前記1⑵の最三小判平成12・3・14の判決文の表現からは、自白に

4　事実の認定と確定については、第1章Ⅱ（3頁）参照。

拘束されて事実を確定するのではないという理論的背景を反映させたものであることを感得することができます。

Ⅲ　判決理由中の記載順序

1　請求原因→抗弁→再抗弁の論理的順序によるのが原則

　前記Ⅱに述べたとおり、事実審裁判官のする判決書の作成は、自らのした審理の跡を振り返りつつ心証形成の過程を文書化するという作業です。

　そして、その主要部分は、在来様式の判決書であれば、一般に「主文」、「事実」、「理由」の3部構成であり、新様式の判決書であれば、一般に「主文」、「事実及び理由」の2部構成ですが、いずれにしても、理由説示は、争点についての認定・判断をわかりやすく説明するのが目的ですから、請求原因→抗弁→再抗弁という争点の論理構造を前提にして、その順序に記載するのが原則です。

　すでに検討したことのある東京地判昭和63・4・22判時1309号88頁[5]を素材として、この点をみてみましょう。

5　第2章第1節Ⅸ2（116頁）で検討の素材とした判決例です。

(1)　東京地判昭和63・4・22（反訴請求関係）の争点の基本構造

主張の位置付け	要件事実の内容	認否
請求原因	⑦　X―A　本件建物売買契約締結	×
	⑦　X―Y　Aの負う⑦の代金債務の保証契約締結	×
抗弁①（⑦に対して）	ⓐ　通謀虚偽表示	×
抗弁②（⑦に対して）	ⓑ　通謀虚偽表示	×
抗弁③（⑦に対して）	ⓒ　詐欺取消し	×
抗弁④（⑦に対して）	ⓓ　錯誤無効	×
抗弁⑤（⑦に対して）	ⓔ　公序良俗違反	×
抗弁⑥（⑦に対して）	ⓕ　Xの取締役会決議不存在	×
再抗弁（抗弁⑥に対して）	⑦　黙示の追認	×

(2)　東京地判昭和63・4・22（反訴請求関係）の理由説示

　東京地判昭和63・4・22は在来様式の判決書ですが、その理由説示の順序は以下のとおりです。

請求原因⑦（証拠で積極認定）　→　請求原因⑦（証拠で積極認定）

→　抗弁②（証拠で積極認定）

　前記(1)のとおり、本件の争点はかなり多岐にわたっていますが、本件判決の理由説示の構造は簡明なものです。主文を導くのに必要最小限の理由で足りるという論理によれば、請求原因⑦についての認定をしないで、以下のようにすることも不可能ではありません。

請求原因⑦（証拠で積極認定）　→　抗弁②（証拠で積極認定）

　しかし、東京地裁は、主債務の発生原因である請求原因⑦の「X―A本件建物売買契約締結」の事実認定をしないまま、いきなり保証債務の発生原

因である請求原因⑦の「Ｘ―Ｙ　Ａの負う㋐の代金債務の保証契約締結」
の事実認定をするのは歴史的事実の認定として不自然であるし、現にした事
実審理の過程ともそぐわないので、理由説示の方法として賢明とはいえない
と考えたものと思われます。

　司法研修所の民事裁判教官室による『10訂　民事判決起案の手引〔補訂
版〕』も、両様の方法があり、いずれの方法によるかは事案に応じて決して
いるのが実務の例であるとしていますが、初心者である司法修習生に対して
は、請求原因の要件事実をすべて判断し、これらが認められるときに初めて
抗弁の判断に進む方法（すなわち、東京地裁が本件判決書でとった方法）を推
奨しています。[6]

　そして、東京地裁は、本件判決書の理由説示を「ＹのＸに対する抗弁
（虚偽表示無効の主張）の事実が認められるから、Ｘの反訴請求はその余の点
を判断するまでもないから失当である」と締めくくっています。これは、複
数の抗弁が主張されている場合に、原告の請求を棄却するためには、いずれ
か１つの抗弁（もちろん、全部抗弁であることが前提になります）を採用すれ
ば足りるので、複数の抗弁（本件の抗弁①および③ないし⑥）およびそれらの
抗弁に対する再抗弁（本件の抗弁⑥に対する再抗弁）についての認定・判断を
する余地がないとの理をいうものです。[7]

2　論理的順序によらないと認定・判断を誤りやすい

　判決理由の記載順序として「請求原因→抗弁→再抗弁の論理的順序による
のが原則である」理由は、これが判決の名宛人である当事者にとって理解し
やすいというのが第１です。

　第２の理由として、このような論理的順序によることによって、裁判官と
して誤った認定・判断を回避することができるということを挙げることがで

6　起案の手引・59〜60頁を参照。
7　起案の手引・60頁を参照。

きます。この点を、大判昭和9・5・4民集13巻633頁を例にしてみてみることにしましょう。

(1)　大判昭和9・5・4民集13巻633頁の事案の概要

Xは、Aに対して630円を貸し渡し、YはAの貸金返還債務を保証したと主張して、Yを被告として、保証債務の履行請求訴訟を提起しました。

Yは、保証契約の締結を争ったうえ、「Bが借主の氏名欄に記載のない借用証書（甲第1号証）を持参して、Bの保証人になってほしいと依頼されたので、これに応じて借用証書の保証人欄に署名捺印をした。主債務者がAなら、保証するつもりは全くなかったから、Yの保証の意思表示には錯誤がある」と主張しました。

これに対し、Xは、「借主の記載のない借用証書に保証人として署名捺印し、これをBに交付したのは、重大な過失がある」と主張して争いました。

[関係図]

X

甲1　借用証書

（借主欄にAを記入済みのもの）交付

630円
貸付け

保証債務
履行請求

A
（主債務者）

Y

B

甲1　借用証書

（借主欄白地のもの）
署名捺印して交付

(2)　大判昭和9・5・4の主張・立証の構造

この大審院判例は、表示機関を利用した意思表示において、表示機関である使者（本件のB）が本人（本件のY）の真意とは異なった内容を伝達した場合に、表示上の錯誤（誤記がその典型）と類似の状況が生ずることから、ここに内心の意思（真意）と表示との間に不一致があるものとして、錯誤の

規定を適用して解決するとの立場に立った著名な判例です。

本件の主張・立証の構造は、以下のようになります。

〈請求原因〉

> ㋐　Ｘ－Ａ　630円金銭消費貸借契約締結
>
> ㋑　Ｘ－Ｙ　Ａの負う㋐の貸金返還債務の保証契約締結

〈抗弁（㋑に対して――錯誤――）〉

> ㋑　Ｙは、㋑の意思表示の際、Ｂが主債務者と信じていた。
>
> ㋑　Ｙは、㋐と信じていなければ、㋑の意思表示をしなかった。

〈再抗弁（重過失の評価根拠事実）〉

> ㋒　Ｙの㋑の意思表示は、借用証書の保証人欄に署名捺印をし、それを使者Ｂに交付するという方法によった。
>
> ㋓　Ｙは、㋒の借用証書をＢに交付する際、その借主欄を空欄のままにしていた。

(3)　原審の判断

原審は、Ｘの提出に係る借用証書（甲第1号証）と証人Ｃの証言により、請求原因事実を認定し、錯誤の抗弁についてはＹのした証拠申請をすべて退けて、この点についての認定・判断を全くしないまま、重過失の再抗弁の認定・判断に進み、大要、次のように判示し、Ｘの請求を認容しました。

> 　仮にＹに錯誤があるとしても、借主の記載がされていない借用証書にそのまま保証人として署名捺印してこれを交付するという行為は、善意の債権者を保護するうえにおいて、Ｙに重大な過失があると解せざるを得ないから、Ｙが自らの意思表示の無効を主張することはできな

い。

⑷　大審院の判断

　Yは、原判決は錯誤の抗弁についての判断を遺脱したものであって、原判決には理由不備の違法があるとして上告しました。

　大審院は、次のとおり判断し、原判決を破棄し、本件を原審に差し戻しました。

ⓘ　BがYに対して債権者Xに対する自己の債務につき保証人になることを依頼したところ、Yがこれに応じて借主欄が白地の借用証書に保証人として署名捺印し、これをBに交付した場合は、特別の事情がない限り、YはBの当該債務について保証債務を負担する意思を外部に現すとともに、Bを使者としてこれを債権者Xに伝達（表示）させることとし、BもYの使者になることを承諾したものと解するほかない。

ⓘ　Bにおいて借用証書の借主欄が白地であることに乗じ、第三者Aを主債務者として記入し、これを債権者Xに交付した場合において、債権者XがAの債務について保証人になるというYの意思表示であると了解してこれを受領したときは、使者であるBの行為によって、Yの意思とその表示との間に不一致を来すこととなる。

ⓘ　意思と表示との不一致を錯誤というが、当該意思表示が無効となるのは、取引の安全を考慮して、重要事項に関する不一致に限局するというのが民法95条の法意である。

ⓘ　保証債務を負担するに際し、主債務者が誰であるかは、一般に最重要の関心事であることについては異論がない。

ⓥ　そうすると、Bにおいてほしいままに第三者Aを主債務者として記入した場合は、Yの意思表示は、法律行為の要素に錯誤があるも

のとして無効となることを免れない。[8]

⑥　Ｙが借主欄白地の借用証書に署名捺印してこれをＢに交付したの
は、細心周到であることに遺漏のないようにするという点からすれば
問題なしとはしないものの、その当時、ＹがＢを信じていてしかも
そのようにＢを信じたことをとがめるに足りないとすれば、直ちに
これをもって重大な過失と断ずることはできない。ＹがＢを信じた
のが当然にＹの過失であるというのであれば、保証人としての署名
捺印のある借用証書を信じた債権者Ｘにも過失があるということが
できる。

⑦　原審は、錯誤の抗弁について何ら判断しないで、借主の記載のない
借用証書に保証人として署名捺印してこれを交付したのは重大な過失
があるというのであるが、これは審理不尽というほかない。

(5)　大審院判例から受け止めるべきメッセージ

この大審院判例は、70年以上も前のものですが、上記(4)①ないし⑦の論理
構成は堅固なものであり、今日においても十分通用するものです。

ここで一言しておきたいのは、事実審裁判所における認定・判断の順序と
いう観点からの問題です。本件の原審は、「抗弁事実が認められると仮定し
ても、再抗弁事実が認められるから、いずれにしても本件請求には理由があ
る」という認定・判断をしました。このような認定・判断の仕方は、絶対的
に許されないものではなく、争点の性質等によっては有効な場合もなくはな
いでしょうが、誤った認定・判断をできる限り少なくするという点からする
と、避けるのが無難です。

法律実務家は、争いのある事件において具体的事実に直面して初めて真剣
に問題を検討し、適切で妥当な解決を考案することができるという習性があ
ります。ですから、抗弁として主張されている事実が主張自体失当ではない

8　改正民法95条１項は、錯誤に基づく意思表示を取り消すことができるものとしました。

のかどうか、抗弁として主張されている事実が証拠によって認定することができるのかどうかといった点を真に検討し、その点についての結論を出さないまま、主張されている事実が抗弁を構成するものと仮定したうえで、再抗弁を肯認し得るかという問題に正しく答えるのは、至難の業なのです。仮定的問題のまま答えようとするときには、当事者によって十分に議論が交わされていないという問題もあります。

　この大審院判例の扱った事案に即してみますと、Ｙは主債務者欄白地の借用証書に保証人として署名捺印してＢに交付してしまったのですが、大審院は、上記(4)⑦からしますと、このようなＹの行為に重大な過失があるというためには、当時Ｂを信用することができない事情（すなわち、Ｙに対する説明とは異なり、Ｂが主債務者欄に第三者を記入するという行為に出るかもしれない事情）が客観的に存在し、Ｙがその事情を知り得る状況にあったことが主張・立証されなければならないと考えています。ところが、原審は、主債務者欄白地の借用証書に保証人として署名捺印して交付するという行為自体から重大な過失があると評価されると決めつけてしまっています。原審がこのように判断を誤った大きな原因は、上記(4)①ないし⑦のような論理的順序を経た認定・判断をしなかったところにあると思われます。

　この古い大審院判例から、「仮定的問題（hypothetical question）に答えるのは慎重にせよ」というメッセージを受け止めるべきでしょう。

Ⅳ　判決理由中の記載事項

1　文書の取扱い

(1)　文書の成立の真正およびその理由の記載

　現代の民事訴訟においてその帰趨を決するのは、文書（特に、通常のビジネスの過程または当事者間の交渉過程で作成されたもの）の記載内容ですが、こ

れを事実認定の資料とするためには、その成立が真正であること（形式的証拠力があること）が必要です（民訴法228条1項）。そこで、文書の記載内容を事実認定の資料とする場合には、事実審裁判官としては、まず成立の真正を検討し、次に文書の記載内容が信用できるかどうかの実質的証拠力の有無と程度とを検討することが必要になります。[10]

　しかし、文書を事実認定の資料とするためにはその成立が真正であることが必要であるということと、文書の成立についての判断が判決書の必要的記載事項（民訴法253条1項）であるかどうかとは別問題です。

　『10訂　民事判決起案の手引〔補訂版〕』は、在来様式の判決書につき、「事実認定の証拠として書証を挙示する場合には、書証の成立が真正であること及びその理由を示す必要がある」としていました。そして、私文書の成立を証明する証拠がある場合は、例えば、「証人Aの証言により真正に成立したものと認められる甲第1号証」と記載し、弁論の全趣旨により成立を認めるときは、「弁論の全趣旨により真正に成立したものと認められる甲第1号証」と記載するなどとしており、[11]このような記載方法は実務的にも定着していました。ただし、この『10訂　民事判決起案の手引〔補訂版〕』が、文書の成立についての判断は判決書の必要的記載事項であるとの立場に立つのかどうかは、必ずしも判然としません。

　このような中で、成立に争いのある文書につき、その成立について特段の判示をすることなく、単に「甲第○号証……によると、次の事実が認められる」として文書の号証番号のみを引用して事実認定に供した原判決につき、理由不備の違法があるかどうかが争われる上告事件が現れました。

　最二小判平成9・5・30裁判集民183号423頁、判時1605号42頁は、この点につき、以下①、⑪のとおり判示し、原判決に理由不備の違法があるという

9　文書の証拠としての重要性については、第2章第1節Ⅰ（74頁）を参照。
10　文書の形式的証拠力と実質的証拠力については、第2章第1節Ⅳ（77頁）を参照。
11　起案の手引・71～72頁を参照。

ことはできないとしました。

> ①　事実認定の根拠として判決に引用する文書が真正に成立したことお
> 　　よびその理由の記載は、判決書の必要的記載事項ではないと解すべき
> 　　である。
> ⑪　これを記載しなくても、裁判所が証拠または弁論の全趣旨によって
> 　　当該文書が真正に成立したことを認定したうえで、これを事実の認定
> 　　に用いたものであることは明らかだからである。

　文書の成立についての判断が判決書の必要的記載事項ではないと解すべき
ことについては決着がついたのですが、上記の最高裁判例が、判決書に文書
の成立についての判断を記載することの当否についてのものではないという
ことに留意が必要です。最高裁は、上記①、⑪に続けて、以下のように判決
書のあり方について自らの立場を明らかにしています。

> 　判決書はまず第1には当事者のために作成されるものであるから、文
> 書の成否自体が重要な争点になっている場合には、判決書のあり方とし
> ては、当該文書の成否に関する判断およびその理由を記載することが相
> 当である。

　この最高裁判決中の傍論は、最高裁から事実審裁判官に向けたメッセージ
ですが、単に判決書の記載方法のみにとどまるものではなく、文書の成否に
ついての判断そのものをおろそかにすることのないようにというメッセージ
も込められていると理解すべきものと思われます。

(2)　文書を事実認定に用いるかどうかの理由の記載

　上記(1)の最二小判平成9・5・30の発するメッセージからすると、提出さ
れた文書につき、その形式的証拠力または実質的証拠力が争われて、当該訴

訟の帰趨を決するような重要な争点となっている場合には、当該文書の記載
内容を事実認定に用いるときであれ、事実認定に用いないときであれ、判決
書にその採用または排斥の理由を記載すべきことになります。

　そして、判決書に文書の採用または排斥の理由を記載すべき場合において、
文書の記載内容を事実認定に用いるときは、①当該文書の成立の真正が認め
られることとその理由、②当該文書の記載内容が要証事実の証明に役立つこ
ととその理由、および③当該文書の記載内容を信用することができることと
その理由、をわかりやすく説示するのが望ましいということになります。

　他方、文書の記載内容を事実認定に用いないときは、①当該文書の成立の
真正が認められないからなのか、②当該文書の成立の真正が認められ、その
記載内容が真実であっても、要証事実の証明に役立たないからなのか、③当
該文書の成立の真正が認められるが、その記載内容を信用することができな
いからなのか、をわかりやすく説示するのが望ましいということになります。

　東京地判平成16・11・29判時1881号125頁は、不当労働行為救済命令取消
請求事件において、すでに労働組合を脱退し、労働委員会でも地方裁判所で
も証人尋問がされなかったＡの作成とされる私文書（ノート、陳述書、念書）
の形式的証拠力および実質的証拠力の有無が重要な争点になりました。この
東京地裁判決は、これら私文書の形式的証拠力および実質的証拠力の有無に
つき詳細に説示しています。参考までにその一部を摘記してみましょう。

㈎　形式的証拠力の有無についての結論と理由の一例

　弁論の全趣旨によれば、当審でＸ会社が提出した平成16年8月19日
付けのＡ作成の陳述書[12]はＡ自身が作成したものと認められる。また、
前記のとおり真正に成立したと認められる甲37号証の筆跡とＡ念書
（丙3）の筆跡とを比較対照すると、Ａ念書はＡが作成した文書である
と認めることができる[13]。このようにＡが作成した文書であると認めら

12　「Ａ作成名義の陳述書」の趣旨をいうものでしょう。

282

れる甲37号証、丙3号証の各筆跡とAノートの筆跡を比較対照すると、Aノートの筆跡はAのものであると認めることができ、そうだとすると、Aノートについては原本の存在とその成立を認めることができるというべきである。

(イ)　実質的証拠力の有無についての結論と理由の一例

　Aノートは、……その記載内容は極めて具体的かつ詳細なもので、不自然、不合理な点は窺われない。のみならず、Aノートの記載内容は、BからAに宛てた手紙という客観的証拠や本件掲示物が同年10月27日に掲出されたこととも矛盾するところはなく、前記1(1)のとおり、補助参加人組合が、X会社と対立する関係にあったこととも整合し、その作成時期、作成経緯に照らしてみても、Aが体験した事実がありのまま記載されたものと認められる。

2　要証事実を認定する場合の説示方法

　要証事実を認定することができるとしている判決と要証事実を認定することができないとしている判決とを比較してみると、前者のほうが理解しやすい判決文であるのが通常です。

　要証事実を認定することができるのは、①主要事実を認定することのできる直接証拠が存在する場合、②主要事実を認定することのできる直接証拠は存在しないが、間接証拠によって間接事実を認定することができ、それらの

13　この判決文から必ずしも明瞭に理解することができないかもしれませんが、この部分の認定の構造は、民訴法229条1項にいう「筆跡の対照」によって署名の真正を認定し、さらに同法228条4項の規定の適用によって文書全体の成立の真正を推定するというものです。そこで、この構造を判決文により正確に反映させようとするなら、「前記のとおり甲37号証のAの氏名はAの自署によるものであるところ、これと丙3号証（A念書）のAの氏名とを対照すると、その筆跡が同一であることを認めることができるので、丙3号証は真正に成立したものと推定すべきである」といった表現をとることになります。起案の手引・72～73頁を参照。

間接事実を総合して主要事実を認定することのできる場合[14]、のいずれかに分類することができます。もちろん、主要事実を認定することのできる直接証拠のみならず、間接証拠も存在していてそれによって間接事実を認定することができ、間接事実によってさらに主要事実を認定することもできる場合もありますが、この場合も上記①のカテゴリーに属するとみることができます。

(1) 主要事実を認定することのできる直接証拠が存在する場合

この場合には、まず主要事実の認定に用いる直接証拠を挙示し、その後に認定する主要事実を摘記するのが通例です。

例えば、債権譲渡契約書（甲1）とその契約書に署名押印した譲渡人Wが証人として証言した場合は、処分証書である債権譲渡契約書もその契約書に署名捺印することによって債権譲渡の意思表示をした譲渡人Wの証言も直接証拠ということになります。このような場合の判決書の記載としてよく目にするのは、次のようなものです。

甲1[15]および証人Wの証言によれば、請求原因2の事実（Wと原告間の本件債権の売買契約の締結）を認めることができる。

この認定に反する証拠が提出されている場合には、判決理由中でこれを排斥することを説示する必要があります。また、反証の域に達するようなめぼしい証拠がない場合には、その点を一々説示する必要はありませんが、説示することもあります。反証の排斥と他に反証の域に達する証拠がないこととを説示する場合には、次のような表現が多く用いられます。

前記認定に反する証人Oの供述は信用することができず、他に前記認定を左右するに足りる証拠はない。

14　認定した間接事実に経験則を適用して主要事実を認定するという認定の方法を、一般に「推認」とよびます。起案の手引・82頁を参照。

15　甲1の成立の真正が実質的に争われた場合に、その認定についての説示をすべきことについては、前述のとおりです。

　このような場合に、証拠を排斥する理由を説示することを要するかどうか
が問題になりますが、逐一説示する必要はないというのが最高裁の立場です。[16]
しかし、排斥する理由を説示したほうが当事者に対する説得という観点から
望ましい場合があることは当然であり、実務上そうすることもまれではあり
ません。証拠を排斥する理由の説示としてしばしば現れるものとしては、
「あいまいである」、「首尾一貫しない」など当該証拠そのものについての理
由と、「客観的証拠または経験則と齟齬する」など当該証拠の内容を他の動
かない事実等とつき合わせた結果についての理由とがあります。

　判決理由中に現れるこれらの排斥理由は、訴訟代理人として敵性証人や相
手方本人に対して反対尋問をする際のポイントになります。リーガル・リサ
ーチの一環として判決例にあたるときに、このような点にも注意しておくと、
尋問準備等別の機会に役に立つことがあります。

　冒頭に指摘したように、主要事実を認定することのできる直接証拠のみな
らず、間接証拠も存在していてそれによって間接事実を認定することができ、
間接事実によってさらに主要事実を認定することもできる場合もあります。
これは、第3章第1節（176頁）において、直接証拠の有する証拠力（証明
力）吟味の過程における間接証拠の役割——要するに、間接証拠から認定さ
れる間接事実が補助事実として機能する場面——の問題として検討しました。

　この場合に、単に直接証拠のみならず間接証拠も豊富に存在していて、直
接証拠の有する証明力について真剣に争われたわけではない事件では、判決
理由中に間接証拠やそれによって認定される間接事実を説示する必要はあり
ませんが、直接証拠の有する証明力いかんが主要な争点になった事件では、
どのような理由で当該直接証拠に証明力が認められるのかという事実認定の
過程を説示することが判決書の役割ということになります。第2章第2節Ⅳ
1（154頁）に取り上げた最一小判平成16・2・26判時1853号90頁は、原判決

16　最二小判昭和38・6・21裁判集民66号615頁。

を破棄する理由中に、同事件の直接証拠（公証人の証言等および書記の陳述書の記載）に証明力が認められるゆえんを詳細に説示しています。事実審裁判官が参照すべき最高裁判決です。

(2)　直接証拠によって主要事実を認定することができず、間接証拠によって間接事実を認定したうえ、その間接事実を総合して主要事実を認定する場合

　主要事実を認定するに十分な直接証拠は存在しないものの、間接証拠によって間接事実を認定することができ、それらの間接事実を総合すれば主要事実を認定することができるという場合があります。認定された間接事実に経験則を適用して主要事実を認定するという事実認定の手法を、一般に「推認」とよびます。[17]

　この場合に、単に間接証拠を挙示してその後に認定する主要事実を摘記するという説示の仕方をしますと、判決書を読んだだけでは主要事実を認定することのできる直接証拠が存在する場合でないことがわかりません。すなわち、事実審裁判官のした事実認定の過程が判決書に反映されず、判決の名宛人である当事者に対する説得力を欠くことになります。

　そこで、通常は、①間接証拠を挙示してその後にその間接証拠によって認定する間接事実を摘記したうえで、②それらの間接事実に経験則を適用して主要事実を推認するという心証形成の過程をそのまま判決書に表現するようにします。

　第2章第1節Ⅸ2（116頁）で取り上げた東京地判昭和63・4・22判時1309号88頁は、そのような説示の一例です。同2(2)(オ)（119頁）の「虚偽表示の抗弁の成否」の項目を復習してみてください。そこでは、YがXとの間で、AのXに対する12億円余の売買代金債務を主債務とする保証契約を締結したのですが、この保証契約が虚偽表示であったかどうか——当該事件に即し

17　間接証拠による事実認定の構造については、第3章第1節（176頁）を参照。

て具体化しますと、Ｘが銀行から融資を受けるのを容易にするための名目的なものであって、ＸがＹに対してその履行を求めることを予定しないものであったかどうか──が争われました。

東京地裁は、同事件判決において、次のような説示をしています。

> ⅰ　Ｙ会社代表者の供述等（の間接証拠）によると、第２章第１節Ⅸ２(2)(ｵ)（119頁）に整理したⅰないしⅴの（間接）事実を認定することができる。
>
> ⅱ　上記事実（ⅰの間接事実）によれば、本件保証契約は単なる名目的なものであって、ＸにおいてＹにその履行を求めることは予定されていないものというべきである。

上記ⅰの過程（間接証拠から間接事実を認定する過程）において反証があるのでこれを排斥する場合、または要証事実である主要事実に対する直接の反証があるのでこれを排斥する場合には、その旨の説示をすべきことになり、この点に前記(1)と異なるところはありません。東京地判昭和63・4・22は、次のような説示をしています。

> ○○（証拠）中には、本件保証契約を締結するにつき、名目的なもので履行を求めることはしない、などと言ったことはない旨の供述が存するが、右供述は前掲各証拠に照らし措信できない。[18]

また、上記ⅱの過程（間接事実に経験則を適用して主要事実を推認する過程）

18　「措信できない」は、「信用できない」と同義ですが、やや古めかしい表現です。「信用できない」または「措信できない」の代わりに、「採用できない」と表現することもあります。これは、「信用できない」または「措信できない」と表現して１つの供述を排斥すると、裁判所が「故意に虚偽の供述をしたもの」との心証を得たとの印象を与えることを避けることを意識して、やわらかい表現として使用されるに至ったものです。しかし、明らかな偽証も見受けられるのが訴訟の現実ですから、そのような場合にまで、「採用できない」の表現を使用すべきではないでしょう。起案の手引・64〜65頁、81頁を参照。

において、反証として一定の間接事実を認定することはできるが、いわゆる間接反証として十分でない場合にはその旨の説示をし、その点が真剣に争われたときには間接反証として十分でない理由について説示するのが望ましいということができます。東京地判昭和63・4・22は、次のような説示をしており、参考になります。

　　○○（証拠）によれば、昭和54年10月29日受付でＹのために、甲病院敷地及び本件建物につきＸがＡに対して有している根抵当権および所有権移転請求権の各移転請求権仮登記がつけられていることが認められるが、△△（証拠）によれば、この仮登記も銀行に対する信用をつける趣旨でＸのイニシヤチブでつけられたものであり、Ｙにおいて保証債務を履行する事態の生ずることを予想して登記をしたものではないことが認められるのであるから、この事実は、直ちに前記認定の妨げにはならない。

3　要証事実を認定しない場合の説示方法

(1)　直接証拠は存在するが、その証拠力（証明力）を認めがたい場合

　要証事実である主要事実に符合する直接証拠は存在するが、その証拠力（証明力）を認めることができず、他にめぼしい証拠がないため、当該主要事実を認定することができない場合があります。第3章第1節Ⅲ2（187頁）で取り上げた最三小判平成11・3・9[19]を例にして、みてみることにしましょう。

　その直接証拠が文書である場合は、前記1(2)に説明したのと大筋において異なるところはありません。最三小判平成11・3・9は、Ｘ1・Ｘ2がＡからＸ2（有限会社）の持分の贈与を受けたとして提出したＡ作成名義の念書（記

19　生野考司「最高裁民事破棄判決等の実情(2)――平成11年度――」判時1708号38頁を参照。

名とＡ名義の押印とが存するもの）につき、その真正な成立（形式的証拠力）が認められないことおよびその理由につき、大要次のように明快に説示しており、事実審裁判官にとって参考になります。

> ①　本件念書は、その内容部分もＡの氏名部分もすべてワードプロセッサで作成されて印刷されているものであって、Ａの自署による部分はない。また、その名下の印影はいわゆる三文判によるものであり、Ａが使用していた印章によって顕出された印影であることを証するに足りる証拠はない。したがって、本件念書はＡ作成名義ではあるものの、その外観からは真正な成立を認めることができない。
>
> ⑪　以上のとおりの本件念書の体裁や証人Ｍの供述内容に照らせば、本件念書の成立については種々の疑問が生ずるところ、その疑問を払拭するに足りる立証がないから、結局、本件念書の成立を認めることができない。

次に、最三小判平成11・3・9は、証人Ｍの証言を信用することができないことおよびその理由につき、次のように詳細に説示しており、この点もまた事実審裁判官にとって参考になります。

> ①　証人Ｍは、本件念書は、Ａから依頼された当日、自宅においてワードプロセッサとプリンターとを用いて、口授された内容の文書を作成し印刷した旨供述するが、本件念書の作成に用いられたワードプロセッサとプリンターは、昭和63年12月当時、個人が自宅で用いるようなものではなかった。
>
> ⑪　そうすると、Ｍが自宅で本件念書を作成することができたのかどうか疑問が生ずるのであるが、証人Ｍは右疑問を払拭するに足りる諸事情を明らかにしてはおらず、他に右疑問を払拭するに足りる証拠は全くない。

ⅲ　証人Mの供述によれば、Aは、わざわざ、入院中のしかも退院間近であると認識していたと推測される時期に、知り合いでもない単なる入院先の病院職員に記載内容を口授し、そのメモを持ち帰らせて本件念書を作成させたというのであるが、本件念書の内容等に照らせば、入院先の病院職員に作成を依頼することは考えがたく、右供述内容は不自然というべきである。

ⅳ　他に、Aが入院中に突然病院職員に依頼してまでして、本件念書を作成する必要が生じた理由等をうかがわせる証拠は見当たらない。

そして、結局のところ要証事実を認定するに足りる証拠がないことを説示することが必要ですから、要証事実である主要事実に符合する直接証拠は存在するがその証拠力（証明力）を認めることができない場合には、上記ⅰ〜ⅲのように当該直接証拠を排斥するだけでは理由説示としては十分ではありません。上記ⅳのように、他に要証事実を認定することのできる証拠がないこと（すなわち、全証拠によっても要証事実を認定するに足りないこと）を説示しておく必要があります。

(2)　直接証拠は存在せず、間接証拠によって間接事実を認定することはできるが、要証事実である主要事実を認定することができない場合

間接証拠によって間接事実を認定することはできるが、要証事実である主要事実を認定することができない場合には、2つの類型があります。

(ア)　推認不十分型

第1は、いくつかの間接事実を認定することはできるが、認定することのできる間接事実だけでは、要証事実である主要事実を推認するのに不十分であるという場合です。これは、「推認不十分型」とよばれる場合です。[20]

第2章第1節Ⅸ3（122頁）で取り上げた最三小判平成10・12・8[21]は、請求

20　起案の手引・84頁を参照。

21　河邉義典「最高裁民事破棄判決等の実情（中）——平成10年度——」判時1680号9頁を参照。

原因事実である X と Y₁・Y₂ との間での建物使用貸借契約の締結の有無が争点になった事件ですが、以下のような説示をしています。

> 本件建物とその敷地の使用に関して Y₁・Y₂ と X との間に格別の書類が作成されておらず、右各物件の登記簿上の所有者が X とされていたことなどを考慮しても、なお、Y₁・Y₂ が本件建物を X との間に締結した一時的な居住を目的とする使用貸借契約に基づいて占有していたものと見ることには疑問があり、[22]（他に X 主張の使用貸借契約締結の事実を認めるに足りる証拠はない）。

なお、最三小判平成10・12・8 は、これに続けて次のように説示しました。

> かえって、Y₁ は X から本件建物とその敷地を買い受けたと認める余地があるものというべきである。

これは、「X と Y₁・Y₂ との間での本件建物使用貸借契約の締結」という請求原因事実の積極否認事実である「X と Y₁ との間での本件建物とその敷地の売買契約の締結」という事実を認定する余地があることを示唆するものです。最高裁としては、差戻し後の事実審裁判所に対する参考としてこのような説示をしたものと推測されます。なお、事実審裁判所がするこのような認定は、「かえって認定」と一般によばれています。認定を誤る危険があることから、初心者は避けるのが無難であるとされる手法ですが[23]、時々お目にかかることがあります。

22　この最高裁判決は、原審の事実認定を経験則違反の違法があるとして破棄する理由を説示しているので、「見ることには疑問がある」と表現していますが、事実審判決であれば、「推認することはできず、他に X 主張の使用貸借契約締結の事実を認めるに足りる証拠はない」とするのが通常です。
23　起案の手引・68頁を参照。

(イ)　間接反証成功型

間接証拠によって間接事実を認定することはできるが、要証事実である主要事実を認定することができない場合の第 2 の類型は、いくつかの間接事実を認定することはでき、その限りでは要証事実である主要事実を推認することができるが、他方、これらの間接事実と両立する別個の間接事実を認定することができ、その結果、主要事実を推認することが妨げられ、結局、要証事実である主要事実を認定することができないという場合です。これは、「間接反証成功型」とよばれる場合です。[24]

第 1 章VI 2 （32頁）で取り上げた大阪高判昭和29・7・3下民集 5 巻 7 号1036頁は、大要、以下のように説示して、父子関係の存在についての間接反証が成功したとしました。前述のとおり、この判決は、最一小判昭和31・9・13民集10巻 9 号1135頁によって破棄されましたが、間接反証成功型の説示の参考例として挙げておくことにします。

> 当審における鑑定人の鑑定の結果によると、各種血液型の検査並びに血清中の凝血素価と凝集素の分析結果からみると、Ｙ と Ｘ との間に父子関係があっても矛盾することはなく、また受胎期については、Ａ の陳述によれば、……受胎可能期間は昭和18年 1 月 3 日ころより同月10日ころ迄の間となり、同月 9 日頃 Ｙ との間に性交があったとすれば受胎可能期間に相当することが明らかであるが、指紋検査においては……Ｘ と Ｙ との間には類似点が少なく、……また掌紋検査についても……ほとんど異なっており、さらに人類学的考察によっても……Ｘ と Ｙ とは相似点は十点に達しないのであって、右指紋掌紋および人類学的考察よりみると、両者の間に父子関係が存在すると考えがたい所見になることが認められる。また原審における Ｙ および Ｘ 法定代理人 Ａ の各本人尋問の結果を総合すれば、Ａ は……バーの女給として勤めてきた者で結

24　起案の手引・85頁を参照。

婚の経験はなく、昭和7年ころYより紹介された者と情交関係を結んだことがあり、……これらの事実関係及び右鑑定の結果と対比して考察するときは、先に認定したAの妊娠より出産の前後における事実関係および当審証人Bの証言その他……などを総合しても、いまだXがYの子であることを認定するに不十分であり、他にこの点につきXに有利の認定をするに足る証拠はない。

4　判決書の表現方法を理解しておくことの意味

　事実審裁判官が事実に関する争点についての認定の過程と結果とを判決書中にどのように表現しているかの概要は、以上のとおりです。事実審裁判官がその担当する事件の判決書を作成するという作業は、自らの審理の跡を確認しそれを文書化するというものですから、その作業の中で自らの審理を反省することになります。

　そして、当事者またはその訴訟代理人は、事案の真相を極めることによって民事紛争の真の解決をはかることを主要な目的とする民事訴訟にかかわった者として、自らの訴訟行為が当該事件の争点の構造に照らして的確なものであったかどうか、裁判官を説得する作業に不十分な点がなかったかどうかなどを反省することが必要ですが、判決書の内容を正しく理解することがその第一歩になります。また、訴訟代理人である弁護士等にとっては、自らの法律実務家としての基礎的能力ということもできます。

25　最一小判昭和45・6・11民集24巻6号516頁を参照。

● 事項索引 ●

● 判例索引 ●

（判決言渡日順）

※［　］の数字は、当該判決年度の最高裁判所判例解説〔民事編〕がある場合の文献番号です。

※カッコ内の判例時報掲載頁は、論説「最高裁民事破棄判決等の実情」における該当判決解説箇所を掲載しました。同判決は判例集未登載です。

〔著者略歴〕

田 中 豊（たなか　ゆたか）

〔略　　歴〕　1973年東京大学法学部卒業、1977年ハーバード大学ロー・スクール
　　　　　　　修士課程修了（LL.M.）、1975年裁判官任官、東京地方裁判所判事、
　　　　　　　司法研修所教官（民事裁判担当）、最高裁判所調査官（民事事件担
　　　　　　　当）等を経て1996年弁護士登録
　　　　　　　現在、弁護士（東京弁護士会）
　　　　　　　司法試験考査委員（民事訴訟法　1988年～1989年／民法　1990年）
　　　　　　　新司法試験考査委員（2006年11月～2007年10月）、慶應義塾大学法
　　　　　　　科大学院教授・客員教授（2004年4月～2019年3月）
〔主要著書〕　『衆議のかたち——アメリカ連邦最高裁判所判例研究（1993～
　　　　　　　2005）』（共著、東京大学出版会・2007年）、『債権法改正と裁判実
　　　　　　　務』（共著、商事法務・2011年）、『債権法改正と裁判実務Ⅱ』（共著、
　　　　　　　商事法務・2013年）、『和解交渉と条項作成の実務』（学陽書房・
　　　　　　　2014年）、『衆議のかたち2——アメリカ連邦最高裁判所判例研究
　　　　　　　（2005～2013）』（共著、羽鳥書店・2017年）、『民事訴訟判例　読み
　　　　　　　方の基本』（日本評論社・2017年）、『論点精解　民事訴訟法』（民事
　　　　　　　法研究会・2018年）、『法律文書作成の基本［第2版］』（日本評論
　　　　　　　社・2019年）、『判例でみる音楽著作権訴訟の論点80講』（編著、日
　　　　　　　本評論社・2019年）、『紛争類型別　事実認定の考え方と実務〔第2
　　　　　　　版〕』（民事法研究会・2020年）、『論点精解　改正民法』（弘文堂・
　　　　　　　2020年）
〔主要論文〕　「間接侵害——判例形成と立法」ジュリスト1449号（2013年）49頁、
　　　　　　　「著作権侵害の証拠」ジュリスト1456号（2013年）110頁、「外国主
　　　　　　　権免除法と商業的活動の例外」法律のひろば70巻1号（2017年）51
　　　　　　　頁、「情報検索サービス事業者に対する検索結果の削除請求」コピ
　　　　　　　ライト58巻685号（2018年）2頁、「服飾デザインと著作権法による
　　　　　　　保護」法律のひろば72巻2号（2019年）52頁

〔2021年2月現在〕

事実認定の考え方と実務〔第2版〕

令和3年3月22日　第1刷発行

定価　本体3,100円＋税

著　　者　　田　中　　豊
発　　行　　株式会社　民事法研究会
印　　刷　　株式会社太平印刷社

発行所　株式会社　民事法研究会

〒150-0013　東京都渋谷区恵比寿 3-7-16
〔営業〕TEL 03(5798)7257　FAX 03(5798)7258
〔編集〕TEL 03(5798)7277　FAX 03(5798)7278
http://www.minjiho.com/　info@minjiho.com

落丁・乱丁はおとりかえします。　ISBN978-4-86556-424-2　C2032　Y3100E
カバーデザイン：袴田峯男

■法科大学院生・司法試験予備試験生に向けてわかりやすさを追究した解説！

新版　完全講義 【入門編】
民事裁判実務の基礎
―要件事実・事実認定・法曹倫理・保全執行―
〔第2版〕

大島眞一　著

A5判・546頁・定価　本体3,800円＋税

▷▷▷▷▷▷▷▷▷▷▷▷▷▷▷▷▷▷ 本書の特色と狙い ◁◁◁◁◁◁◁◁◁◁◁◁◁◁◁◁◁◁

▶訴訟構造・訴訟物を理解し、要件事実・事実認定の基礎知識を学び、法曹倫理の重要ポイントまで解説した実践講義！

▶新たに保全執行手続を加筆したほか、2020年施行の改正民法にも完全対応！

▶主として法科大学院生、司法試験予備試験受験生、司法書士（簡裁訴訟代理権）に向けてわかりやすさを追求した代理人としてスタートラインに立つための1冊！

❖❖❖❖❖❖❖❖❖❖❖❖❖❖❖❖ 本書の主要内容 ❖❖❖❖❖❖❖❖❖❖❖❖❖❖❖❖

発行 民事法研究会

〒150-0013　東京都渋谷区恵比寿3-7-16
（営業）TEL. 03-5798-7257　FAX. 03-5798-7258
http://www.minjiho.com/　info@minjiho.com

▶民法（債権関係）改正に対応して、全面的に見直して改訂！

要件事実の考え方と実務
〔第４版〕

加藤新太郎　編著

A５判・458頁・定価　本体3,800円＋税

▷▷▷▷▷▷▷▷▷▷▷▷▷▷▷▷▷▷ **本書の特色と狙い** ◁◁◁◁◁◁◁◁◁◁◁◁◁◁◁◁◁◁

▶要件事実の教科書としてロングセラーの、民法（債権関係）改正完全対応版！

▶改正の具体的な内容を簡潔に解説する「訴訟の概要」を各章の冒頭に設け、本文でも現行法や判例理論との異同に留意した、わかりやすい解説！

▶法改正のあった条文に関する部分は全面的に改稿し、改正債権法に対応する情報を的確に織り込んだ、スリムかつスマートでわかりやすい標準的な要件事実論のテキスト！

▶簡易裁判所での代理人となる司法書士はもちろん、要件事実論をマスターしようとする法科大学院生、司法修習生、弁護士等の若手法律実務家にとっても必読の書！

❖❖❖❖❖❖❖❖❖❖❖❖❖❖❖❖❖ **本書の主要内容** ❖❖❖❖❖❖❖❖❖❖❖❖❖❖❖❖❖

発行 🄫 民事法研究会

〒150-0013　東京都渋谷区恵比寿3-7-16
(営業) TEL. 03-5798-7257　FAX. 03-5798-7258
http://www.minjiho.com/　info@minjiho.com

［入門編］または［上巻］の読者が、次に手に取るべき続編！

続 完全講義 民事裁判実務の基礎
—要件事実・事実認定・法曹倫理—

大島眞一　著

A 5 判・485 頁・定価　本体 4,100 円＋税

▶要件事実・事実認定など民事裁判実務の理解について、司法修習で求められる水準にまで押し上げる！

▶法科大学院での講義経験や司法修習生に対する指導経験を踏まえ、法科大学院生や司法修習生が間違いやすい点、誤解しやすい点を明示して誤った理解がされないように工夫！

▶近年の司法研修所での修習内容にできる限り沿って解説！

本書の主要内容

発行 民事法研究会

〒150-0013　東京都渋谷区恵比寿 3-7-16
（営業）TEL. 03-5798-7257　FAX. 03-5798-7258
http://www.minjiho.com/　info@minjiho.com

民法（債権関係）改正および民法等（相続法）改正に対応して改訂！

紛争類型別
事実認定の考え方と実務
〔第2版〕

田中 豊 著

A5判・322頁・定価　本体3,300円＋税

▶民法（債権関係）改正および民法等（相続法）改正に対応させて3年ぶりに改訂！

▶裁判官のなすべき正確な事実認定と訴訟代理人の主張・立証活動のあり方を紛争類型別に分けて解説！

▶裁判官および弁護士としての豊富な経験を踏まえ、論理と経験則とを複合的に組み合わせ「可視化させた」渾身の1冊！

本書の主要内容

発行　民事法研究会

〒150-0013　東京都渋谷区恵比寿3-7-16
（営業）TEL. 03-5798-7257　FAX. 03-5798-7258
http://www.minjiho.com/　info@minjiho.com